财富保值增值之道

——避险基金探秘

刘文财 ◎ 著

首都经济贸易大学出版社
Capital University of Economics and Business Press

融期货交易所、上海证券交易所、深圳证券交易所上市。这是资本市场落实国家金融供给侧改革政策的一个体现。股指期权、ETF 期权以及股指期货等市场的发展，进一步丰富了中国股票市场的风险管理工具，为投资者捕获中国股票市场的长期复利奠定了基础。在 2020 年 3 月海外金融市场动荡过程中，海外股指期权市场在为机构投资者管理极端市场风险中发挥了重要作用。中国股指期权市场尚在运行初期，假以时日，必将在新时代资产管理行业中发挥重要的作用。

《财富保值增值之道——避险基金探秘》分四篇阐述了国内外著名资产机构如何进行避险交易，结合中国资产管理机构使用对冲策略情况构建了中国避险基金指数，为投资者提供了避险资产投资标的，以及提出顺着循环规律进行避险交易的投资理念。该书作者刘文财博士曾在上海期货交易所从事博士后研究，出站后继续留在上海期货交易所和中国金融期货交易所工作多年，之后又到市场从事资产管理与避险交易，对衍生品市场和证券市场既有理论功底又有市场实践经验。此书的出版对于投资者如何控制下行风险，实现长期复利具有参考价值。

中国金融期货交易所董事长

2020 年 9 月 8 日

前言
新型避险资产在新冠危机中大放异彩

无论是从东方还是西方的智慧看，2020 年都是一个不好的年份。按中国古人的智慧，庚子年一般是多灾多难之年。2020 年又是一个庚子年，按《皇极经世书》推演的值年卦是地火明夷卦。这是明入地中，光明受损，暗无天日之象。按西方现代科学的研究，2020 年是太阳黑子第 24 个施瓦贝循环结束之年，也是太阳黑子第 25 个施瓦贝循环开始之年。此时，太阳黑子的数量是极少的，极有可能导致地球爆发大流行病，经济出现衰退甚至萧条，金融市场崩盘等现象。

回头看，2020 年真是多灾多难之年。新冠疫情暴发并在全球蔓延，截至 2020 年 7 月底，全球已经有超过 1 600 万人感染新冠肺炎，美国的感染人数超过 500 万人。为了切断病毒的传播，多国采取了隔离措施，全球经济一度陷入停摆，全球金融市场在 3 月份发生自由落体式的下跌，连作为避险资产的美国国债、黄金都不例外。那些著名的对冲基金，即按其字面意思应该采取风险对冲策略的基金，包括桥水旗下纯阿尔法（PureAlpha）基金也未能幸免于难。3 月份，该基金净值下跌了 14%。投资者不禁要问，金融市场上何处还有“诺亚方舟”可供人们规避金融市场的风暴？

有的。这一次，是一位被福布斯称为“牧羊人”的对冲基金管理人创造的一台“末日机器”，竟然在金融市场暴跌的 3 月份创造了 3 612%的收益率。如果投资者持有他的“末日机器”，就等于已经身在“诺亚方舟”里了，因为他们在股票市场的投资损失，可以通过“末日机器”赚回来。这个“牧羊人”名叫马克·斯皮兹纳格尔（Mark Spitznagel），他的这台“末日机器”是一只采用尾部风险对冲策略交易的黑天鹅基金。如果投资者在 2019 年年底把总资产的 96.7%投资于标普 500 指数基金，把总资产的 3.3%买了黑天鹅基金，那么在一季度，在标普指数下跌 20%的情况下，该组合并没有什么损失，反而是盈利的，因为一季度，黑天鹅基金的收益率为 4 144%。该组合在一季度的收益率为 96.7%×（-20%）+3.3%×4 144%=117.4%。不但实现了避险，而且还使本金翻番了！

相对于美国国债、黄金等传统避险资产，黑天鹅基金是一类新型的避险资产。其实，从美国对冲基金的发展历史看，对冲基金是作为一类新型的避险资产出现的。对冲基金之父阿尔弗雷德·琼斯（Alfred W. Jones）用“hedged fund”这个词来描述对冲基金，其本意就是指风险对冲后的基金。投资者如果持有这个基金，无须担忧市场的系统性风险，因为系统性风险已经被对冲掉了。但当时采访他的记者听成了“hedge fund”，这也是后来对冲基金渐渐被滥用的原因。对冲基金已经变成了一个筐，什么都往里装。一些根本没有采用对冲策略的基金也伪装成对冲基金；一些原先采用对冲策略的基金，在市场上涨过程中放弃对冲原则，变成纯多头策略，但仍被称为对冲基金。因为这些滥竽充数的行为，使得目前对冲基金作为一个总体已经失去了风险对冲的功能，不值得投资者向它们支付昂贵的管理费以购买风险规避的功能。然而，其中的确仍有一些基金坚守对冲原则，例如，马克·斯皮兹纳格尔执掌的环球投资旗下的尾部风险对冲基金，这类对冲基金被视作是一类新型的避险资产，在市场危机之时，它们是投资者的“避风港”。

这类新型避险资产有着庞大的市场需求，但也因成本不菲、不易理解而令决策者难以取舍。美国最大的养老基金——加州公共雇员退休系统（CalPERS）曾为它付了几年的费用，但在2020年3月美股大跌前却赎回了，令人唏嘘不已！2016年，加州公共雇员退休系统的首席投资官泰德·伊莱奥普洛斯（Ted Eliopoulos）因为受到纳西姆·塔勒布（Nassim Taleb）所写《黑天鹅》观点的启发，要求他的团队寻找他们的股票持仓避免出现1987年、2001年、2008年市场暴跌崩盘的方法。自2017年起，加州公共雇员退休系统雇用了两家外部基金管理人为其提供尾部风险对冲服务，分别是环球投资和长尾阿尔法。最初，加州公共雇员退休系统购买尾部风险对冲基金是少量的、试验性的。两年后，投入资金量增长了4倍，并最终为数十亿美元的养老基金提供了保护①。

但购买尾部风险对冲服务的成本并不便宜，提供10亿美元保护费用约为500万美元，即费用是名义金额的0.5%。加州公共雇员退休系统新一任首席投资官本·门（Ben Meng）认为，此项对冲成本过高，他能找到更便宜有效的对冲方案而决定终止此项投资。尽管他的许多下属坚持要进行此项对冲，并认为美股10年的牛市迟早有结束的时候，但本·门坚持要赎回。在2019年10月与2020年1月，加州公共雇员退休系统赎回了在环球投资所有的此项投资，这些投资本来可使加州公共雇员退休系统在2020年3月股市大跌时获得10亿美元的收入，但提前赎回使加州公共雇员退休系统与这笔意外

---

① SCHATZKER. Calpers forfeited a $1 billion payday by scrapping market hedge [OL]. https://www.bnnbloomberg.ca/calpers-forfeited-a-1-billion-payday-by-scrapping-market-hedge-1.1419987, 2020-04-09.

之财失之交臂。而另一家管理人长尾阿尔法说服了本·门继续持有他们的对冲基金，幸运的是，他听从了建议。由于这项投资在3月底仍然有效，加州公共雇员退休系统由此获得了数亿美元的收益①。

估计本·门此时肠子都悔青了，一方面是因为提前赎回环球投资尾部风险对冲基金而失去了一笔意外之财；另一方面是因为他选择的两种传统风险对冲方法，包括多头美国国债与因子加权的股票投资，在3月市场动荡中并没有发挥应有的作用。他也因此被塔勒布耻笑不懂什么是尾部风险对冲，也没有学好为期权定价的概率的本质。而且更糟糕的是，本·门向加州公共雇员退休系统的董事会隐瞒了他已经赎回尾部风险对冲基金的信息。在2020年3月加州公共雇员退休系统的董事会上，董事会成员玛格丽特·布朗问："本，你能告诉我，我们所买的那些尾部风险对冲投资是如何发挥作用的吗?它们是否在这种经济衰退时像我们所想的一样发挥作用?"本·门回答说："早上好，布朗女士。是的，你所指的一切尾部风险对冲策略，它们应该在这种市场下跌中表现良好，因为它们就是这样精确设计的。从中我们知道大多数这样的策略是如预期表现一样好的。"② 到2020年8月初，他只好黯然离开了加州公共雇员退休系统。

作为一类避险资产，中国对冲基金的发展还处在初级阶段。中国金融期货交易所（以下简称为中金所）于2010年4月16日上市了首个沪深300股指期货，为中国对冲基金的诞生奠定了基础。2010—2015年，中国对冲基金的发展势头一度很好。但随着中国股市在2015年6—7月发生股灾，殃及股指期货，股指期货交易受到了严格限制，其对冲避险的功能已经无法正常发挥，使得中国对冲基金行业陷入困境。随着2019年4月19日股指期货交易得到实质性松绑，以及2019年12月23日股指期权的上市，又重新为中国对冲基金行业发展注入了新的动力。公募、私募以及证券公司资管产品采用对冲策略交易的基金数量与管理规模不断壮大，已经逐渐发展成为一类区别于股票、债券、商品风险收益特征的避险资产。为了便于投资者跟踪与投资这类资产，避险网（www. d-union. net）于2020年7月8日编制发布了衍联中国

---

① SCHATZKER. Calpers forfeited a $1 billion payday by scrapping marketHedge [OL]. https://www. bnnbloomberg. ca/calpers-forfeited-a-1-billion-payday-by-scrapping-market-hedge-1. 1419987, 2020-04-09.

② SMITH. CalPERS dumps risk hedge right before coronacrash, sacrificing $1 billion and confirming doubts about chief investment officer Ben Meng's expertise [OL]. https://www. nakedcapitalism. com/2020/04/calpers-dumps-risk-hedge-right-before-coronacrash-sacrificing-1-billion-and-confirming-doubts-about-chief-investment-officer-ben-mengs-expertise. html, 2020-04-10.

避险基金指数，包括公募避险基金指数与私募避险基金指数。

之所以把这个指数称为避险基金指数，而不是对冲基金指数，一方面是因为在中国，对冲基金这个词已经被滥用了，不能真切反映该基金是否采用对冲策略，避险基金则更能反映该类基金的策略属性。无论是对冲基金还是避险基金，都是英文“hedge fund”的中文翻译。另一方面，在“资管新规”下，刚兑不再，但市场对于低风险、中等收益资产的需求庞大，用避险基金更能准确反映这类新型避险资产的总体发展情况。

对衍联中国避险基金指数的历史数据进行统计分析表明，它们具备穿越股市牛熊两市的能力。当然，牛市的时候不一定能跟上股票指数的表现，但熊市的时候肯定比股票指数表现好。众所周知，波动是复利的敌人。要使财富长期稳定保值增值，需要人们投资于能控制住下行风险的资产。如，投资组合 A 每年获得收益率 10%；投资组合 B 第一年收益率为 40%，第二年收益率为-20%，第三年收益率为 40%，第四年收益率为-20%，以此类推循环。看起来两个投资组合每两年算术收益率相同，但累积收益率会随着时间分化，10 年后 A 组合累计收益率为 159%，B 组合仅仅 76%。如同索罗斯在 1987 年出版的《金融炼金术》所揭示的，海外著名的对冲基金大佬不但具有获取较高正收益的能力，更关键的是还具备控制下行风险的能力，从而使他们的财富实现了滚雪球式的增长。索罗斯管理的量子基金，在长达 30 年的时间内只有 5 年是亏损的。这就是金融炼金术的核心，是财富保值增值之道，也是本书的书名以“财富保值增值之道”为主标题、以“避险基金探秘”为副标题的原因，本书详细剖析了这些高手的避险交易技巧。

本书分为四篇。第一篇“牧羊人的炼金术”，包括第一、第二、第三章，全面剖析在新冠疫情危机中大放异彩的环球投资基金公司的投资策略。第二篇“炼金术士的绝活”，包括第四、第五、第六、第七章，展示了让琼斯、索罗斯、达里奥、阿斯尼斯等国际著名对冲基金大佬一战成名的对冲策略。第三篇“寻找中国的炼金术士”，包括第八、第九、第十、第十一章，回顾与总结了中国股指期货等对冲工具，以及在此基础上发展而来的中国对冲基金的发展历史，介绍衍联中国避险基金指数的编制与历史表现。第四篇“顺着循环规律去避险”，包括第十二、第十三、第十四、第十五章，揭示了天道循环是经济与股票市场循环的重要外部影响因子。如果人们顺着循环的规律进行避险交易，将会得到更加令人满意的结果。

爱因斯坦说：“复利是世界上的第八大奇迹。”只要人们认清这个真相，以复利的思维进行资产管理，正确认识与配置避险基金，顺着市场循环的规律进行避险交易，那么，在充满不确定性的金融市场里，将会得到一个确定的财富增值的结果。中国《易经》里讲“顺时而动”，就能“不疾而速、不往而至”。西方《圣经》讲“诺亚方舟”的故事，都是指导人们进行避险交易的古老智慧，只有控制住下行风险，才能发挥出长期复利的威力。

目　录

第一篇　牧羊人的炼金术

第一章　一战成名的牧羊人 …… 3

一、跌下神坛的巨头 …… 3

二、一战成名的牧羊人 …… 7

三、牧羊人的“末日机器” …… 11

第二章　牧羊人的资本之道 …… 16

一、启蒙恩师 …… 16

二、东方思想 …… 19

三、奥地利经济学派的投资方法 …… 20

第三章　胜过黄金的避险资产 …… 26

一、对冲基金为什么不避险了 …… 26

二、保险、期权与黑天鹅基金 …… 28

三、胜过黄金的避险资产 …… 33

四、关于黑天鹅基金的争论 …… 41

第二篇　炼金术士的绝活

第四章　琼斯的多空对冲 …… 47

一、投资理念 …… 47

二、投资实践 …… 50

三、行业影响 …… 54

第五章　索罗斯的全球宏观对冲 …… 58

一、投资哲学 …… 58

二、投资实践 …… 62

三、行业影响 …… 69

第六章　达里奥的纯阿尔法 …… 72

一、投资理念 …… 73

二、投资实践 …… 76
三、行业影响 …… 81
第七章 阿斯尼斯的量化对冲 …… 85
一、投资理念 …… 85
二、投资实践 …… 89
三、行业影响 …… 94

第三篇 寻找中国的炼金术士

第八章 金融炼金术士的“辅料” …… 101
一、从远古到现代 …… 101
二、从商品到股票 …… 108
三、亲历中国股指期货发展 …… 115
第九章 中国财富管理新规 …… 122
一、黄金十年 …… 122
二、霹雳新规 …… 128
三、呼唤绝对收益 …… 132
第十章 寻找中国避险的上市公司 …… 135
一、经济世界中的不确定性 …… 135
二、当下避险、未来少忧 …… 136
三、不确定性世界中的企业避险戒律 …… 137
四、中国企业避险指数 …… 138
第十一章 寻找中国真正的避险基金 …… 150
一、对冲基金能对冲风险吗 …… 151
二、公募对冲基金 …… 153
三、衍联中国公募避险基金指数 …… 156
四、私募对冲基金 …… 159
五、衍联中国私募避险基金指数 …… 162

第四篇 顺着循环去避险

第十二章 循环的力量 …… 167
一、中国古人的循环观 …… 167
二、2021—2030 年：萧条年代的局部繁荣 …… 169
三、易经、太阳黑子与康波 …… 178

第十三章 股市的非周期循环 …… 181
一、股价并非随机漫步 …… 182
二、约瑟效应与诺亚效应 …… 183
三、是循环不是周期 …… 185
四、不是单循环是连环套 …… 187
五、股市循环与经济循环的关系 …… 188
六、A 股的非周期循环 …… 189
第十四章 顺着循环的规律避险 …… 195
一、避险交易类型 …… 195
二、循环中的避险交易逻辑 …… 205
三、避险资产配置 …… 209
第十五章 幂律的世界更需要避险 …… 216
一、幂律 …… 216
二、中国银行受困负油价黑天鹅 …… 220
三、负面意外的规避 …… 226

后 记 …… 232

第一篇　牧羊人的炼金术

天地之间，其犹橐龠乎？虚而不屈，动而愈出。

——老子

第一章　一战成名的牧羊人

2020 年年初，一场突如其来的新冠疫情危机终结了美股逾 10 年的牛市。股神巴菲特（Warren Buffett）掌舵的伯克希尔哈撒韦一季度亏损约 500 亿美元，而他本人在 3 月份美股经历史无前例的连续熔断时曾惊叹道："我活了 89 岁，从没见过这种场面。"① 无独有偶，巴菲特的黄金搭档查理·芒格（Charlie Munger）称此次衰退是"有史以来最严重的台风"。以其备忘录闻名，投资界大佬兼畅销书作家霍华德·马克斯（Howard Marks）发表名为《无人知晓》的文章，而他上一次使用这个备忘录标题是在 2008 年 9 月 19 日，即雷曼兄弟公司申请破产的两天后。马克斯写道，公众对新冠疫情的很多相关问题几乎一无所知，因此根本无法理智地预计市场将会如何表现。"未来几天、几周、几个月，股市会下跌吗?"是一个错误的问题②，因为它是完全无法回答的。见过大风大浪，经历过多次市场循环的大佬们况且这么说，可见新冠疫情带来的不确定性之高，引发的动荡之剧烈。股市哀鸿遍野之际，媒体突然想到，据传 2008 年金融危机的赢家桥水基金 2019 年已花了 15 亿美元买入看跌期权，当时已有业内人士计算过，一旦 2020 年 3 月份结束前，市场单日下跌 20%，这笔看跌期权能带来 270 亿美元的收益③。一时，众人纷纷寄予厚望，期待这家在多次危机中逆流而上的全球最大对冲基金能为情绪低落的市场扫去一丝阴霾。

一、跌下神坛的巨头

1975 年，年仅 26 岁的雷·达里奥（Ray Dalio）在自己两居室的公寓内创

① LANGLOIS. Warren buffett on the "one-two punch" market panic: It took me 89 years to experience something like this [OL]. https://www.marketwatch.com/story/warren-buffett-on-the-one-two-punch-market-panic-it-took-me-89-years-to-experience-something-like-this-2020-03-11, 2020-05-02.

② MARKS. Nobody knows Ⅱ [OL]. https://www.oaktreecapital.com/docs/default-source/memos/nobody-knows-ii.pdf? sfvrsn=10, 2020-03-03.

③ GANDEL. World's largest hedge fund Bridgewater reportedly has big bet on market crash [OL]. https://www.cbsnews.com/news/bridgewater-associates-ray-dalio-market-crash-prediction/, 2019-11-23.

办了桥水基金。刚开始，桥水并未涉及资产管理，主营业务是替企业管理汇率及利率风险敞口。达里奥在风险管理业务中把每个公司分成多个独立的逻辑部分，然后设计一项使用各种金融工具，尤其是衍生工具管理每个部分的计划。其中，重要的部分是区分核心业务产生的利润，以及价格变化造成的投机性利润与亏损。桥水基金由此向客户展示，一种“风险中性”的仓位将是怎么样的，即企业在对市场没有判断的情况下，应当持有何种合适的对冲仓位，而这一思路正是其日后旗舰基金“纯阿尔法”的起源。

从 1987 年世界银行授权的一个 500 万美元的债券账户开始，桥水基金在之后的几十年内迅猛发展，截至 2020 年 4 月 30 日，其管理的资产规模约为 1 380 亿美元①。凭借对宏观经济的超前判断，桥水基金在以往多次危机中表现优异。1987 年 10 月 19 日，美股遭遇“黑色星期五”，道指狂跌 22.6%，而桥水基金则因提前做空，业绩逆势增长了 22%，被媒体誉为“十月英雄”。2008 年 9 月 15 日，美国第四大投资银行雷曼兄弟（Lehman Brothers）宣告破产，触发全球金融危机，标普 500 指数全年暴跌 38.49%，而桥水基金的“纯阿尔法”基金收益达 8.7%。事实上，在 2008 年金融危机爆发的前一年，桥水基金系统中的“萧条测量仪”就显示一场债务泡沫即将发展到崩溃点。彼时，深入研究过历史上多次债务危机的达里奥认为，“大量的个人、企业和银行将面临严重的债务问题，同时与 1930—1932 年的情况一样，美联储将无法通过降息缓解债务危机的冲击”②。崇尚创意择优的达里奥找来了聪明人给他的观点挑毛病，还去华盛顿找了重要决策者复审他的思考。虽然财政部和白宫绝大多数的人对达里奥提出的观点不以为然，认为他的所言是耸人听闻，但由于桥水基金团队看到的情况环环相扣，且找不到任何能驳倒他们观点的人。达里奥决定根据预测配置客户的资产组合。接下来的故事大家都知道了，金融危机的巨浪袭来，桥水基金旗下的基金却逆势上涨。有了过往危机中杰出战绩的背书，桥水基金在此次危机中被媒体寄予厚望也合乎情理。然而，美国媒体在 3 月中旬却爆出桥水基金在此轮危机中表现不佳，称其旗舰基金“纯阿尔法”在 2020 年已经下跌约 20%③。同时，在大洋彼岸的中国，关于桥水基金的负面传言也越演越烈，3 月 18 日，一则有关桥水基金爆仓的消息火速传遍朋友圈，一时激起千层浪，各路消息满天飞，以至于创始人达里奥

---

① SEC. Investment adviser firm summary [OL]. https://adviserinfo.sec.gov/firm/summary/105129, 2020-04-30.

② [美]瑞·达利欧，原则 [M]. 刘波，綦相，译，北京，中信出版集团，2018.

③ IMBERT. Even the world's biggest hedge fund was caught flat-footed by the coronavirus market sell-off [OL]. https://www.cnbc.com/2020/03/15/even-bridgewater-associates-was-caught-flat-footed-by-the-coronavirus-market-sell-off.html, 2020-03-15.

不得不亲自出面辟谣，他直接公开了一份桥水基金先前发送给客户的《每日观察》（Bridgewater Daily Observations）。

文中展示的桥水旗下产品的收益率确实如先前媒体报道的那样表现不佳，截至 2020 年 3 月 18 日，

全天候（波动率 10%）下跌约 12%

全天候（波动率 12%）下跌约 14%

全天候（人民币）下跌约 9%

纯阿尔法（波动率 12%）下跌约 14%

纯阿尔法（波动率 18%）下跌约 21%

纯阿尔法主要市场（波动率 14%）下跌约 7%

纯阿尔法主要市场（波动率 21%）下跌约 11%

最优投资组合（波动率 10%）下跌约 18%

达里奥称，尽管表现令人失望，但这与之前表现不佳的时期是一致的。桥水基金预计，在特殊情况下，这种情况大约每 10～15 年会发生一次①。虽然达里奥一再重申损失在可承受的范围内，有能力从中恢复过来，但是，由于桥水基金赖以生存的两大策略，纯阿尔法和全天候旗下产品全线下跌，这一轮危机，桥水基金跌下了神坛。

再看由顶级数学家、维布伦奖得主詹姆斯·西蒙斯（James Harris Simons）创建的，既传奇又神秘的量化投资标杆——文艺复兴科技（Renaissance Technologies）在本轮危机中的表现。在硅谷最牛 80 后马克·扎克伯格（Mark Zuckerberg）完成幼儿园学业之前，西蒙斯就已经预见到了社会将会发生戏剧性的变化，他很早就开始利用算法、计算机模型和大数据进行交易，此后文艺复兴科技凭借着复杂的数学模型和算法成为有史以来最成功的量化交易公司之一。在许多人眼里，文艺复兴科技创造了金融史上最伟大的赚钱机器，是名副其实的量化投资之王。根据《征服市场的人：吉姆·西蒙斯如何发起量化革命》作者格里高利·祖克曼（Gregory Zuckerman）的计算，文艺复兴科技传奇的大奖章基金（The Medallion Fund）从 1988—2018 年的年平均收益率为 66.1%（费前），30 年创造了 1 045 亿美元的交易收益②。近些年，文艺复兴科技每年能从交易中赚取的收益超过 70 亿美元。西蒙斯和他的同事们创造了如此之多的财富，以至于他们开始在政治、科学、教育和慈善等领

① DALIO. Our Performance [OL]. https://seekingalpha.com/article/4333531 - performance?source=all_ articles_ title, 202-03-23.

② ZUCKERMAN. The man who solved the market: How Jim Simons launched the quant revolution [M]. New York: Penguin, 2019.

域发挥巨大影响力。

本轮危机中，旗舰基金大奖章基金的表现依旧亮眼，据《华尔街日报》报道，截至 2020 年 4 月 14 日，大奖章基金自年初以来已经上涨了 24%（费后）[①]。然而，由于大奖章基金从 1993 年起就只向文艺复兴科技的员工开放，外界对其知之甚少，虽然回报率惊人，多年来一直饱受“造假”争议。因此，文艺复兴科技对外募集的基金是更为可靠的衡量它在此轮危机中表现的依据。根据彭博社的报道，今年市场波动率上升的时候，文艺复兴科技的计算机模型没有奏效。2020 年第一季度，其旗下的机构股票基金（Renaissance Institutional Equities Fund）下跌了 14. 4%，机构多元阿尔法基金（Renaissance Institutional Diversified Alpha Fund）下跌了 10. 5%，而机构多元全球股票基金（Renaissance Institutional Diversified Global Equities Fund）也下跌了 10%[②]。由于量化模型的建立是基于历史上发生过的事件，因而当黑天鹅事件（指意外的、不可预见的事件）发生时，量化模型往往无力应对。虽然文艺复兴科技的模型是由全球一流的数学家、物理学家、社会学家和统计学家构建的，但这次危机让众人看到了模型的局限性，也看到了长期高坐在量化投资神坛上的文艺复兴科技并不是神。

相比桥水基金和文艺复兴科技，另一家对冲基金巨头应用量化资本管理公司（AQR）在 2020 年一季度的处境更为严峻。应用量化资本管理公司的创始人克里夫·阿斯尼斯（Cliff Asness）是大名鼎鼎的诺贝尔经济学奖得主、有效市场假说之父尤金·法玛（Eugene Fama）的学生。他从芝加哥大学博士毕业后便加入了高盛并组建了量化交易投资小组。由于业绩表现优异，阿斯尼斯在高盛的同事大卫·卡比勒（David Kabiller）不断劝说阿斯尼斯单干。于是，1998 年，应用量化资本管理公司以 10 亿美元的规模起步了。由于应用量化资本管理公司当时采用的是多空策略，多头便宜的股票，空头贵的股票，在科技股疯狂创新高的年代，基金一度亏损了 40%。面对巨幅亏损，阿斯尼斯依然坚定地认为科技股的狂欢必将结束。幸运的是，结果如他所料，在互联网泡沫中饱受煎熬的应用量化资本管理公司在泡沫破灭后迅速崛起，管理规模不断扩大，成为名副其实的对冲基金巨头。2008 年的金融危机，对冲基金行业迎来寒冬，近 10%的基金公司破产关门，平均净值损失 18%，在标普

---

① FRANCK. Renaissance hedge fund reportedly having one of its best years ever [OL]. https://www.cnbc.com/2020/04/17/renaissance-hedge-fund-reportedly-having-one-of-its-best-years-ever.html, 2020-4-17.

② VARDI. The winning and losing hedge funds of the march pandemic [OL]. https://www.forbes.com/sites/nathanvardi/2020/04/06/the-winning-and-losing-hedge-funds-of-the-march-pandemic/#10b2139e6849, 2020-04-06.

500 指数下跌 22.5%的最后三个月，应用量化资本管理公司的对冲基金策略获取了 7%的收益，表现可圈可点①。然而在面对 2020 年差强人意的表现时，阿斯尼斯尴尬地自嘲道，要是业绩能比得上自己的一大串头衔就好了。

据《纽约邮报》报道，2019 年年末，应用量化资本管理公司的管理规模为 1 860 亿美元，而到 2020 年一季度末，其管理规模仅为 1 430 亿美元，骤降 430 亿美元。虽然不清楚资产规模暴跌 23%是源于投资者赎回还是投资亏损，但外界从应用量化资本管理公司部分基金差强人意的表现中可窥探出这家巨头在本次危机中备受煎熬。应用量化资本管理公司旗下 41 只共同基金中的许多基金都出现了亏损，19 只权益类基金几乎全部下跌。截至 2020 年 4 月初，应用量化资本管理公司的多策略另类投资基金（Multi-Strategy Alternative Fund）在 2020 年一季度亏损了 22%，其小市值策略基金（Small - Cap Multi-Style Fund）亏损约 29%。事实上，在 3 月由新冠疫情引发的危机中，绝大多数对冲基金的表现都差强人意，3/4 的对冲基金遭到损失，有些基金损失高达 40%②。据高盛当时的估算，截至 3 月 19 日，3 月份权益类对冲基金的平均表现为-15.5%③。以往危机中表现耀眼的明星基金经理黯然失色，常胜将军折戟沉沙，行业巨头表现不佳，媒体迫切地需要挖出一位新赢家。

二、一战成名的牧羊人

他们挖到的是一位牧羊人——马克·斯皮兹纳格尔（Mark Spitznagel）。据报道，斯皮兹纳格尔的基金“黑天鹅事件预防协议”（Black Swan Protection Protocol，以下简称“黑天鹅基金”）在 3 月取得 3 612%的收益，2020 年以来的回报更是高达 4 144%。这惊人的业绩让媒体沸腾了，福布斯、路透社、彭博社等主流媒体倾巢出动，争相报道。其中，《福布斯》杂志用的标题最夺人眼球——《一个山羊农场主是如何通过建造一台末日机器来赚取 4 144%回报的?》农场主、末日机器、4 144%的回报，任何一个关键词都足以让人想要一探究竟。

斯皮兹纳格尔牧羊人的称号是从哪里来的呢？事实上，他是一名货真价实的农场主，他位于北密歇根州的田园农场（Idyll Farms）有 200 英亩大，风

---

① BENJAMIN. AQR creates mutual fund using nine hedging strategies [OL]. https://www.investmentnews.com/aqr-creates-mutual-fund-using-nine-hedging-strategies-37593, 2011-07-18.

② BLOOMBERG. These hedge funds beat the coronavirus-driven market collapse [OL]. https://www.bloomberg.com/news/features/2020-05-19/these-hedge-funds-beat-the-coronavirus-driven-market-collapse, 2020-05-19.

③ HERBST-BAYLISS. Ackman's hedge funds make money this year as hedges help [OL]. https://au.finance.yahoo.com/news/ackmans-private-hedge-fund-pershing-230748185.html, 2020-03-25.

景如画，是几百只山羊的家。该农场出产的山羊奶酪获得过近 40 个奶酪比赛大奖，包括世界奶酪锦标赛和全美奶酪界的奥斯卡——美国奶酪协会竞赛①。在投资之余，斯皮兹纳格尔喜欢放牧，他会边走着边用手杖敲打着地面，并对他的羊群喊道："À droite! À droite!"（法语，意思是往右走）。在 3 月份斩获巨额收益后，他正是从农场向投资者发去这一喜讯的，"近期的回报可能超过了我们此前一同投资的任何项目……向诸位致敬，感谢你们对环球投资的'战略性'投资"②。

其实，这并不是他创建的环球投资第一次从剧烈波动的市场中收获巨额支票。2008 年，标普 500 指数下跌了 38.5%，而环球投资的回报率高达 115%。2015 年 8 月 24 日，市场经历了短暂的溃败，道·琼斯指数下跌超过 1 000 点，而环球投资收益颇丰，其 2015 年 8 月的回报率高达 20%，甚至在 8 月的一个单周就斩获了 10 亿美元的收益。考虑到 2015 年环球投资的管理规模仅为 60 亿美元，这是一个相当耀眼的成绩③。但没有一次过往战绩让斯皮兹纳格尔享受 2020 年的曝光度和赞誉，他红到了大洋彼岸的中国，成为公众号 10 万加爆款文章的主角。这位在本轮危机中加冕的资本市场新宠马克·斯皮兹纳格尔究竟是谁？

作为美国对冲基金行业最有趣的人物之一，斯皮兹纳格尔不仅是一位喜欢制造末日机器的基金经理，出产全美最佳山羊奶酪的牧羊人，深入骨髓的自由意志主义者，还是黑天鹅之父纳西姆·塔勒布（Nassim Nicholas Taleb）的得意门徒，奥地利经济学派的坚实拥趸者，道家无为而治理念的忠实信奉者。1971 年出生的斯皮兹纳格尔成长在一个牧师家庭，父亲给他准备的读物是圣雄甘地的书，而他在童年时期就已经是一个初露头角的资本家了。斯皮兹纳格尔在二年级的时候，垄断了当地的送报路线，雇用同学并支付给他们工资，当时，已经有同学向他借钱。这让年少的斯皮兹纳格尔意识到了金钱的力量。除了天生的生意头脑，斯皮兹纳格尔在年少时就展现出不一般的勤奋和雄心。五年级的时候，他开始疯狂地练习圆号。他早早起床练习，一练就是好几个小时，当时住在芝加哥郊区的他每到周末还会坐公交车去城里上课或参加试演。谈起那段往事，斯皮兹纳格尔坦言自己刻苦练习并不是出于

---

① IDYLL FARMS. Idyll farms wins 4 "Cheese oscars" american Cheese society awards [OL]. https://idyllfarms.com/idyll-farms-wins-4-cheese-oscars-american-cheese-society-awards/, 2018-08-17.

② GARA. How a goat farmer built a doomsday machine that just booked a 4 144% return [OL]. https://www.forbes.com/sites/antoinegara/2020/04/13/how-a-goat-farmer-built-a-doomsday-machine-that-just-booked-a-4144-return/#393969fc3b1b, 2020-04-13.

③ JAIN. This hedge fund returned 3 600% in March [OL]. https://www.valuewalk.com/2020/04/mark-spitznagel-universa-investments-coronavirus/, 2020-04-09.

对乐器的爱，他直言道："我想要变得更好，因为我想要打败别人。"① 在刻苦练习下，斯皮兹纳格尔到高二的时候就已经是全美高中生里高水平圆号演奏者之一了，他很自然地会被全球顶级的茱莉亚音乐学院录取，如果故事就这样发展下去，斯皮兹纳格尔可能会成为蜚声国际的纽约爱乐乐团或者芝加哥交响乐团的首席圆号演奏者。然而，一次拜访改变了一切。

1987 年，年仅 16 岁的斯皮兹纳格尔迎来了人生的转机。对市场和交易一无所知的他随父亲去芝加哥期货交易所拜访了父亲的好友埃弗雷特·克利普（Everett Klipp），克利普正经营着一家期货交易公司。在年轻的斯皮兹纳格尔的想象中，交易所应该像詹姆斯·邦德电影中的赌场一样时髦奢华，虽然现实与想象相去甚远，但他却着迷了。他站在参观大厅中俯瞰着谷物交易厅，俯视着各色各样的交易夹克，交易员们挥舞着的手臂和摇晃着的身体，金融市场的瞬息万变和错综复杂被浓缩在了这一场景里，他被交易厅里猛烈的能量迷住了。那次参观过后，茱莉亚音乐学院的求学计划被他抛诸脑后，斯皮兹纳格尔找到了新的激情，做一名场内交易员！

为了成为一名伟大的交易员，他全身心地投入谷物期货的研究中。无论是练习圆号，还是做研究，斯皮兹纳格尔总是带着一种强烈感，紧张感，热情感。作为硬核行动派，斯皮兹纳格尔不仅在卧室墙壁上挂上了价格图表，甚至建造了一个玉米和大豆的盆栽实验室，以此来检测降雨和作物生长的关系。在大学暑期或假期，斯皮兹纳格尔都会去克利普的公司实习，克利普成为他的新英雄。1993 年，他从密歇根州的卡拉马祖学院（Kalamazoo College）毕业后，时年 22 岁的斯皮兹纳格尔很自然地回到了芝加哥期货交易所，靠着奶奶的支持以及自己在 20 岁时为惠普写的一个计算机程序所得的报酬，支付了 48 万美元的席位费，成为债券交易厅里最年轻的交易员。

20 世纪 90 年代初，美国国债期货是交易最为活跃的合约，债券期货交易厅已然是金融世界的中心。在交易所的初期，当时已经年近 70 岁的克利普每天都会站在斯皮兹纳格尔的身边耐心地指导他。谈起启蒙恩师，他回忆道："就像克利普对其他想成为场内交易员的孩子一样，他和我一起站在债券交易厅内，告诉我并向我展示了交易中纪律的重要性——限制损失和控制风险的纪律，并且不要试图预测市场。"② 克利普常挂在嘴边的口头禅是，"你必须喜欢亏钱，讨厌赚钱"。一开始，斯皮兹纳格尔对这反人性的逻辑百思不得其解。"只有一件事能摧毁交易员，那就是巨额损失……永远不要发生巨额亏

① BRADLEY. The goat whisperer [OL]. https://www.worth.com/the-goat-whisperer/, 2014-12-01.

② RAMIREZ. Everett Klipp, 1926 - 2011 [OL]. https://www.chicagotribune.com/lifestyles/ct-xpm-2011-01-31-ct-met-klipp-obit-0201-20110131-story.html, 2011-01-31.

损”，克利普解释道。克利普是在告诫斯皮兹纳格尔，要培养甘于亏小钱的美德。成功交易的关键在于，出现亏损时要立即卖出头寸以限制损失，不要抱着价格会反弹的希望不放，应该果断止损，继续前进。甘于亏小钱，克利普传授的这种哲学成为日后斯皮兹纳格尔所有投资的思想基础。

债券交易厅像一个倒着的八边形的多层蛋糕，其最顶层，也是最外层由交易量最大的交易员占据，鉴于这也是整个交易厅的最佳视线所在，给了那些顶级交易员一个不可估量的优势。在斯皮兹纳格尔初入交易厅的日子里，他一直都在另一个极端待着——远月合约被断断续续交易的底层大厅。一个月的学徒期后，克利普允许斯皮兹纳格尔交易更为活跃的合约。冒险地进入上层大厅，斯皮兹纳格尔觉得自己就像一个在荒岛上遭遇海难的人，他孤身一人，几乎无法接触到订单流，他把自己视为债券交易厅的鲁滨逊·克鲁索（Robinson Crusoe）。在试过各种网眼大小的渔网后，斯皮兹纳格尔发现，在水浅的地方，他能时不时捕到一些小鱼，而在很深的水域，鱼虽然大得多，也少得多。他开始实验从高频捕小鱼到低频捕大鱼，斯皮兹纳格尔发现这个方法对他来说很有效。

随着交易年限的增长，从个位数的交易到数十单，再到数百单，他儿时做场内交易员的梦想最终实现了。20 世纪 90 年代中期，敏锐的斯皮兹纳格尔预感到电子交易的崛起将在很大程度上改变芝加哥期货交易所，于是，他去了华尔街，成为一家初级政府债券市场交易商的自营交易员，从事欧元美元“中期曲线”期权的交易。为了成为一名思想更严谨的交易员，斯皮兹纳格尔申请了纽约大学科朗（Courant）数学研究所的一个研究生项目，在那里，他通过研究奥地利经济学派进一步加深了自己对自由市场理论的兴趣。在纽约大学，他还遇到了后来声明远扬的黑天鹅之父纳西姆·塔勒布。两个人的友谊始于斯皮兹纳格尔的一封邮件，他向塔勒布询问了一些技术问题。经双方共同的朋友引荐见面后，正在创建自己的基金——经验主义基金（Empirica Capital）的塔勒布当场就雇用了斯皮兹纳格尔。多年后被问起为什么那么快就能做雇佣决策，塔勒布回忆道：“马克是一位场内交易员，如果你是一位交易员，你看这个世界就会非常愤世嫉俗——没有废话。你必须迅速行动，站稳脚跟，并做决策——训练自己应对火灾的能力。”

经验主义基金于 1999 年起航，斯皮兹纳格尔和塔勒布成为一对绝佳搭档：斯皮兹纳格尔是一丝不苟的交易员，塔勒布则是抽象理论家。塔勒布盛赞斯皮兹纳格尔“像一位德国工程师”般交易——他无所畏惧、纪律严明，热衷于编程和制定协议。经验主义基金是有史以来第一家正式实行尾部风险保护的基金公司。公司建立的期权策略使得他们得以在股市暴跌时赚取巨额利润，而在股市上涨时仅损失小钱。当时，塔勒布和斯皮兹纳格尔乐于把自己称为“危机猎手”，而经验主义基金也确实碰上了好时机，成功抓住了2000年美国股市崩盘的机遇。那一年，他们赚得盆满钵满。接下去的几年，市场一路上涨，所以跟预期的一致，经验主义基金亏了钱。2005年，身体状况不佳的塔勒布关闭了基金。两年后，斯皮兹纳格尔在加州创办了自己的对冲基金——环球投资，在经验主义基金投资模型的基础上进行改进。塔勒布后来也加入他的公司，参与研究但不参与具体的投资管理，彼时他已开始全身心地投入不确定性，尤其是黑天鹅问题的研究中。作为尾部对冲的狂热拥护者，塔勒布会布道般地告诫他的学生们，“假设有太多未被对冲的风险，投资者们应该遏制追求短期收益最大化的冲动”①。他的座右铭是：保护你的投资组合不受“黑天鹅”的伤害。提到与塔勒布的友谊，斯皮兹纳格尔感言：“直至今日，没有任何人能让我从关于尾部的对话中享受和受益更多。”②

环球投资也碰上了好时机，因为仅在成立的几个月后，金融危机便席卷全球，标普500指数在2008年下跌了38.5%，环球投资的回报率则高达115%，正是从这一刻起，斯皮兹纳格尔被正式贴上了末日投资者的标签。

三、牧羊人的“末日机器”

斯皮兹纳格尔制造的“末日机器”到底是什么？在本轮危机中大放光彩的黑天鹅基金运用的究竟是什么策略？这个被媒体传得神乎其神的“末日机器”就是交易所上市的期权，而环球投资黑天鹅基金的策略主要包括买入深度虚值的股票看跌期权和深度虚值的大宗商品看涨期权。这些期权赋予环球投资出售股票或购买大宗商品的权利，而非义务。一旦股市如预期般下跌，环球投资持有的看跌期权的价格便会水涨船高，而下跌的幅度越大，这些看跌期权则越值钱；如果股市没有如预期般下跌，环球投资的损失有限，最大亏损就是购买期权时所付的期权费。环球投资购入的期权期限可长达六个月，行权价通常至少高于或低于其底层资产市场价格的20%。这意味着，只有灾难才有可能使环球投资的头寸赚大钱。具体来说，如果市场单月下跌至少20%，环球投资的目标是这些看跌期权能带来60%的收益。每当危机来临，环球投资这台灾难印钞机就启动了。据福布斯的估算，2020年3月，环球投资持有的看跌期权成本不到1亿美元，却为客户产出至少30亿美元的收益，

---

① FARRELL. Protect your tail [OL]. https://www.forbes.com/forbes/2011/0627/money-guide-11-spitznagel-black-swan-cnbc-protect-tail.html, 2011-06-08.

② SPITZNAGEL. The dao of capital austrian investing in a distorted world [M]. Wiley, 2013.

成就了一场完美的黑天鹅收割事件①。虽然黄金和美债也被视为避险资产，但是相较于这两类传统避险资产而言，环球投资的尾部对冲在市场下行时能提供爆炸性的收益。“我们就像打了类固醇的黄金”②，斯皮兹纳格尔打趣着说。通常来说，当股票市场崩盘时，黄金会上涨约 30%，有时候高一些，有时候低一些，但基于历史情况，这是投资者的主要预期收益。而环球投资提供的保护是 100 比 1，这种惊人的回报率使其从其他避险策略中脱颖而出，成为末日里名副其实的“诺亚方舟”。

对于自己经常被视为在灾难来临时赚得盆满钵满的混蛋，斯皮兹纳格尔回击道：“混蛋应该是本·伯南克（Ben Bernanke）和艾伦·格林斯潘（Alan Greenspan），因为美联储的行为制造了股市和房地产泡沫，也因为美联储缓解这些泡沫后果的方式……有些在今天还存在的银行根本没有存在的资格。”③在自由意志主义者斯皮兹纳格尔的眼里，政府的过度干预残忍地将美国和世界拖入“反复出现的金融危机和劳动力市场停滞”中④。他习惯将历史上这种错误的干预比作护林员为扑灭小型森林火灾所做的努力。小火是森林保持积极进化的自然方式，当消防员试图扑灭影响微弱的小火时，最终反而导致了更严重的火灾。就像森林一样，市场也是自然的，如果你打乱了其中任何一个的自然方向，情况会变得更糟。在 2014 年的一场活动中，他告诉美国政坛元老、另一位著名的自由意志主义者罗恩·保罗（Ron Paul）：“关于当前由信贷扩张带来的资产繁荣不可避免的最终崩溃，米塞斯（Ludwig von Mises）最终将再次是正确的。用黑天鹅来形容金融泡沫破裂过去是，将来仍将是一种用词不当——我们可以而且确实应该预期到，由于大规模的央行干预和经济扭曲，这样的动荡将在某个时点发生。”⑤ 果不其然，2020 年年初，新冠疫情戳破了资产泡沫。斯皮兹纳格尔在这次的大丰收后写给客户的信中重申：“如果大流行病没有戳破这个泡沫，那么，一定会有其他东西来实现这一宿

---

① GARA. How a goat farmer built a doomsday machine that just booked a 4 144% return [OL]. https://www.forbes.com/sites/antoinegara/2020/04/13/how-a-goat-farmer-built-a-doomsday-machine-that-just-booked-a-4144-return/#393969fc3b1b, 2020-04-13.

② BRADLEY. Universa's mark spitznagel on making money while markets crash [OL]. https://www.worth.com/universas-mark-spitznagel-on-making-money-while-markets-crash/, 2020-03-10.

③ BRADLEY. The goat whisperer [OL]. https://www.worth.com/the-goat-whisperer/, 2014-12-01.

④ TAMNY. Government intervention is the only black swan [OL]. https://www.realclearmarkets.com/articles/2013/08/30/government_intervention_is_the_only_black_swan_100588.html, 2013-08-30.

⑤ PAUL. Ron Paul and Mark Spitznagel talk freedom, farming, and the fed [OL]. https://mises.org/library/ron-paul-and-mark-spitznagel-talk-freedom-farming-and-fed, 2014-05-09.

命。”[①] 对于政府过度干预下的市场最终会走向崩溃宿命的坚信不疑，使得斯皮兹纳格尔能够数年淡定从容地亏着小钱。

他曾对媒体透露过，环球投资每 100 笔交易中的 95 笔都是赔钱的[②]。他甚至坦言：“我们不在乎一个月、一年或二年的数据，我更关心的是长期的表现，这种视角对于处理罕见事件是必要的。”[③] 换句话说，斯皮兹纳格尔从事的是“时间套利”，在一件相对低概率的事件上下注是有意义的，只要它的回报足够高。“黑天鹅”基金的客户并不将所有的资产交由环球投资的团队管理，他们会指定他们想要进行对冲或防范极端风险的一个资产池或名义价值，投资者通常会在整个投资组合里配置 1%的“黑天鹅”基金。由于尾部风险低概率的特性，环球投资“黑天鹅”基金的客户不得不在一些年限忍受小损失以获取预期的金矿。事实上，该基金的客户甚至希望他们在基金上有稳定的小损失，因为这意味着他们生活在风平浪静中，他们其余投资的表现都或多或少与预期相仿。如果客户真的在“黑天鹅”基金上大赚了一笔，那就意味着全球经济已经走向了一个非常糟糕的方向，进入了另一个不可预测和混乱的时代，全世界的人都在失去工作和财富，客户的其余投资很可能也遭受了亏损。所以，与其说是投资策略，斯皮兹纳格尔更愿意称其为一种保险，一种针对系统性股票市场崩盘和危机的保险。由于尾部对冲策略可以防止“黑天鹅”事件带来的负面影响，所以购买环球投资的“黑天鹅”基金使得客户能够更坦然地去冒险——“你对冲风险所以你可以承担风险”。打个比方，人们可以为他们的房子买简单的保险。如果没有房主保险，很多人就买不起房子，因为风险太大了。这就是为什么买房子的同时需要买保险。从这个角度看，环球投资既是防御性的，又是进攻性的。

环球投资的尾部对冲不仅可以被单独视为一种投资策略或一种保护投资组合免受极端风险损害的保险，还可以与标准普尔 500 指数进行组合，成为一类新型避险资产。在环球投资 2020 年斩获巨额收益后发送给客户的信中包含了一张表（见表 1-1），如表所示，在 3 月标普 500 指数下跌 12.4%时，96.67%投资于标普 500 指数和 3.33%投资于环球投资尾部对冲基金的投资组合毫发无损。自 2008 年 3 月以来，该投资组合的复合年均增长率（CAGR）为 11.5%，而标普 500 指数的复合年均增长率仅为 7.9%，这一新型避险资产

---

① JAIN. This hedge fund returned 3 600% in march [OL]. https://www.valuewalk.com/2020/04/mark-spitznagel-universa-investments-coronavirus/, 2020-04-09.

② FARRELL. Protect your tail [OL]. https://www.forbes.com/forbes/2011/0627/money-guide-11-spitznagel-black-swan-cnbc-protect-tail.html, 2011-06-08.

③ FARRELL. Protect your tail [OL]. https://www.forbes.com/forbes/2011/0627/money-guide-11-spitznagel-black-swan-cnbc-protect-tail.html, 2011-06-08.

妥妥地跑赢了市场。

表 1-1　策略收益对比

策略	2020 年 3 月	2019 年以来	2015 年以来	2008. 03 以来	2008. 03-2008. 12
环球投资尾部对冲（3. 33%）+ 标普 500（96. 67%）	0. 4	16. 2	8. 3	11. 5	9. 9
芝加哥期权交易所-尤里卡赫奇尾部风险（3. 33%）+标普 500（96. 67%）	-11. 4	5. 2	6. 3	7. 7	-29. 4
安硕 20Y+ 国债 ETF（25%）+标普 500（75%）	-6. 8	12. 2	7. 3	8. 9	-15. 1
安硕 3-7Y 国债 ETF（25%）+标普 500（75%）	-8. 3	6. 9	6. 1	7. 2	-21. 1
芝加哥期权交易所-尤里卡赫奇做多波动率（25%）+标普 500（75%）	-2. 3	10. 7	6. 1	8. 2	-13. 8
黄金（25%）+标普 500（75%）	-9. 1	8. 4	6. 5	7. 4	-25. 4
对冲基金指数（25%）+标普 500（75%）	-10. 3	4. 4	5. 6	6. 7	-27. 5
CTA 指数（25%）+标普 500（75%）	-8. 7	5. 6	5. 3	6. 6	-21. 5
标普 500（100%）	-12. 4	4. 5	6. 6	7. 9	-30. 7

数据来源：环球投资，universa. net。

环球投资提供的这张表揭示了两个信息。

第一，媒体披露的环球投资“黑天鹅”基金超过 36 倍的回报在某种程度上存在误导性。如果该组合的结构是 96. 67%的标普 500 指数和 3. 33%的环球投资尾部对冲基金，那么，根据媒体报道的“黑天鹅”基金的回报和 3 月份标普 500 指数的表现，该组合在 2020 年 3 月的收益应该是［96. 67%×(-12. 4%) +3. 33%×3612%］=108. 29%。然而，环球投资自己提供的数字是 0. 4%，远低于理论收益。当被问道他们是如何得出 0. 4%的收益时，环球投资拒绝透露具体的计算方式。大多数对冲基金向外提供的回报率往往是基于名义金额得出的，意味着它包括了投资者当时在基金中的全部资产。所以，环球投资很大概率上选择了另一种方式计算他们的收益。这一信息在很大程度上提醒了读者，看到 3 612%这种夺人眼球的回报时要懂得慎思明辨，而不是被片面的信息所误导。

第二，从表 1-1 中能获取的更为重要的信息是，过去 12 年的真实业绩让我们看到了规避巨额亏损对于投资的长期表现的巨大价值。塔勒布说过：“人们天生倾向于关注回报，而不关注可能的损失。如果你减少了巨额亏损，整体的回报就会更高。"[①] 无独有偶，斯皮兹纳格尔曾提过一个观点，避险是有代价的，但避险不该让你变穷，避险应该提高你投资组合的回报率。降低风险的表现必须通过其"投资组合效应"来衡量——具体地说，是它对试图降低风险的整个投资组合的复合年增长率的影响。指数加尾部对冲的组合使得环球投资在市场没有崩盘时损失非常小，而在市场崩盘时收益非常大，既享受了大多数时期由指数上涨所带来的收益，又因为提前买好了应对灾难的保险而规避了巨幅亏损，可谓是一个性价比极高的策略。为了在末日来临时得以贪婪地出击，斯皮兹纳格尔甘于亏小钱，愿意等待，他常说："当下的耐心是为了未来能够战略性地急切。"[②]

在 2015 年的一次采访中，记者问斯皮兹纳格尔，什么是 2015 年最快的、最容易的致富方式？他不屑地答道："这里有一个更好的问题：在 2015 年，什么是最快的、最容易的让人变得非常贫穷的方式？答案是：在 2015 年选择最快的、最容易的致富方式，或者是盲目跟风。不要盲目追随昨天的赢家。保护好自己，准备好你的火药（意思是，你为投资准备的现金），等待更合适的一天。多想想在 2020 年或以后变得富有。"[③] 他是一位充满冲突感的人。一方面，他极度想赢，无论是那位早起练习圆号的高中生，还是在交易池里追逐利润的年轻交易员，抑或是生产山羊奶酪的牧羊人，他每做一件事都想成为最好的；另一方面，他又极度有耐心，从拒绝在农场使用生长激素和人工肥料，敢于投资却不急着盈利，以出产最高品质的奶酪，到数年如一日地在市场上真金白银地亏着小钱，以在未来赢得一个更有利的位置，他能够遏制住人性中快速获利的冲动。正因为他极度想赢，他的极度耐心显得更为难能可贵。日复一日反人性行为的背后必然有坚实的信念支撑，牧羊人斯皮兹纳格尔有着怎样的资本之道呢？

---

① FARRELL. Protect your tail [OL]. https://www.forbes.com/forbes/2011/0627/money-guide-11-spitznagel-black-swan-cnbc-protect-tail.html, 2011-06-08.

② SPITZNAGEL. The dao of capital austrian investing in a distorted world [M]. Wiley, 2013.

③ MEN' S HEALTH. A rich guy explains how to make a fortune (or go broke) [OL]. https://www.menshealth.com/trending-news/a19526064/how-to-become-a-billionaire/, 2015-01-02.

第二章　牧羊人的资本之道

斯皮兹纳格尔资本之道的核心用两个字便可以概括，那便是“迂回”（roundabout）。作为他所有投资的起点，这个词以极高的频率出现在他的演讲和访谈中，而在他撰写的充满哲学意味的《资本之道：扭曲世界里的奥地利学派投资方法》（*The Dao of Capital*：*Austrian Investing in a Distorted World*）中，迂回二字更是全书的灵魂。他对迂回哲学根深蒂固的信仰，让他很自然地将自己农场里的一条小径都以此命名。什么是投资中的迂回？用他的话解释，即他投资方法的重点是，“我们必须愿意采取间接的途径来实现我们的目标”。斯皮兹纳格尔资本之道的建立并非是一蹴而就的，他陆续从启蒙恩师、东方思想及奥地利经济学派的大师那里汲取了养分。

第一次接触到这一哲学时，斯皮兹纳格尔还是个高中生，在大学实习期和初入场内交易厅的岁月里，导师克利普帮助他养成了不怕亏小钱的美德，确切地说，是以一种迂回的态度对待交易，在当下战略性地亏小钱以便在未来占据优势。此外，来自东方的哲学思想又进一步加深了斯皮兹纳格尔对于迂回的理解。在道家的回归概念中，一切都是从其对立面演化而来的，坚硬从软中来，前进从后退中来。道家思想植根于迂回的概念：绕道胜过直行。另一位东方哲人孙武则强调了未来的重要性，主张形成对最终目的有利的“势”，而非盲目地陷入冲突。最后，从书名中也能直观地看出，他的投资植根于奥地利经济学派，深受欧根·冯·庞巴维克（Eugen von Böhm-Bawerk）和路德维希·冯·米塞斯（Ludwig Heinrich Edler von Mises）等奥地利经济学派巨匠们的影响。

一、启蒙恩师

自 16 岁那次改变人生的拜访后，满怀着成为场内交易员梦想的斯皮兹纳格尔每次见到克利普，总会向他提出一连串的问题。他会拿着图表和美国农业部的报告，向克利普询问关于价格趋势、世界粮食供应、苏联需求等关于市场走向的问题，而克利普则总会变着方法阐述同一个答案：“市场是一个完全主观的东西，它可以做任何事。它总是对的，也总是错的！”[①] 看到克利普对数据和信息的鄙夷，年轻的斯皮兹纳格尔一度感到非常困惑，甚至开始对这位固执的老头持怀疑态度。作为一名在危机四伏的交易厅中存活下来并持续发展几十年的市场老兵，克利普曾意味深长地对他说：“那些知道市场走向的人已经不在交易所了，他们不是退休了就是破产了，而我想不出有谁是退休了。”斯皮兹纳格尔心里嘀咕着，“作为一个投机者，他怎么能在不知道，甚至不关心市场走向的情况下做得这么好呢？”如果交易不是为了预测价格走势，那么它到底是为了什么？毕竟，获利就是在一个价格上买入（或卖出），然后最终在一个更高（或更低）的价格上卖出（或买入）。如果没有预测能力，这怎么可能做到呢？年轻的斯皮兹纳格尔花了一些时间才明白，场内交易的优势在订单流中，也在纪律中，既对于他人的不耐烦和急迫的耐心回应。这种优势不是直接的分析或信息，而是一个过程，一个跨时期的过程，一个获取优势的中间步骤，而这一优势的变现则需要时间。这位在当时已经上了年纪的谷物交易商时常在年轻的斯皮兹纳格尔耳边念叨：“你得喜欢亏钱，讨厌赚钱，喜欢亏钱，讨厌赚钱……但我们是人，我们喜欢赚钱，讨厌亏钱。所以我们必须克服人性。”[②] 这就是“克利普悖论”，正是通过克利普悖论，斯皮兹纳格尔无意间发现了一种投资方法，一种他很快会借鉴并实践的投资方法。这就是迂回的方法，与其经由直接的路径追求立即的收益，不如经由艰难迂回的路径接受立即的亏损，一个在获取更大的潜在收益上产生优势的中间步骤。

在他初入交易所的日子里，克利普告诫他：“你来这里不是为了赚钱，你来这里是为了学习如何交易。如果你是为了赚钱而入场，你就不会在这里了。你会在拉萨尔街排很长的队，还在等着进去。”[③] 克利普告诉斯皮兹纳格尔，作为交易员，他有且只有两种特权，“一是你可以寻求优势——以买入价买进，以卖出价卖出；二是当你犯错时，你可以放弃这种优势”。第二种特权是残忍的，因为这意味着一旦交易变成负数，就立即结束交易，克利普称之为“总是承受一点损失”。他坚定地认为，只有一件事能够伤害芝加哥期货交易所的交易员，那就是巨大的损失，“永远不要承受巨大的损失”。正如克利普告诫斯皮兹纳格尔要果断止损、培养甘于亏小钱的美德，他的导师在 40 年前也曾对他说过：“任何时候你可以承受损失，那就去做吧，这样你就永远留在了芝加哥期货交易所。”回忆起导师的教导，克利普总会微笑着补充道：“我

---

① SPITZNAGEL. The dao of capital: Austrian investing in a distorted world [M]. Wiley, 2013.

② SPITZNAGEL. The dao of capital: Austrian investing in a distorted world [M]. Wiley, 2013.

③ SPITZNAGEL. The dao of capital: Austrian investing in a distorted world [M]. Wiley, 2013.

从 1954 年开始就一直在亏钱，但他说得对，我现在还在芝加哥期货交易所。”① 根据克利普的估计，市场里有太多聪明人被一种“对眼前利润的急迫性”所控制。金融领域里著名的“处置效应”（disposition effect）指出，投资者会倾向于过早卖出盈利的股票，而将亏损的股票保留在投资组合中，回避现实损失。追求眼前的收获感觉很好，而接受眼前的损失感觉很不对。千万不要低估采取迂回路径的难度，对持续的、即时的利润的迫切需求已经在人类的大脑中根深蒂固，人们自然而然地成为这些倾向的受害者，因此会做与克利普截然相反的事。克利普常说：“我说起来很容易，你做起来却很难，甚至不可能做到。”②

在芝加哥期货交易所，这种急迫性给大量交易员带来了致命的打击，对短期利润提升的过度追求使得他们最终无法实现一个长期的交易生涯。人性的这一面在交易过大和持有成本过高上体现得淋漓尽致，而一旦到了危在旦夕的时刻，一切都成了决定性的。但是，没有任何一笔交易需要是决定性的。克利普会布道般地对斯皮兹纳格尔说：“一笔交易就能毁了你的一天。一笔交易就能毁了你的一周。一笔交易就能毁了你的一个月。一笔交易就能毁了你的一年。一笔交易就能毁了你的事业。”③ 交易所里的大多数人都无法接受克利普对待投资的态度，事实上，在许多方面，他都是场内交易最大的异见者。要始终如一地遵循和实践他信奉的哲学几乎是不可能的，挣脱对结果的追求是严峻的挑战。然而，克利普坚信，这一挑战对于获取优势至关重要。这就是克利普从他导师那里传承的迂回哲学：期待第一个失败，第一个失败是一个好的失败；有了这一基础，以后会有更大的收获。这就像良好的防守，你得拥抱失败，耐心等待，利用好当下以获得以后的优势，即进行更有效的进攻的优势。利用他人的急迫性是迂回策略的逻辑，这是交易和投资的根本优势，也是终极优势。在克利普孜孜不倦地提醒和自己持续的练习中，斯皮兹纳格尔渐渐地逃脱了根植于大脑的枷锁，发展出处理“时间不一致性”的能力，将整个序列的时间切片都看作是游戏的完整部分，而非在一开始就分配过高的权重给一个任意的时间切片。他将自己投资成功的很大一部分原因归于这一能力，他甚至直言不讳地说：“我靠投资者的饥渴为生……靠他们对即时性的强烈需求。”④

克利普悖论是斯皮兹纳格尔资本之道的起点。他坦言，直到今天，我还

---

① SPITZNAGEL. The dao of capital：Austrian investing in a distorted world［M］. Wiley，2013.

② SPITZNAGEL. The dao of capital：Austrian investing in a distorted world［M］. Wiley，2013.

③ SPITZNAGEL. The dao of capital：Austrian investing in a distorted world［M］. Wiley，2013.

④ SPITZNAGEL. The dao of capital：Austrian investing in a distorted world［M］. Wiley，2013.

继续在对“克利普主义”的回忆中学习。如果进一步剥离克利普悖论，一个更深层次的悖论便被揭示出来，它是人类很多最重要思想的核心。虽然克利普并不知道，他的悖论可追溯到2 500年前横空出世的中国历史上最伟大的著作之一《道德经》，实乃跨越千年的异曲同工。

二、东方思想

《道德经》共有5 000多字，概述了“道”，即做事的方式、途径、方法或与自然和谐相处的过程。在老子看来，抵达任何事物的最佳途径是经由它的反面：一个人从失去中得到，从得到中失去；胜利并不来自发动一次决定性的战役，而来自一种迂回的方式，即现在等待和准备，以便未来能获得更大的优势。《道德经》提出了一个基本的、普遍的两极交替的、不平衡与平衡的过程；每一种情况中都包含了它的对立面：“是谓微明，柔弱胜刚强。”（虽然微妙而又显明。）贯穿《道德经》的中心思想被称为“无为”，字面意思是“不做”，但含义远不止于此。“无为”的意思不是常被误解的不抵抗，而是非强制性行为。“无为”中强调了等待一个客观过程的重要性，强调了忍受损失以获得跨时期机会的重要性。《道德经》里说：“孰能浊以静之徐清？孰能安以静之徐生？”（谁能使浑浊安静下来，慢慢澄清？谁能使安静变动起来，慢慢显出生机？）这似乎是一堂关于谦逊和忍耐的课，但“当我们等待时，我们心甘情愿地牺牲了第一步以为更大的下一步做准备”。在它的最高形式中，等待的全部意义就是获得优势。因此，在这个过程中所隐含的表面上的谦卑其实是一种遮掩了操纵的艺术的虚假的谦卑。在这种虚假的谦卑下，“我们为了日后能变得强硬和强大现在故意变得柔软和软弱”，用老子的话说，“善为士者，不武；善战者，不怒；善胜敌者，不与；善用人者，为之下。”（善于带兵打仗的将帅，不逞其勇武；善于打仗的人，不轻易被激怒；善于胜敌的人，不与敌人正面冲突；善于用人的人，对人表示谦下。）一种无须强迫就能获取优势的方法，斯皮兹纳格尔认为，他的资本之道根植于道家的这种理念中。

也许“无为”最切实的表现可以在太极拳刚柔的相互作用中看到。太极拳直观地演绎了等待和利用对方急迫性的重要性。这种情况在推手（太极拳的双人徒手对抗练习）中表现得最为明显。斯皮兹纳格尔认为，推手中蕴藏着一个理想的迂回和投资的比喻。在旁观者看来，两人的动作就像是精心设计的一系列同步动作。实际上，在一系列微妙的交替的佯攻和攻击中，双方都试图将对方摔倒在地，真正的力量不在攻势中，而在屈服中。在刚与柔的微妙交互中，每个人都在寻求精明的策略，耐心地寻找平衡，而不是力量，为了最终决然地向左走而向右走。在太极拳的无为而治中，优势不在于施力，而在于循环的屈服，在于引导而非强迫；正如老子所说的：“兵强则灭，木强则折。”（用兵逞强就会遭到灭亡，树木强大了就会遭到砍伐摧折）在损失和优势中间阶段的耐心可以战胜对眼前利益的急迫；反作用力可以击败直接用力。因此，对于两个不同的对手，总有两种比赛正在进行，一种是现在，一种是未来。正如伟大的推手实践家郑曼青所言，首先要“学会在损失中投资”，通过引导“对手的力量，使之无用”，从而实现更大的收益。斯皮兹纳格尔与这种东方武术中蕴藏的哲学惺惺相惜，直言，“太极拳中有资本之道的精髓”。

而伟大的军事家孙武也使用了这一跨时期的方式——当下迂回是为了未来能够直接。如果要用一个字概括，那便是“势”，一种战略位置优势。对于军事家来说，“势”传达了通过“不干涉”和“不部署”获得影响力的重要性，以最终获得战斗优势。因此，迂回的“势”之于孙子，就像迂回的“无为”之于老子一样。事实上，“势”成为“无为”的战略，正如老子所说的“是谓行无行，攘无臂，仍无敌，执无兵”（这就叫作虽然有阵势，却像没有阵势一样）。直接进入正面冲突并不是必要的，不战而胜才是值得追求的境界，所谓“百战百胜，非善之善者也；不战而屈人之兵，善之善者也”①（打仗做到百战百胜，并不是高明之中最高明的；不战而使敌军屈服，才是高明之中最高明的）。作为间接路径的大师，孙武展示了经由间接而直接的能力，到了该行动的时候，构建并抓住那些恰当时机；如果没有优势，便不要贸然采取行动。他的战略性思想是通过计划的效力实现内在的手段和目的。因此，谁会赢、谁会输就不那么是个机会问题了。正如孙子所说：“好将军的任务是预先准确地计算出一切因素，使形势朝着对自己有利的方向发展；因而胜利就是必然的结果。”② “势”就是要取得优势和优越性，以便更易打胜仗。“势”总是更关注未来而不是当下，强调“上游”，中间目标，经由它们反而更容易达到最终目的。正如他从克利普主义和道家思想那里认识到的那样，斯皮兹纳格尔从伟大的军事家那里也看到了迂回的价值。

三、奥地利经济学派的投资方法

无巧不成书，奥地利经济学派的核心原则迂回（Umweg）的字面意思就是“间接的”或“迂回的路线”，而其经济含义来源于奥地利学派的一位顶梁柱——庞巴维克。庞巴维克所有的重大成就都在迂回（Umweg）中体现了

---

① SPITZNAGEL. The dao of capital：Austrian investing in a distorted world [M]. Wiley, 2013.

② SPITZNAGEL. The dao of capital：Austrian investing in a distorted world [M]. Wiley, 2013.

出来，他让我们洞见了储蓄、投资和资本积累之间的关系。他的资本理论阐述了迂回的生产过程（Produktionsumweg）是为了积累更深层、效率更高、生产率更高的资本结构。需要注意的是，迂回的生产过程并不是简单地让生产花费更长的时间，走环形路线并不等同于花更多的时间。在迂回的生产过程中，一个人积累了从事某一行业的工具，这些中间产品将提升人生产的熟练度和效率，但是迂回路线的成果将在未来显现。正如庞巴维克所观察到的，"迂回的方法比直接的方法能产生更大的成果，是整个生产理论中最重要和最基本的命题之一"①。随着时间的推移，投入（中间产品和其他生产要素）被聚集在一起，以便"期望的结果，需要的产品，可能会随之而来"。

用一个耳熟能详的例子就能直观地阐明这一方法的价值。《鲁宾逊漂流记》的主角鲁宾逊·克鲁索独自在偏远的岛屿上，他的生存依赖于他从直接满足于当下的需求到变得越来越迂回。他的首要任务是活下去，为了获取食物，他从最原始的方法开始，尝试用手去抓鱼。由于快速移动的生物很难被抓住，他升级了他的方法，改用一根用树枝做成的矛，这样，他一天下来能抓到五条鱼，但由于耗费了过多的体力，他必须休息一天后再重新开始工作。因此，克鲁索的窘境是如何用更少的时间和更少的劳动抓到同样多的鱼，或者在同样的时间里抓到更多的鱼。答案是变得更加迂回。他能投资于更好的工具（改进的中间产品）的唯一方法是削减当前的生产。换句话说，他必须"节省"一些精力，而不是把所有精力都花在捕鱼上。这就要求他在当下减少捕鱼的时间，以便用节省下来的时间做一条简单的船和用藤蔓编织的渔网。这一过程需要数周的时间，与此同时，克鲁索放弃了他当前需求的充分满足，而中间货物（船和网）让他能使自己在未来处于有利的地位。饥饿的他逆流而上，为了下游更多的鱼。这就是迂回（Umweg）：克鲁索最终捕获更多的鱼是通过先捕获更少的鱼，通过把他当下的精力集中在间接的方法上，而不是目的上而使其利益最大化。这是跨越时间的交换：现在的损失换来以后更大的收益。斯皮兹纳格尔的资本之道深植于庞巴维克提出的迂回的生产过程中，他称这种投资方法为奥地利学派投资方法，一种不直接追求利润，而是通过迂回的方式获取利润的方法。

如书名所示，斯皮兹纳格尔特意指出他的资本之道是扭曲世界里的奥地利学派的投资方法。在奥地利学派看来，阶段性将现代市场经济拖入深渊的商业周期是政府干预货币和银行业的结果。信贷扩张，连同人为的低利率扭曲了资本结构，培育了不可持续的繁荣，随后不可避免地会出现崩盘——无论公众是否意识到"通胀问题"。在宽松的央行政策的推动下，繁荣持续的时

① SPITZNAGEL. The dao of capital: Austrian investing in a distorted world [M]. Wiley, 2013.

间越长，资本结构就变得越扭曲，随之而来的崩溃就越严重。正如奥地利学派第三代掌门人米塞斯所说的，一旦繁荣开始，萧条就不可避免——唯一的问题是什么时候。事实上，米塞斯正是那位提前预测了大萧条的人。20世纪20年代标志着美联储体系进入了新时代，美联储不断地促进通货膨胀性信贷扩张，认为这么做能带来长期的繁荣。1929年年中，正当米塞斯频频警告信贷扩张将导致经济崩溃时，一家奥地利银行给了他一个收入颇丰的工作机会，米塞斯果断拒绝并坦率地告诉他未来的妻子，“一个大崩盘”就要来了，而他不希望自己的名字“以任何形式与它有关”。

奥地利学派宁愿完全消除之前的繁荣，也不愿采用典型的凯恩斯主义解决方案，即通过增加支出来摆脱衰退。米塞斯非常清楚通货膨胀和扩张的灾难性影响，认为它们比通货紧缩和收缩要糟糕得多。正如他在《人类行为》(*Human Action*) 中所写的：“扩张通过不当投资和过度消费浪费了稀缺的生产要素。如果它一旦结束，就需要一个冗长乏味的恢复过程，以消除它所留下的贫困。但经济收缩既不会造成不当投资，也不会造成过度消费。”① 虽然在经济收缩期间，商业活动有所下降，但消费品和生产要素的消费也有所减少。所以在经济收缩期结束时，并不会像扩张期结束时那样需要经历痛苦的愈合阶段。

作为不折不扣的自由意志主义者，斯皮兹纳格尔认为，当今央行的货币干涉主义达到了前所未有的规模，这将再次引发破坏②。他早在2013年就提醒道：“投资者比以往任何时候都更需要认识到金融体系中的扭曲，这种扭曲已经达到了前所未有的程度。被致命干预的、非健康增长的资产正在形成一个火药桶，在不那么遥远的将来，这个火药桶将引发大规模的野火。鉴于股票市场的明显扭曲，我们绝对应该预期股市的严重损失。”斯皮兹纳格尔称他的整个成年生活都是“一位奥地利学派的信徒”，那些奥地利经济学派的大师对他产生了极为深刻的影响，他甚至认为，自己所做的投资就是一个为了证明奥地利学派理论正确的实验。身处这个扭曲的金融世界，斯皮兹纳格尔如何实践他的奥地利学派投资方法呢？

从古代哲学家到军事战略家，从芝加哥期货交易所的老谷物交易员到奥地利经济学派大师，他们相异的背景经由相同的认识而弥合，无为、势、克利普悖论、迂回（Umweg）皆是迂回的原则。有了理论基础，致力于将奥地利经济学从象牙塔带入投资组合的斯皮兹纳格尔化身为身体力行的实践者，

---

① SPITZNAGEL. The dao of capital：Austrian investing in a distorted world [M]. Wiley, 2013.

② PAUL. Ron Paul and Mark Spitznagel talk freedom, farming, and the fed [OL]. https：//mises.org/library/ron-paul-and-mark-spitznagel-talk-freedom-farming-and-fed, 2014-05-09.

踏上了知行合一的资本之道。他阐述了两种奥地利学派的投资方法。

在正式介绍奥地利学派投资方法Ⅰ前，斯皮兹纳格尔首先介绍了一种被他称为米塞斯投资策略的方法。在米塞斯关于平衡性的概念中，当整个经济中来自土地的现金流的总现值（LEV）与该土地的总重置成本（LRV）的比率从 1 偏离，便标志着不稳定。因此，斯皮兹纳格尔把土地的现金流的总现值和总重置成本的总比率称为米塞斯平稳性指数（MS 指数），MS 指数能帮助投资者衡量系统中的扭曲度。这也是斯皮兹纳格尔的投资方法中使用的核心衡量指标和工具。

斯皮兹纳格尔通过研究发现，当 MS 指数较低时，随后的股票平均收益较高；当 MS 指数处于高位时，随后的股票平均收益较低。在另一项研究中，他发现，当 MS 指数处于高位时，随后股票的最大回撤（他用的是三年最大回撤）较高，表明高度扭曲时期往往紧随着股票市场的巨幅损失。所以一个最简单、最基础的策略便显现出来，在 MS 指数低时买进、高时卖出，便是米塞斯投资策略。具体来说，在他提供的案例中，斯皮兹纳格尔在 MS 指数到达设定的 1.6 的高位时卖出股票，随后每个月滚动买入 1 个月期国债，直到 MS 指数下降到 0.7 时再重新买回股票。从 1901—2013 年的数据看，米塞斯投资策略相较标普 500 指数的超额年复合回报为 2%。很少有投资者甚至是职业投资人能够长期获取这样的回报。米塞斯投资策略是一个逻辑简单、高度实用的策略，但是获取这样的回报必须经由一条迂回的道路，为了最终能跑赢而接受长时间跑输。米塞斯投资策略基本上是在直观地告诉投资者，当市场扭曲程度很高时，要长时间地远离市场。当下的耐心是为了未来战略上的急切：迂回的奥地利学派投资方法的目的不是为了直接、迅速地在当下获利，而是为未来有更好的投资机会来调整我们的位置。米塞斯投资策略的成功践行需要逆向思维——在其他人都在抛售时，从容地买入，而在其他人都在争相买入时，冷静地靠边站。

除了能通过 MS 指数知道何时参与市场、何时远离市场以便从扭曲中保护自己，投资者还可以利用这一指数从一个被称为“尾部对冲”的策略中获利，这一策略正是环球投资赖以生存的秘诀。为了向米塞斯致敬，斯皮兹纳格尔把“尾部对冲”策略称为奥地利学派投资方法Ⅰ。扭曲的金融世界告诉我们，市场就像杂草丛生的森林一样，能自我修正。因此，随着繁荣而来的萧条不是（至少不应该是）一个意外事件，这一认识是奥地利学派投资方法Ⅰ的支柱。斯皮兹纳格尔的研究表明，当 MS 指数处于高位时，随后的股市下跌甚至是崩盘完全是意料之中的事，所以，很自然的，这一投资策略的结构是在标普 500 指数的基础上加入深度虚值的看跌期权。在斯皮兹纳格尔所提供的案例中，他购入的是 delta 值为 0.5、期限为 2 个月的标普 500 指数看跌期权，每个月结束后，这些期权会被滚动交易。每个月，组合的 0.5%将用于买入看跌期权，剩下的 99.5%仍投资于标普 500 指数。计算表明，当 MS 指数再上四分位数时，奥地利学派投资方法 I 跑赢标普 500 指数约 4%（年化）。基于其优异的表现，斯皮兹纳格尔指出，这是在购买股票或持有现金之外的第三种选择。然而，如果股市暴跌没有发生，那用来购买期权的 0.5%就损失掉了。所以，投资于深度虚值的期权需要跨时期的视野。这是一个为了获取日后潜在收益的间接路径，这个策略里蕴含着奥地利学派的核心原则：迂回。

在奥地利学派投资方法 II 中，斯皮兹纳格尔从奥地利学派投资方法 I 的宏观走向微观，从衡量整个市场的平衡性到关注个别公司及其异质的资本，从在市场上直接实践迂回的路径以建立优势到寻找并投资于那些目光长远，实现迂回生产过程的企业。奥地利投资者寻找的不是便宜的、有时平淡无奇的公司，而是那些真正由企业家经营的、“高度迂回、富有成效” 的企业。他们愿意推迟眼前的利润，转而在生产过程中进行持续的再投资，以便最终繁荣发展。庞巴维克提出迂回的生产过程（Produktionsumweg）需要一种跨时期的交换，在当下支付能提升未来生产力的工具。正如在鲁宾逊·克鲁索的例子中看到的那样，通过现阶段的劣势以获取后期的效率优势。现在的退却，是为了未来能够更加强势地前进。

斯皮兹纳格尔指出：“如果我们知道从哪里看和如何看，未来未知的利润事实上是可以被预见的。” 奥地利学派投资方法 II 的两大标准为高资本回报率（Return on Invested Capital，ROIC）和低佛斯特曼比率（Faustmann ratio）。高资本回报率的企业不断将利润再投资到资本结构中，以提高效率，最终实现增长。这种模式解释了为何投资者应该预计迂回的资本结构和高于平均回报之间存在很强的相关性。而数据也证实了这一预期，相较于没有高资本回报率的企业，有高资本回报率的企业的投资资本会持续、大幅地增长。低佛斯特曼比率（市值/净值）表示，由于某些原因，金融市场低估了该公司有形资本资产中蕴含的生产力。综合来看，较高的资本回报率筛选出了那些可能实现盈利增长的公司，而相对较低的佛斯特曼比率进一步挑选出了那些被其他投资者明显低估的公司。

奥地利学派投资方法 I 、II 的本质目标是相同的，都是为了完成同样的迂回任务：不断积累拥有高生产率的资本。只不过奥地利学派投资方法 I 是“纵向的”，利用不同时期的各种机会；而奥地利学派投资方法 II 是 “横向的”，在同一时期寻找机会。

在斯皮兹纳格尔提供的案例中，他会每月买入那些资本回报率超过 100%

的公司中佛斯特曼比率最低的，每年检查情况，一旦不达标则会被卖出。从1978到2015年，该投资策略大幅跑赢标普500指数。然而，他进一步指出，奥地利学派投资方法Ⅱ并不完美，因为这个策略仍然暴露在市场扭曲的错误中。经进一步研究后，斯皮兹纳格尔发现这个策略在先前提到的MS指数处于低位时表现良好，而在MS指数处于高位时表现受到影响。所以当奥地利学派投资方法Ⅱ与先前提到的策略组合起来时，这一投资方法便更具优势了，形成了嵌套的迂回战略。奥地利学派投资方法Ⅰ依赖于米塞斯的理念，而奥地利学派投资方法Ⅱ则依赖于庞巴维克的理念，两种方法相得益彰。前者很好地对冲了后者，后者则是前者服务的资本的更优越的部署。

毋庸置疑，斯皮兹纳格尔是一位幸运的人。年少时找到了自己的人生所爱，初入资本市场便有长者在旁循循善诱，再到从书中遇到老子、孙武、庞巴维克和米塞斯等智者，从而能不断深化自己对迂回的理解。从理念到实操，斯皮兹纳格尔知行合一，坚守着迂回的路径，甘于在当下承受小损失，以便为日后建立战略优势。正所谓，知是行之始，行是知之成。如果说他对迂回路径战略上的优越性，以及对政府过度干预下的市场必然走向扭曲深信不疑，让他能够笃定地、日复一日地耐心等待，那么他在数次危机中获取的真金白银又反过来进一步加深了他的理念。斯皮兹纳格尔在自己悟到资本之道后，也劝告投资者，“无论你采取什么行动，更重要的是你这么做背后的方法论。你遵循的是‘势’，选择迂回的、以最终结果为目的的路径？还是只关注眼前的结果，今天的回报？”作为奥地利经济学派的坚实拥趸者，他无疑站在了市场干预主义者的对立面，然而，这群干预主义者恰恰为他提供了交易机会，以至于斯皮兹纳格尔不得不多次感谢格林斯潘和伯南克，作为他“可靠的投资回报来源”。他曾说过：“股票市场泡沫破灭真正的黑天鹅问题，不是关于一个遥远的被认为不可预见的事件，而是关于一个可预见的遥远的事件。”①如果市场危机事实上是可以被预见的，他又是如何在事前备好鲁滨逊的渔网，以便悠然地回到他的山羊农场，静待下一个丰收时刻呢？

---

① SPITZNAGEL. The dao of capital：Austrian investing in a distorted world［M］. Wiley，2013.

第三章　胜过黄金的避险资产

渔网之于鲁滨逊，就如黑天鹅基金之于斯皮兹纳格尔，都是为了实现更大收益的中间步骤。黑天鹅基金在本次以及过去几次危机中的骄人成绩，使得人们重新意识到对冲基金本应是一类避险资产，因为对冲基金从被创造起就符合传统意义上避险资产所需要的几大前提：其一，是一种价值储存手段，即在市场周期中通常可以保持甚至增加价值；其二，可以在不造成重大损失的前提下被随时变现；其三，波动率较低。重要的是，避险资产需要与整体市场的关联度较低，甚至为负，以便在压力时期保护投资组合。投资者花费了高昂的成本投资对冲基金，就应该在危机的时候得到保护。但是，现在的对冲基金已经是鱼龙混杂了，对冲基金作为一个整体已经失去了避险的功能，已经不再是一类避险资产。但其中少部分真正采用避险策略的基金仍然可归为避险资产之列，如斯皮兹纳格尔的黑天鹅基金。为了区别黄金、美债、瑞郎等传统避险资产，可把这类避险资产称为新型避险资产。

一、对冲基金为什么不避险了

被寄予厚望的对冲基金在3月市场危机中的表现令人失望，广受行业关注的对冲基金研究公司（Hedge Fund Research，HFR）的HFRI基金加权综合指数（HFRI Fund Weighted Composite Index）在2020年一季度下跌了8.3%，HFRI资产加权综合指数（HFRI Asset Weighted Composite Index）则下跌了8.5%。在对冲基金研究公司的36个对冲基金指数中，只有7个在一季度实现了正回报。3/4的对冲基金遭到损失，有些损失高达40%。这种差强人意的表现让人不禁质疑投资于收费高昂的对冲基金是否还有意义？

这也是斯皮兹纳格尔深入思考的问题。2020年1月，他写了一篇题为《投资者为什么仍然投资对冲基金?》的文章[①]，研究了1990—2019年对冲基金的表现。分别用HFR组合基金综合指数，HFR股票对冲总指数，HFR加权

① SPITZNAGEL. Why do people still invest in hedge funds? [OL]. http://universa.net/, 2020.

综合指数，HFR 宏观总指数，HFR 事件驱动、困境反转指数，HFR 股票市场中性指数，HFR 组合基金分散指数，HFR 事件驱动总指数，HFR 组合基金谨慎指数，HFR CTA 指数进行了对比研究。从 1990—2019 年，标普 500 指数年化收益率为 10%，对冲基金超越指数为-5.4%～-1%。如果把 2000—2002 年剔除（那段时间对冲基金取得了 4.4%～23.4%的收益率），则标普指数年化收益率为 13.1%，对冲基金超越指数为-8.8%～-1%。2008 年以来，标普指数年化收益率为 9.1%，而对冲基金指数为-7.9%～-5.2%。2010 年以来，标普指数年化收益率为 13.6%，对冲基金超越指数为-12.8%～-8.6%（表 3-1）。因此，过去这些年对冲基金的主要附加值发挥在 2000—2002 年，而投资者每年都在为它的风险规避功能支付费用。

表 3-1　标普 500 收益率及其他资产超额收益率　　%

	1990 年以来	1990 年以来（除去 2000—2002 年）	2008 年以来	2010 年以来
标普 500	10	13.1	9.1	13.6
对冲基金	-5.4～+1.0	-8.8～-1.0	-7.9～-5.2	-12.8～-8.6
75%标普 500+25%对冲基金	-1.0～+0.4	-1.9～-0.2	-1.9～-1.2	-3.1～-2.1
75%标普 500+25%债券	+0.1	-1.1	+0.3	-1.5

表格来源：环球投资，universa.net。

如果减少对冲基金的比例，改为持有 75%的标普 500 指数+25%的对冲基金，则相应期间组合超越指数的情况分别是：-1.0%～0.4%，-1.9%～-0.2%，-1.9%～-1.2%，-3.1～-2.1%（见表 3-1）。

如果是持有 75%的标普 500 指数+25%的债券，那么相应期间组合超越指数的表现分别是：0.1%，-1.1%，0.3%，-1.5%（见表 3-1）。也就是说，投资者持有 75%的标普 500 指数+25%的债券，这个组合的表现比持有对冲基金的表现要好得多。2008 年对冲基金的表现远不如在 2000—2002 年的表现，由此可见，作为一个整体，投资者为对冲基金支付这么多的费用去获得它的风险规避功能已经不值得了！那么人们为什么坚持要投资对冲基金呢？斯皮兹纳格尔没有找到答案。

其实，作为 2020 年与斯皮兹纳格尔的科学顾问塔勒布“互撕”的主角，阿斯尼斯在2001年就研究过这个问题①。他的结论类似：作为整体，对冲基金的收益来自市场暴露，而不是管理能力或阿尔法。对冲基金早已经是一个“筐”了，什么都往里装，早已经忘掉了它的初心。

二、保险、期权与黑天鹅基金

毋庸置疑，保险是现代社会用得最多的一类金融工具。但保险的机制不能运用于规避资产价格的波动风险。历史上，人们曾经有过这样的想法，但以失败告终。1956年，在英国出现了由保险公司卖投资保险给投资者的商业行为。1971年，在美国出现了类似的活动，哈里斯维尔互助保险公司（Harleysville Mutual Insurance Company）与美洲保诚保险公司（Prudential Insurance Company of America）为个人投资者提供保险 。但是保险公司提供的投资保险并不符合风险分担的原则，因为一旦股票市场的系统性风险来临，绝大多数投资者的投资组合均会大幅亏损，这样，保险公司就会面临巨额的赔付。投资保险不同于其他财产保险，保险公司开发的投资保险业务是得不偿失的，必然以失败收场。

在金融市场上，人们最终发明类似于保险的工具——期权。如果把期权这个词拆分开，期代表未来，权代表权利，期权是一种未来的权利，期权的买方在未来一定期限内有选择的权利。期权的买方买了期权后有权利，但没有义务，可以选择不行使权力。而期权的卖方一旦卖了期权，如果买方选择行权，卖方就有义务履约。期权合约权利与义务的不对等性使它与保险类似。期权的买方就类似于投保人，而期权的卖方就类似于保险公司。因此期权交易的双方就类似于投保人和保险公司，事故发生后，找不找保险公司是投保人的决定，一旦投保人决定找保险公司理赔，那保险公司就必须履约。传统的保险是基于分散化原则，而期权是基于风险转移原则，一个人的保护建立在另一个人的责任基础上。

虽然含有期权性质的协议早就出现，但作为一个在交易所集中交易的场内期权，是1973年4月在美国芝加哥期权交易所（CBOE）推出的。最初上市的是16种股票的看涨期权，并没有看跌期权与股票指数期权，导致在1976年9月11日由哈里·利兰德（Hayne Leland）与马克·鲁宾斯坦（Mark Rubinstein）共同发明的投资组合保险策略（Portfolio Insurance）。利兰德之所以努力去创造投资组合保险策略，是受到他大哥在股票市场不幸遭遇的启发。

---

① AQR. Do hedge funds hedge? [OL]. https://www.aqr.com/Insights/Research/Journal-Article/Do-Hedge-Funds-Hedge, 2001-09-01.

他大哥是一家投资管理公司的主管，经历了1973—1974年的股灾。当时，众多养老金机构纷纷从股市撤资，错过了1975年的股市大反弹。他说："如果有保险工具，这些基金将会再入股市的。"因此，利兰德意识到组合保险是一个十分有吸引力的产品，问题是如何提供这个产品。

显然，投资保险与传统保险没有什么可比之处。与房产保险等不同，当某人股票投资组合亏损时，也常意味着其他人也遭到同样的结果，因此传统的风险分担并不适合于投资组合保险。然而，它们在形式上却是相似的，都是以支付保险费的形式为一定价值的财产进行保险。利兰德发现，要给股票投资组合进行保险，实际上是给组合管理人提供一份该组合的卖出期权。而当时，芝加哥期权交易所（CBOE）只有16种股票的买入期权，并没有股票及指数的卖出期权。这给他们创造了利用布莱克—斯科尔斯（Black-Scholes）期权定价公式复制卖出期权提供保险的机会。虽然，他们的想法成功了，但由于面临较高的交易成本以及难以说服基金经理等原因而困难重重。

1983年，美国芝加哥期权交易所上市标普500指数期权后，这些难题迎刃而解。标普500指数期权也是斯皮兹纳格尔黑天鹅基金的核心构件。2019年12月23日，中国金融期货交易所上市沪深300股指期权（这便于我们以它为例来说明期权合约的要素）。

场内期权是交易所统一制定的一份标准化合约，那么，如何看懂一张期权合约的内容呢？期权合约的要素有许多，人们需要重点了解以下七个方面，分别是合约类型、合约标的、到期日、行权价、交易代码、合约乘数、权利金（见表3-2）。

表3-2　沪深300股指期权合约表

合约标的物	沪深300指数
合约乘数	每点人民币100元
合约类型	看涨期权、看跌期权
报价单位	指数点
最小变动价位	0.2点
每日价格最大波动限制	上一交易日沪深300指数收盘价的±10%
合约月份	当月、下2个月及随后3个季月

续表

行权价格	行权价格覆盖沪深 300 指数上一交易日收盘价上下浮动 10%对应的价格范围 对当月与下 2 个月合约：行权价格≤2 500 点时，行权价格间距为 25 点；2 500 点<行权价格≤5 000 点时，行权价格间距为 50 点；5 000 点<行权价格≤10 000 点时，行权价格间距为 100 点；行权价格>10 000 点时，行权价格间距为 200 点 对随后 3 个季月合约：行权价格≤2 500 点时，行权价格间距为 50 点；2 500 点<行权价格≤5 000 点时，行权价格间距为 100 点；5 000 点<行权价格≤10 000 点时，行权价格间距为 200 点；行权价格>10 000 点时，行权价格间距为 400 点
行权方式	欧式
交易时间	9:30—11:30，13:00—15:00
最后交易日	合约到期月份的第三个星期五，遇国家法定假日顺延
到期日	同最后交易日
交割方式	现金交割
交易代码	看涨期权：IO 合约月份—C—行权价格 看跌期权：IO 合约月份—P—行权价格
上市交易所	中国金融期货交易所

资料来源：中国金融期货交易所网站 www. cffex. com. cn。

（1）合约类型。目前国内有六家交易所，其中两家股票交易所，分别是上海证券交易所与深圳证券交易所，上市交易上证 50 与沪深 300ETF 期权，分别叫认购期权与认沽期权，这种讲法来源于香港。另外有四家期货交易所，上市的期权，分别叫看涨期权、看跌期权，这种讲法来源于台湾。其实，看涨期权或认购期权都是从英文（Call）翻译过来的，看跌期权或认沽期权都是从英文（Put）翻译过来①。

我们看到沪深 300 股指期权合约表上的合约类型有看涨期权和看跌期权两种。看涨期权是看涨期权的买方在未来到期时有买的权利，而看涨期权的

① 笔者认为，Call 叫成可乐更好记。可乐既是 Call 的谐音，打开可乐，气向上冲，表示投资者是看多后市的。Put 叫成葡萄更有趣。葡萄既是 Put 的谐音，葡萄又是下垂的，表示投资者是看空后市的。笔者据此把期权常用交易策略写成了一首《可乐葡萄期权歌》（见第 8 章）。

卖方在未来到期时，如果买方选择行权，那卖方就有卖的义务了。同样的，看跌期权是看跌期权的买方在未来到期时有卖的权利，作为看跌期权的卖方在未来到期时，如果买方行权，那卖方就必须履行买的义务了。总结一下就是，期权的买方有权利，但没有义务，如果市场与预期不一致，可以选择不行权。而对于期权卖方来说，一旦期权买方选择行权，那么期权卖方就必须履行义务。

（2）合约标的是期权合约对应的资产，是指期权买卖双方约定买入或卖出的对象。上海证券交易所的 50ETF 期权的标的资产是上证 50ETF，郑州商品交易所白糖期权的标的资产是白糖期货合约，上海期货交易所的黄金期权的标的资产是黄金期货合约，而沪深 300 股指期权合约的标的资产为沪深 300 指数。

（3）到期日是合约有效期截止的日期，是期权买方可行使权力的最后日期。沪深 300 股指期权的到期日与最后交易日是一致的，是合约到期月份的第三个星期五。过了这一天，期权就失效了。到期日还涉及一个概念，期权可分为美式期权和欧式期权。美式期权的期权买方可以在期权到期前任一交易日或者到期日当天行使权利，就像月饼票，你在中秋节当天或之前的任意一天都可以用票领取月饼；而欧式期权则像电影票，你只能在指定时间看电影，期权买方只能在期权到期日当天行使权利。无论是月饼票还是电影票，过期后就是废纸一张，同样的，期权过期后没有任何价值。我们看到，沪深 300 股指期权合约是欧式期权，如果你是沪深 300 股指期权的买方，你只能在期权到期日当天行使权利。

（4）行权价是期权合约中规定的在期权买方行权时的交易价格。如 IO2006—C—4200 合约，行权价就是 4 200 点。买入这个看涨期权，代表到 2020 年 6 月合约到期时，你有权以 4 200 点买入沪深 300 指数。

（5）交易代码。IO2006—C—4200（IO2006—P—4200）是交易代码。IO 是沪深 300 指数期权的代码；2006 是合约到期时间，即 2020 年 6 月到期；C 是看涨期权，是 Call 的首字母，P 是看跌期权，是 Put 的首字母；4 200 是行权价。

（6）合约乘数。股票最小交易数量是 1 手，即 100 股，而期权有合约乘数，如沪深 300 股指期权合约乘数是每点人民币 100 元。也就是说，如果当前沪深 300 指数为 3 900 点，那么 1 张沪深 300 期权的合约面值是 3 900 点×100 元/点＝39 万元，也就是说，你现在交易的是名义金额为 39 万元的一张期权合约。

（7）权利金。权利金与我们买保险时所交的保费是一个概念，是期权购买方为获得按约定价格购买或卖出标的资产的权利而必须支付给期权卖方的费用。如 IO2006—C—4200 合约权利金报价是 147. 4 点，因为沪深 300 期权合约的乘数为每点人民币 100 元，所以你支付的权利金是 147. 4 点×100 元/点 = 14 740 元，这点大家要记住，计算权利金时要乘以 100 元/点，权利金就是你买期权的成本。

除此之外，人们还需要了解期权的价值状态。期权有三种价值状态，分别是实值、虚值和平值。实值期权是对投资者有好处的期权。对于看涨期权来说，如果现在标的资产的价格高于行权价，那么此时期权处于实值状态，比如，当前沪深 300 指数是 4 000 点，那么行权价在 4 000 点以下的看涨期权就是实值期权，如 IO2012—C—3900，是实值期权，买入这个看涨期权赋予你在到期时以 3 900 点买入沪深 300 指数的权利，因为 3 900 点比 4 000 点低，你当然愿意以更低的价格买指数，所以对你是有价值的。

对于看跌期权来说，如果现在标的资产的价格低于行权价，则此时期权处于实值状态。比如，当前沪深 300 指数是 4 000 点，行权价在 4 000 点以上的看跌期权就是实值期权，如 IO2012—P—4100 是一个实值期权，买入这个看跌期权赋予你在到期时以 4 100 点卖出沪深 300 指数的权利，因为 4 100 点比 4 000 点高，你当然愿意以更高的价格卖指数，所以它是对你有价值的。

虚值期权。当期权处于虚值状态时，行权对投资者没有好处。对于看涨期权来说，如果现在标的资产的价格低于行权价，则此时期权处于虚值状态。例如，当前沪深 300 指数是 4 000 点，那么行权价在 4 000 点以上的看涨期权，就是虚值期权，如 IO2012—C—4100 是一个虚值期权，买入这个看涨期权赋予投资者在到期时以 4 100 点买入沪深 300 指数的权利，因为 4 100 点比 4 000 点高，你能以 4 000 点买，就肯定不会以 4 100 点买，所以目前它对你是没有价值的，但未来可能对你有价值，因为随着市场的变化，它可能变成实值期权。对于看跌期权来说，如果标的资产的价格高于行权价，则此时期权处于虚值状态。例如，现在沪深 300 指数是 4 000 点，那么行权价在 4 000 点以下的看跌期权，如你持有 IO2012—P—3900 合约，买入这个看跌期权赋予你在到期时以 3 900 点卖出沪深 300 指数的权利，因为 3 900 点比 4 000 点低，能以 4 000 点卖，你就不会以 3 900 点卖，所以目前它对你是没有价值的，但未来可能对你有价值，因为随着市场的变化，它可能变成实值期权。

平值状态。当期权的行权价正好等于现在标的资产价格时，这个期权就处于平值状态，行不行权对期权买方来说没有差别。例如，现在沪深 300 指数是 4 000 点，那么，IO2012—C—4000，IO2012—P—4000，都是平值期权。

有了这些基础知识后，我们再看黑天鹅基金。根据芝加哥期权交易所公布的数据，芝加哥期权交易所尤里卡赫奇尾部风险波动性对冲基金指数（CBOE Eurekahedge Tail Risk Volatility Index）在3月份的收益是37.44%（图3-1），2020年年初至6月底的累计收益高达49.98%。

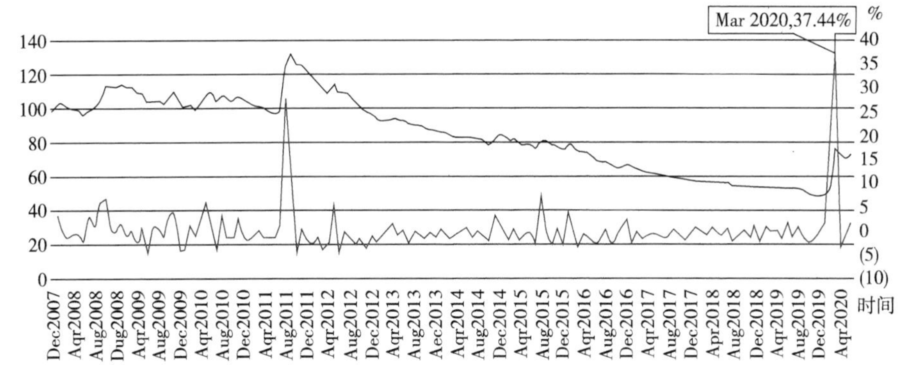

图3-1 尾部对冲基金收益

数据来源：芝加哥期权交易所，尤里卡赫奇。

尾部对冲基金旨在避免投资组合在极端事件发生时遭受重大损失，它的核心在于利用深度虚值期权等衍生产品为投资组合提供一定的保护。投资者在平时花费一些成本购买这些产品，在危机期间就会有意想不到的收获。斯皮兹纳格尔的黑天鹅基金是类似的。

三、胜过黄金的避险资产

黑天鹅基金是一类避险资产。“投资者正在经历着前所未有的风险时期”，“当下扭曲的市场为‘大崩盘、大抛售’做准备”，“我们正处于真实的扭曲中”① ……近些年，如一位喜欢唠叨的老者，斯皮兹纳格尔在各种场合反复重申他对市场环境的担忧。也正是基于对央行过度操纵下的市场必将引发灾难性金融危机的坚信，他为投资者设计了一类特别的“保险”，运用的正是前文提到的尾部对冲策略（也被他称为奥地利学派投资方法Ⅰ），这也是环球投资在本轮危机中一战成名的秘诀。环球投资作为管理方为许多实体建立了黑天鹅基金，该基金旨在避免投资组合在市场遭遇极端事件时遭受重大损失，它的核心在于利用深度虚值看跌期权等衍生产品为投资组合提供一定的保护。斯皮兹纳格尔设计的这类“保险”的理念也与迂回的智慧不谋而合：在当下

① BADKAR. Spitznagel: This distorted stock market is set up for a crash [OL]. https://finance.yahoo.com/news/spitznagel-distorted-stock-market-set-205846722.html, 2013-10-24.

战略性地亏小钱，以在未来获取更大的优势。投资者在平时花费一些成本购买这些产品，在危机期间就会有意想不到的收获。2016 年，他发表的一篇题为《什么是投资者最好的避险资产?》对此进行了详细说明①。

显然，任何避险投资的关键都归结为一点：保护投资组合的实际经济价值，避免经济灾难。这既是一种避免未来损失的防御措施，也是一种发掘未来机会的积极举措。虽然人们通常认为避险资产只是用来保护直接投资在其中的资本，但其实还远远不够。大多数投资者认为，避险资产是一种较小的策略性配置，可以间接为其他投资组合中的资本提供保护，而不将其视为是一个在合适时机保护投资组合中大部分资产的策略。这就需要从小额资产配置中获取大量收益。因此，避险资产必须是一个高度非线性的、类似保险一样的对冲，一旦系统性市场崩溃，它的价值就会得以凸显。

事实上，避险资产越能发挥其保险功能（如保险赔付），就越能达到其目的。具体来说，在系统性崩盘中，最好的避险资产既能提供最高和最可靠的防御性收益，又能使崩盘收益范围和非崩盘损失范围之间产生最大差异。关键是，这种保险性保护做得越好，避险所需要的资本越少，任何损失对投资组合的拖累也越小；并且在更为有利的时期，投资组合中其他效益性投资可能会产生更多的回报。矛盾的是，一类避险资产之所以能成为最佳避险资产正是基于投资者并不需要配置过多资产便能保证安全。

斯皮兹纳格尔研究了不同环境下各类避险投资的历史盈亏区间，以期确定最佳的避险资产。他使用标普 500 指数作为投资者可能希望通过避险来防范的系统性风险的代理，并将不同避险资产的历史年回报率与相应的标普 500 年总回报率挂钩②。

图 3-2、图 3-3、图 3-4、图 3-5 展示的是传统的避险资产——黄金、瑞士法郎和美国国债，以及一个不太传统，并且有点奇特的避险资产——股票尾部对冲的情况，让我们看看每个图的最大值、最小值和平均值。

1974 年以来，每当某年的股价下跌超过 15%（一个“尾部事件”，只有三次这样的事件），黄金的回报率大约为 70%~5%不等，平均 30%多一点，这是迄今为止的最佳表现。在所有其他年份，它的回报率从 125%~-30%不等，平均不到 7%。这些似乎都是很好的保险性回报，尤其是平均回报。问题似乎在于这些平均回报率的波动范围，特别是考虑到对投资组合进行有效对

---

① SPITZNAGEL. What's the best safe haven for investors? [OL]. https://www.barrons.com/articles/whats-the-best-safe-haven-for-investors-1474651788, 2016-09-23.

② 他使用的是不太具有统计意义的年回报率，因为更高频率的数据往往会模糊掉他在这里所寻找的具有经济意义的非线性关系。

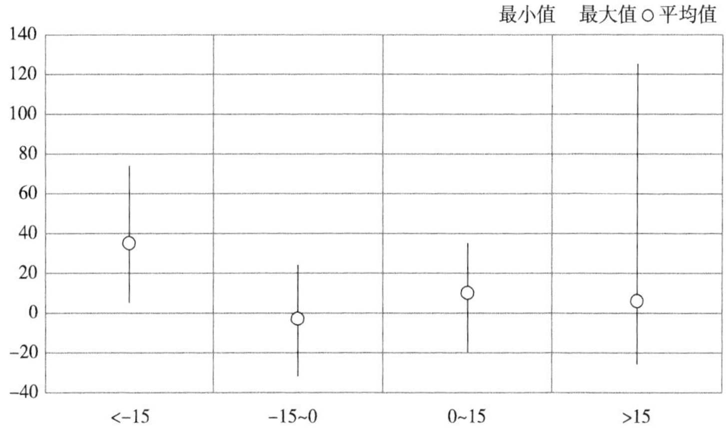

图 3-2　黄金在股市下跌时的历史收益（%）

数据来源：环球投资，universa. net。

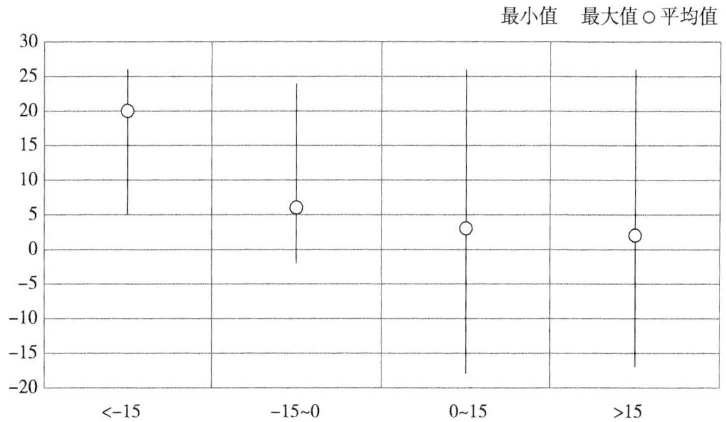

图 3-3　瑞士法郎在股市下跌时的历史收益（%）

数据来源：环球投资，universa. net。

冲所需的黄金数量。如果投资者期望黄金在股市下跌 20%时能赚 30%左右，则需要配置股票规模的 2/3 的黄金，才能完全保护这一股票头寸。在这种规模下，投资者实际上会在非崩盘年度给他们的投资组合增加噪音和潜在拖累，并且即使是处在崩盘年度，黄金也可能收效甚微。这就像在跳伞时带着降落伞，它可能展开，也可能不展开。你最好不要带降落伞，这样就可以更明智地决定是否跳下去。所以，为何避险，保险性特征的程度和可靠性是选择避

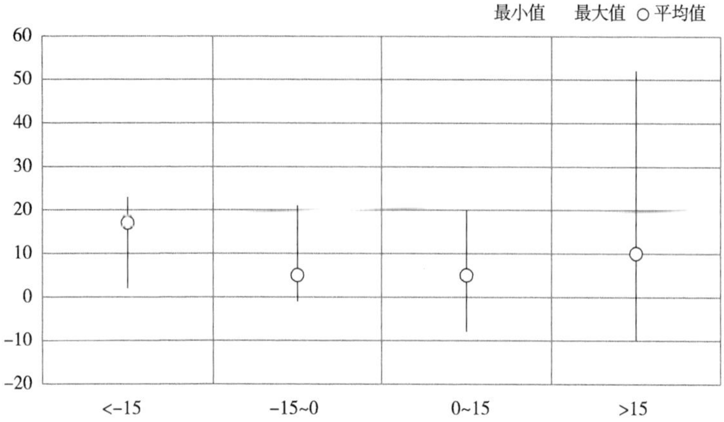

图 3-4 美国国债在股市下跌时的历史收益（%）

数据来源：环球投资，universa. net。

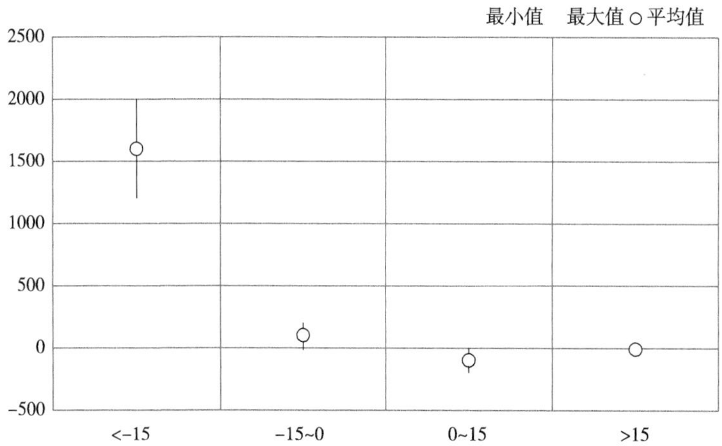

图 3-5 投标尾部对冲策略在股市下跌时的收益（%）

数据来源：环球投资，universa. net。

险资产的关键。

不过，在前三个避险资产中，黄金看起来是最好的避险资产。事实上，根据保险保护标准，黄金是三者中唯一的避险资产。其他的则表现出微弱的保护性，或微弱到几乎不存在保险性收益，或两者兼而有之。甚至不必提及这些年来的明显变化，这些变化使它们的避险地位变得更加不可靠，比如，美国国债收益率低，几乎没有再下跌的空间（尽管还有很多上升空间），以及瑞士法郎的货币贬值。然而，黄金数千年来的避险属性仍然完好无损①。

图 3-5 是第四个避险资产，股票尾部对冲，展示了升值性保护和非线性的极端情况②。这种通用的尾部对冲策略（当然是一种卡通式的简化）只需每月花费固定金额的资本用于标普 500 股指期货的 4 月期虚值看跌期权（附有一个直接约束条件，避免选择最昂贵的期权）并进行自动地“delta 对冲”；看跌期权被持有到到期日行权，或当标的价值飙升到很高水平时将其卖掉。柱状图中的数据是任一特定年份投资于看跌期权总资本的年度收益。把四种避险资产的表现列在一起，如表 3-3 所示。

表 3-3 传统避险资产与新型避险资产收益对比 %

年份描述	回报	黄金	瑞郎	十年美债	尾部对冲
危机年份	最小回报	5	5	2	1 200
	最大回报	75	25	23	2 000
	平均回报	30	20	15	1 600
其他年份	回报范围	-30~125	-20~25	-10~50	-50~250

资料来源：环球投资，universa. net。

从数据看，投资者不需要为这些看跌期权配置太多的资本来保护他们的股票配置（每年只占百分之几），因为当标普指数下跌超过 15%时，它们的收益超过 1 500%！在没有崩盘的情况下，这些看跌期权到期时所损失的资本，远小于配置在像股票这样更高风险的资产上所可能带来的收益。尾部对冲这种出色的保险性配置不足为奇，因为投资者承受着与看跌期权相同的底价。

并非所有避险投资都是一样的。根据斯皮兹纳格尔设定保险保护的标准，真正名副其实的避险资产只有两个：黄金和股票尾部对冲。它们在许多方面的功能是等价的，因为它们都对冲了相同的系统性尾部风险，特别是泡沫破裂。这对家庭投资者来说是个好消息，因为如果不能获得衍生品的话，也能够拥有黄金［包括黄金 ETF，如 SPDR 黄金信托基金（GLD），但存在很大的风险，即没有足够的实物黄金做支撑，当然，实物黄金本身也存在风险，这来自其存储的复杂性］。

抛开斯皮兹纳格尔的偏见，所展示的只有股票尾部对冲恰好提供了更具

① 这里，斯皮兹纳格尔忽略了许多其他所谓的避险资产，如高派息股票、对冲基金、艺术品和美国农田，因为它们的崩盘收益非常低，前三种的收益甚至为负，根本不提供任何保险保护。

② VIX 期货是这种尾部对冲策略的一个更为简单的替代品，尽管在 2004 年才开始交易，并且其受欢迎程度已经导致了高成本的、陡峭的“翻倍”，使其真正成为交易中的棘手之物。

升值性和可靠性的保险保护；是一个与黄金一样好，甚至比黄金更好的避险资产。

如果把黑天鹅基金与其他资产组合在一起，那么这个组合会取得长期优秀的复合收益。斯皮兹纳格尔所坚持的理念是，从长期复合收益率的角度看，影响资产回报最关键的因素是过程中发生的一些重大亏损，而不在于其能盈利多少，这些重大亏损被称为“波动率税”（volatility tax）。也就是说，我们要尽量避免在投资过程中产生大幅回撤，要在市场大跌时避免重大损失从而保住过往收益。

斯皮兹纳格尔认为，定期花费一些成本用来购买价格低廉的投资产品，如 VIX 指数、股指看跌期权等，就可以达到上述目的。因为该策略在市场大跌时能够为我们的投资组合提供爆炸性保护，而在市场表现平稳或上升阶段只产生一些小损失。如图 3-6 右图所示，当市场跌幅超过 15%时，保险策略能够为我们带来巨幅回报，而在其余年份，该策略则表现为负收益率。这是保值（storeofvalue）策略与阿尔法策略难以做到的。

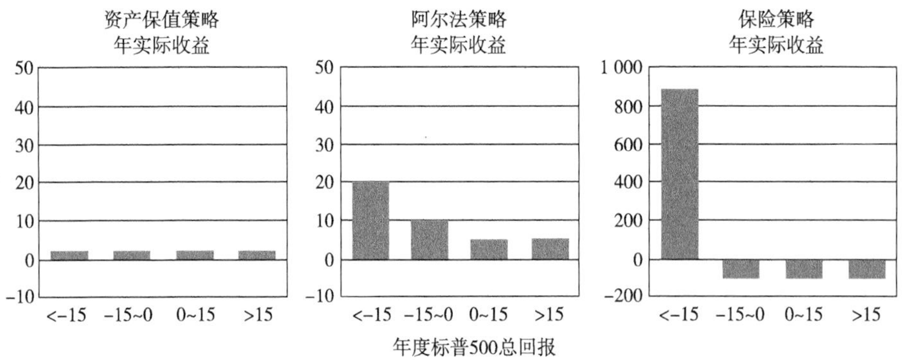

图 3-6　三种策略的历史表现对比（%）

图表来源：环球投资，universa. net。

从对避险资产的研究中可以看出，斯皮兹纳格尔高度重视的是整个投资组合的复合收益率。他在另一项研究中，比较了三类避险策略，分别是保值策略（90%标普 500 指数+10%保值①）、阿尔法策略（90%标普 500 指数+10%阿尔法②）和保险策略（97%标普 500 指数+3%尾部对冲）。与保值策略

① 保值标准：不管 SPX 的回报如何，每年都能获得固定的 2%的实际回报，这可能是短期美国国债，甚至是瑞士法郎。

② 阿尔法标准：在各种市场情形下都能获取正收益，在市场崩溃时与整体市场的相关性为负。这看起来有点像 CTA 策略、“反向全球宏观”和黄金的预期表现。

和阿尔法策略相比，包含尾部对冲的保险策略在过去20年的超额年均复合增长率[①]在三者中胜出，达0.67%（保值策略的超额年均复合增长率为-0.17%，阿尔法策略则为0.18%）[②]，从长期来看，看似每年在拉低收益率的保险策略长期来看表现反而是最好的。

从长期复合增长率的角度看，保险策略的表现也要优于其他策略。图3-7显示了过去20年保值策略、阿尔法策略和保险策略在不同资产配比下的年复合增长率以及各自相对于基准标普500指数（SPX）的超额收益率，可以看出，保险策略以0.67%的超额收益率在三者中胜出，在看似每年在拉低收益率的“保险”策略对于长期年复合增长率的贡献最大。

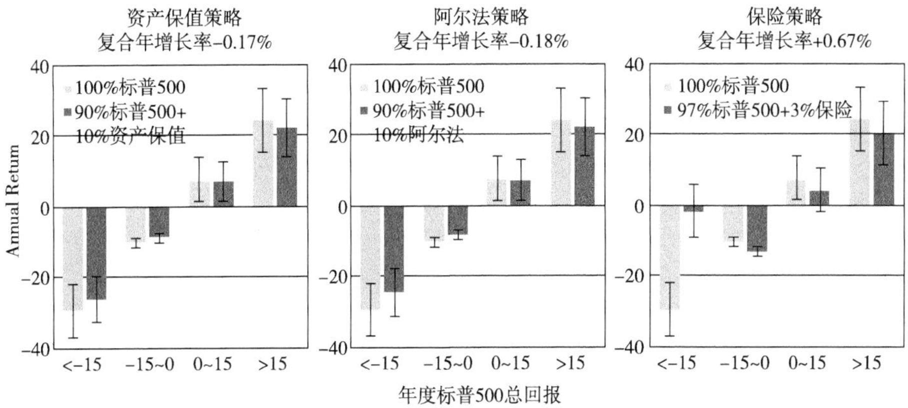

图3-7　三种策略与标普500构成组合对比（%）

图表来源：环球投资，universa.net。

经研究发现，股票估值与风险呈正相关关系，因此不同估值水平对应着不同的风险水平。图3-8展示了1917年以来三种策略在不同估值区间（风险水平区间）所获得的相对于标普500指数的超额收益，可以看出，保险策略在最高估值水平区间（最高风险水平区间）的收益最高。

为了更加合理地衡量策略的超额收益，斯皮兹纳格尔将比较基准更换为传统的60~40的股债组合（即60%资本投资于标普500指数，40%资本投资于债券）（见图3-9），他发现保险策略的表现与估值水平之间并不存在相关性，并且长期年复合增长率仍然表现最佳。

---

① 相对于标普500指数。

② SPITZNAGEL. Safe haven investing - part one: Not all risk mitigation is created equal [OL]. http://universa.net/UniversaResearch_SafeHavenPart1_RiskMitigation.pdf, 2017-10.

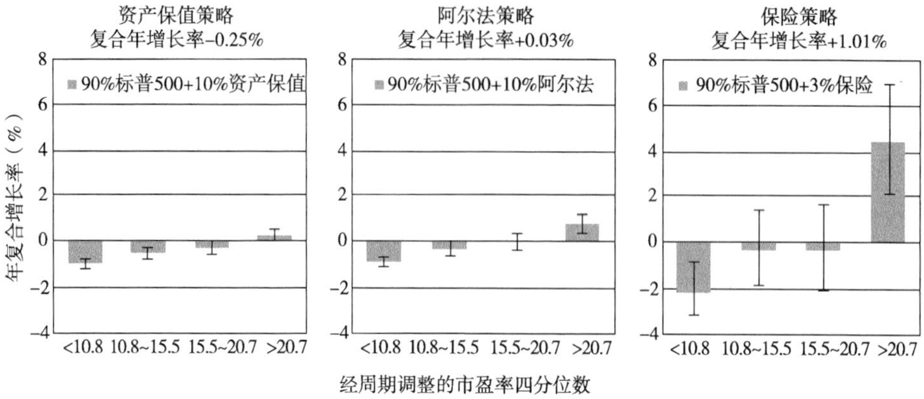

图 3-8　以标普 500 指数为基准的策略超额收益（%）

图表来源：环球投资，universa. net。

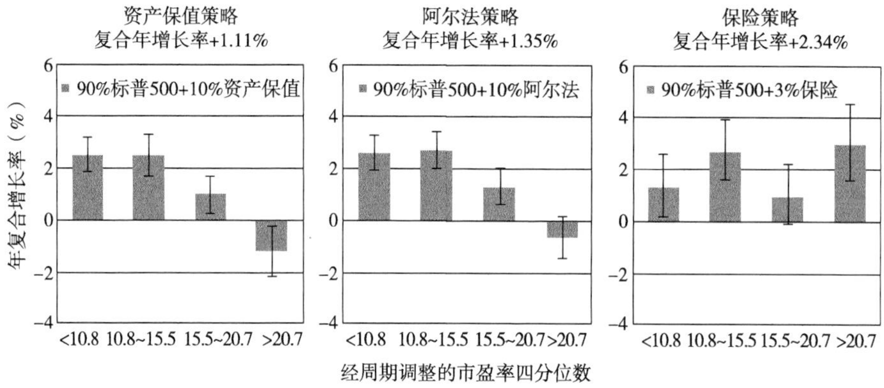

图 3-9　以 60%标普 500+40%债券为基准的策略超额收益（%）

图表来源：环球投资，universa. net。

投资者在选择期权等投资产品并实施保险策略时，最终目标是找到一个最优的方案，这个方案使避险效果和成本花费之间达到最合适的平衡状态，并使“波动率税”最小化。

另外，斯皮兹纳格尔还提出了一个有意思的观点：无论我们是否能够预测危机的到来，采取保险策略都是十分有必要的。原因在于，当我们不能预测危机时，我们需要这样一个“保险”来避免危机时损失惨重；而当我们能够预测危机的发生时，我们更应该采取这个策略来赚取巨额收益（见表 3-4）。

表 3-4　发生危机与否的策略选择

	保值策略	阿尔法策略	保险策略
可以预测危机发生	×	√	√
不能预测危机发生	×	×	√

图表来源：环球投资，universa. net。

上文提到，保险策略在危机期间可以对冲掉市场下跌带来的损失，并且很大程度上可以为我们带来巨额回报，但在市场平稳或上涨阶段会令我们损失“保费”。那么，危机期间收益多少才能够达到风险缓解的最终目的呢？斯皮兹纳格尔从 2007—2016 年、1997—2016 年、1917—2016 年三个时间区间，以标普 500 指数、60~40 股债组合两个比较基准分别进行了论证。从图 3-10 和图 3-11 可以看出，若将时间区间拉长至 1917—2016 年并以标普 500 指数为比较基准，该策略需要在危机期间获得 800%的收益，才能起到“风险缓解”的作用。

概括来说，斯皮兹纳格尔向市场推荐的避险资产，就是把固定比例的资产投资在标普 500 指数上，剩余比例的资产用于购买标普 500 股指的虚值看跌期权，以期望在市场遭遇暴跌时能够对冲掉风险甚至用来赚取高额收益。避险资产的配置比例，也是影响最终收益的一个重要因素。根据他的研究，投资于看跌期权的资金比例达到 3%时，几乎已经能够对冲掉市场下跌所带来的损失，而将 96. 7%的资产投资于标普 500 指数，3. 3%的资产投资于看跌期权的组合则是最佳避险组合。

另外，这里提到的 3. 3%期权配置比例是进行年化后的数据，在实际中每月只需花费 0. 2%~0. 3%的资金用来购买尾部对冲基金，并且按月滚动操作即可。

四、关于黑天鹅基金的争论

环球投资的尾部对冲策略名声大噪时，来自其他机构的质疑声也接踵而至。其中，最引人注目的便是阿斯尼斯创立的 AQR 资本。2020 年 4 月 23 日，AQR 在其公司官网发表了一篇名为《投资组合保护？这是一个长（期）的故事……》的文章①，矛头直指尾部对冲策略，称该策略在长期看并不能为投资者带来好的回报。AQR 的投资组合解决方案小组在研究报告中写道：“最近

① AQR. Portfolio protection? it's a long (term) story… [OL]. https://www.aqr.com/Insights/Research/Alternative-Thinking/Portfolio-Protection-Its-a-Long-Term-Story, 2020-04-23.

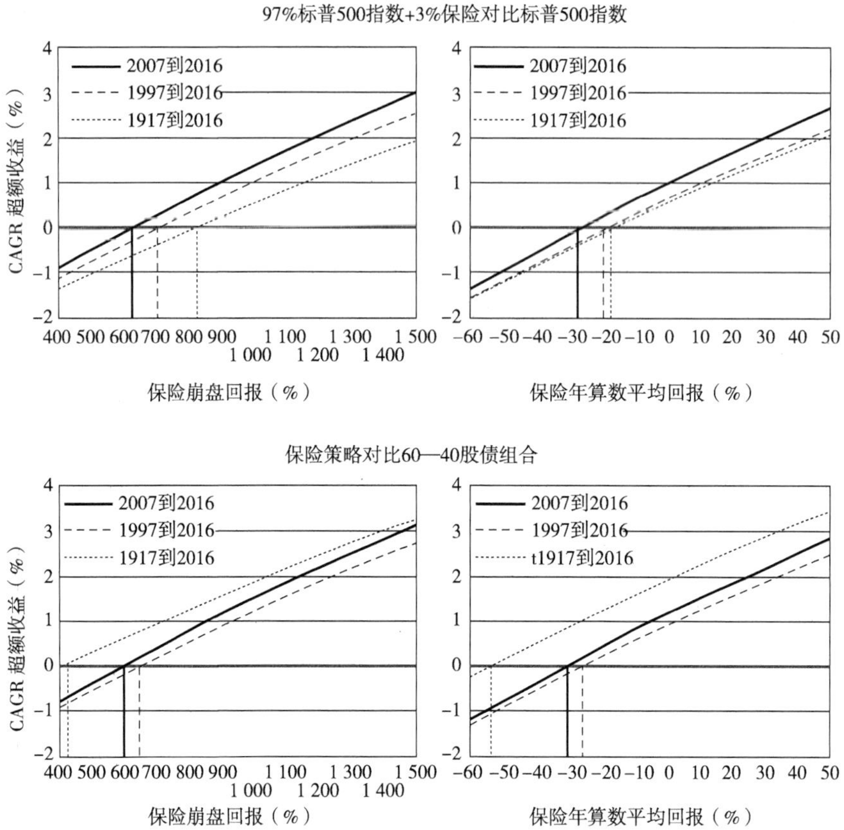

图 3-10 尾部对冲策略“回本”检验

图表来源：环球投资，universa. net。

的头条新闻集中在期权购买策略和它们在 3 月份的非凡表现上，通常忽略了它们普遍较高的长期成本。在崩盘月份获得最大收益的尾部保险策略，很可能在景气时期损失大部分、全部甚至好几倍于配置在该策略上的资金。”

随后，环球投资的科学顾问塔勒布在其社交媒体账号发布推文，指责 AQR 发布的报告有缺陷，并强调了 AQR 本身的管理业绩差强人意，称其风险平价策略亏了钱，旗下公募基金也跑输了大盘，是对“真实世界和投资者的侮辱”[①]。而脾气火爆的 AQR 创始人阿斯尼斯也不甘示弱，立即发推回击。最后，这场争论完全演变为两者在个人层面的人身攻击。塔勒布对 AQR 就尾部

① TALEB. Bloomberg：Black swan author spars with quant legend over tail risk hedges [OL]. https：// nassimtaleb. org/2020/05/taleb-vs-cliff-asness/, 2020-05-24.

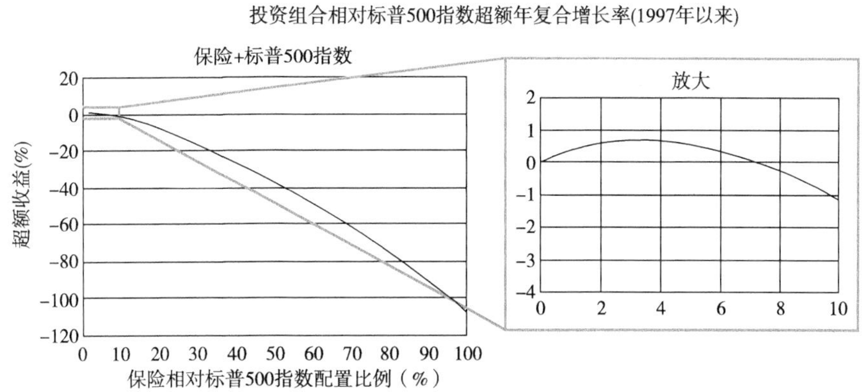

图 3-11　尾部对冲策略最佳配比

图表来源：环球投资，universa. net。

风险对冲策略发出的警告不屑一顾，认为两家公司的防御策略不应该进行比较。他通过发言人的电子邮件表示，“比较盒装葡萄酒和法国布尔多酒是浪费时间”。

前文提到的环球投资的提议是，只要将一小部分的投资组合配置于尾部对冲，投资者就可以对其投资组合的其余部分采取更激进的方式。斯皮兹纳格尔在发送给投资人的信中，列了一张表格，显示在标普 500 指数和环球投资尾部对冲基金分别投资 96. 67%和 3. 33%的投资组合在 3 月份将毫发无损。且自 2008 年 3 月以来，这一组合的表现也优于标普 500 指数，对 AQR 有关尾部对冲成本会侵蚀长期回报的说法构成了挑战。

AQR 没有研究环球投资提倡的对冲尾部风险的股票投资组合。相反，研究小组试图研究的是看跌期权策略长期的表现。研究小组把“坏的结果”（bad outcomes）定义为 60～40 组合表现绝对最差到最差的 5%的时期。回测数据表明，在持续 3 年的“坏的结果”中，期权的表现始终超过 60～40 的投资组合［包括行权价比现价低 10%的看跌期权策略（10% OTM Puts）和行权价比现价低 20%的看跌期权策略（20% OTM Puts）。］然而，如果从更长的时期看，期权的“价值和一致性会恶化”，因为保费往往会吞噬回报。在 5 年期的“坏的结果”后，10% OTM 模型仅有 48%的概率能跑赢 60～40 组合，而 20% OTM 模型仅有 44%的概率。这一比例在十年期的“坏的结果”后进一步下降。10% OTM 模型仅有 20%的概率能跑赢 60～40 组合，而 20% OTM 模型跑赢 60～40 组合的概率只有 7%。论文另外向投资者提供了几种解决方案，包括防御性股票策略、风险平价以及另类风险溢价与趋势跟踪，这几种策略，包括它们的组合策略从长期表现看，都远胜过尾部对冲。

既然尾部对冲策略能够获得如此高的回报，为什么还会引起两位大佬如此激烈的争论呢？其实，如果仔细阅读他们各自的研究成果可以发现，他们对所谓的尾部风险对冲的观点有很多相同之处。比如，他们都认为尾部风险确实需要被重视、看跌期权可以在急剧暴跌的市场中保护投资者等。然而，他们对于尾部事件的定义以及尾部对冲策略是否值得长期执行持有不同的观点。

首先，双方对于“尾部事件”的定义存在一定的分歧。阿斯尼斯的 AQR 在讨论“尾部事件”时，指的是历史上市场表现最糟糕的部分，比如，60~40 组合回报最差的 5%部分。而塔勒布对“尾部事件”的定义不是根据过去发生的频率，而是根据其不可预见性，他所定义的尾部事件范围远超出了市场本身的变化，还包括了除此之外的所有其他意外事件。

其次，二者关于是否应该长期实施该策略持有不同的意见。AQR 的一份研究报告指出，持续 3 个月或更短时间的大幅下跌对 10 年期的回报率几乎没有影响；而如果放在长期而言，3 年甚至更长时间平庸的投资表现，可能会扼杀掉 10 年的业绩。而塔勒布提倡的购买期权进行避险的策略非常昂贵，在非危机期间常面临损失，尤其是，大多数人会在危机发生后才采取这些策略，而在经济复苏的时期认为好的市场环境下没有必要再继续支付这部分费用，也就是说，这些投资者支付了由于危机期间价格大涨的高期权费，但是由于中间停止缴费他们又错过了下一次危机发生时的补偿，因此看跌期权的避险能力长期看会大打折扣。

而塔勒布认为，要想在危机期间幸存下来，投资者可能会面临一系列包括金融和非金融的挑战，现金在这个过程中扮演着非常重要的角色。AQR 所建议的策略通常涉及杠杆和面临无限损失风险的衍生品，这对塔勒布来说只会增加新的风险。因此相比于 10 年期更优的表现而言，塔勒布认为，危机时期应该实行能够提供大量现金的尾部风险对冲。从以上描述可以看出，塔勒布强调的是人们在恐慌时做出的决定，而 AQR 则花更多的时间讨论人们事后所做出的错误决定。

此外，AQR 的研究报告只分析了 10% OTM 和 20% OTM 两种模型，而环球投资购买的期权的行权价通常至少高于或低于其底层资产市场价格的 20%。不过，不得不承认，期权本身定价普遍偏高，再加上斯皮兹纳格尔所购买的是较长期限的虚值看跌期权，那么他所花费的期权费成本确实会相对昂贵。由于数据的不可得性，环球投资所用到的尾部对冲策略和 AQR 在研究报告中进行论证的模型难免会存在一定的偏差，真是公说公有理，婆说婆有理。

第二篇　炼金术士的绝活

千万不要想着你能够跑赢市场，因为你在奥运会胜出的可能性比跑赢市场还要大一些。

——雷·达利奥（Ray Dalio）

第四章　琼斯的多空对冲

“牧羊人”创造的避险资产其实是一款升级版的对冲基金。对冲基金本来就是以避险资产的形式出现的。作为一项比较特别的金融炼金术，第一只对冲基金由社会学家兼记者阿尔弗雷德·W. 琼斯（Alfred W. Jones）于1949年创立。但具有讽刺意味的是，在首只对冲基金出现后的近20年时间里，并不为人所知。1966年，在《财富》杂志4月刊上，卡罗·卢米斯（Carol Loomis）发表了题为《无人能够赶超琼斯》的文章①，文章中，第一次使用了“对冲基金（hedge fund）”的名称②，报道了由一个名不见经传的社会学家管理的对冲基金的业绩，远超出美国国内最好共同基金业绩的现象。即使在扣除管理费与其他费用后，琼斯的对冲基金5年的业绩超出共同基金44%，而10年的业绩则超出87%。这篇文章深深地震惊了投资界。《财富》杂志的文章以及随后媒体关于琼斯优秀业绩的宣传引发了巨大的社会热情，到1969年年底，市场上大约有200~500只对冲基金在运行。1970年，一些所谓的对冲基金经理认为，做空会削弱基金业绩表现，而杠杆化多头头寸能创造超额收益。结果，在1968—1974年的熊市中，多头的杠杆化基金全部爆仓。28家大的对冲基金管理的资产萎缩了70%，许多对冲基金破产关门。但包括琼斯、索罗斯与斯坦因哈特等30家对冲基金幸存下来。看来金融炼金术并非是人人都能掌握的，只有深谙对冲避险之道的人才配拥有。让我们先从琼斯开始，看看他们的绝活。

一、投资理念

阿尔弗雷德·W. 琼斯，现代对冲基金之父，他没有读过商学院，也不拥有量化金融的博士学位，而且他早期并不从事金融行业，他没有在摩根斯坦

① CAROL J LOOMIS. The Jones nobody keeps up with［J］. Fortune, 1966.

② 琼斯称他的基金为hedged fund，意思是指风险被对冲过的基金。可能是因为大多数人并不理解“hedged”的含义，仅是将它错听成了“hedge”，而后来这个错误的名字占了主流。但在中文语境中，这两个词有很大差别。hedge fund听上去像一家投资园林的基金。

利、高盛等大投行，或任何培育大师的孵化器中待过。相反，他虽于1923年毕业于哈佛大学，但他曾在不定期航行的货船上工作，在柏林的马克思主义工人学校学习，在一个名为列宁主义组织的地下反纳粹组织执行过秘密任务。他结婚、离婚、再结婚，在西班牙内战的前线度蜜月。后来，他重返校园，于1941年获得哥伦比亚大学社会科学博士学位，他的毕业论文《生命、自由和财产：关于冲突和权利冲突计量的研究》出版后，他把博士论文改编成一篇文章发表在《财富》杂志上。而正是这篇文章开启了他在《财富》杂志的记者生涯。《财富》杂志给他提供了一个记者的工作机会，他愉快地接受了，虽然他发现写作是一个艰苦的过程。

1948年，他48岁时，《财富》杂志一个指派的写作任务使他有机会把关注点转到金融上。1949年3月，他发表了《预测的潮流》①。此时，他已经离开了《财富》杂志，开始了对冲基金的业务。杂志社在这篇文章前面这样介绍他："琼斯先生是一位社会学家，是《财富》杂志的前副编辑。他对这篇文章中提到的市场分析新方法的初始兴趣，始于一笔小额的基于市场行为的投资服务。"他在文章中指出："标准、老式的预测股票市场走势的方法，包括核对燃油车的装货量、商品价格和其他经济数据去决定股票定价，这种估值方法不能抓住更多股票走势的特征。例如，1964年盛夏，在经济基本面良好的情况下，道·琼斯指数连续下跌五周，从250点跌到163点。"他引用了动量来描述当股票在没有基本数据变化时的剧烈波动，抛弃了基本面分析，转向一个更加有利可图的假设：股票价格是由投资者可预测的心理行为驱动的。金钱也许是一系列数字组成的抽象符号，但它也是人类贪婪、恐惧、嫉妒表现的中介，是大众心理学的晴雨表。也许对一个社会学家来说，发现这样的假设更有吸引力是自然而然的。

琼斯相信投资者的情绪创造了股票价格的趋势。股价上涨使投资者产生乐观情绪，将导致股价进一步上涨，进而使投资者的情绪进一步乐观……这个反馈环将驱动股价上涨，形成趋势，跟踪趋势将有利可图。当股价被推到难以持续的高位，投资者心理转向的时候，这个上涨过程就结束了。贪婪变成了恐惧，股价就进入反转下跌的过程。琼斯认为，股票市场行为由统计学、图表、趋势组成的技术分析来解释。

更重要的是，琼斯发现了不同股票相对于大盘指数波动的不同，构建了一个原始的方法跟踪股票的波动，他称之为相对速度。一只股票的相对速度是指：股价在主要市场波动中相对于指数变化的百分比。例如，一只股票的相对速度是2，意味着这只股票价格波动是指数波动的2倍。琼斯简单地计算

① JONES, Fashions in forecasting [J]. Fortune, 1949.

出这只股票相对于市场整体的风险。他区分特定持仓的风险与整个市场的风险，现在人们称之为阿尔法（alpha）与贝塔（beta）。在华尔街还没有大量使用计算机的年代，采用这个模型是极度困难的。

事实上，琼斯走在了华尔街的实践者与学术圈对发展与理解市场风险的前面，包括个股与市场的关系。在学术界以阿尔法与贝塔概念为基础建立资本资产定价模型（CAPM）之前，琼斯建立了测量市场风险以及个股与市场风险关系的模型。更令人吃惊的是，他用这个模型积极管理组合的风险暴露。

琼斯和他的团队花了近两年的时间，计算了 2 000 只股票相对速度的矩阵，结果接近于资本资产定价模型的贝塔。关键的区别是他在计算相对速度时没有考虑无风险利率。相对速度是股票价格的趋势，基于历史表现，跟随标普 500 指数变动，变大或者变小。有了这个矩阵，琼斯就可以根据一家公司股票与市场的相关性，选择做多或做空。从而形成多头样本与空头样本，一边多头，一边空头，整个基金就对冲了市场本身波动的风险，而获取到与市场波动无关的绝对收益。这是琼斯的炼金术原理。

琼斯认为，传统的单向做多投资有一个缺点：难以在市场震荡调整时期保住头寸。同时认为做空可以作为一种风险控制工具，并且把做空称为保守的投机技巧。琼斯认为，做空的吸引力不是在市场下跌时提供的潜在收益，而是作为一种市场避险工具。他说："如果没有做空，他会睡不好觉。"① 正因为空头头寸为投资者在市场下跌时提供了保护，他有更多机会持有多头头寸并获利。

这是琼斯当年用"Hedged fund"描述他管理的基金的原因，是指风险被对冲过的基金。但由于当时人们不理解"hedged fund"的本来意思，错当成了"hedge fund"。由此可见，翻译成中文时，台湾、香港等地把它翻译成"避险基金"更接近于它本来的意思。

除了多空操作之外，琼斯还使用了杠杆，多空和杠杆是他炼金术的主要配方。1961 年，他在一份私下向外部投资者发布的募集书中用一个例子进行了说明。假设有两个投资者，每人投资额为 10 万美元。假定他们的选股技能是一样的，并且对股票市场有乐观预期。第一个投资者，根据传统基金管理原则，把 8 万美元投入他能找到的最好股票，把剩余的 2 万美元投入无风险债券，进行风险平衡。另一位投资者，根据琼斯的原则，借 10 万美元，使得他总投资基金达到 20 万美元。然后，买入 13 万美元的优质股票，卖空 7 万美元的劣质股票。这样操作，使得第二个投资者在他多头持仓中有更好的分散；

① LANDAU. Alfred Winslow Jones: The long and short of the founding father [J]. The Institutional Investor, 1968.

也使他更少地暴露在市场风险之下。因为 7 万美元的空头持仓对冲了 7 万美元的多头持仓，因此他的净风险敞口是 6 万美元。而第一个投资者的净风险敞口是 8 万美元。通过这种方式投资，对冲基金的投资者因为更分散化而面临更低的选股风险，并且因为对冲过了，面临更低的市场风险。

假如指数上涨了 20%，由于投资者善于选择个股，他们的多头战胜了市场 10%，产生了 30%的正收益。而对冲投资者也有不错的结果，由于指数上涨了 20%，而他的空头部分只上涨了 10%，因为他选择的空头股票表现比平均水平差。这两个投资者的表现如表 4-1。

表 4-1　不同投资者的选择（1）

传统投资者	对冲投资者
80 000 美元股票上涨 30%	130 000 美元股票上涨 30%
	70 000 美元股票下跌 10%
收益：24 000 美元	收益：39 000-7 000=32 000 美元

相反，假如指数下跌 20%，这种对冲操作表现更好。假定两个投资者挑选的组合战胜指数 10%，那么结果如表 4-2。

表 4-2　时尚商城 2020 年 4 月 20 日各营业柜组的商品销售及货款收入

单位：元

传统投资者	对冲投资者
80 000 美元股票损失 10%	130 000 美元股票损失 10%
	70 000 美元股票收益 30%
损失：8 000 美元	收益：21 000-13 000=8 000 美元

结果显示，多空对冲操作否认了一条投资的基本原则：即高收益来自承担高风险。在牛市中，对冲基金尽管承担了更低的风险，但其表现比传统投资更好；而在熊市中，对冲基金因为承担了更低的风险而表现更好。当然，表中计算的前提，是投资者具有良好的选股能力。如果投资者选股能力差，在琼斯的框架下，会适得其反。

二、投资实践

琼斯决定知行合一。1949 年，他成立了世界上第一只对冲基金，实践他的投资理念。他从四个朋友那里筹集到 6 万美元，加上自己的 4 万美元，开始了对冲基金管理之旅。琼斯的投资公司开始于百老汇街一个破旧的、一间半的办公室，是从一个从事保险业务的温斯洛·卡尔顿（Winslow Carlton）的投资者那里租的。一个喜欢穿白领子蓝衬衫，并紧紧佩戴蝴蝶结，开华丽帕卡德敞篷车的爱干净的人。在早期的多个清晨，卡尔顿开着华丽的汽车到琼斯位于萨顿宫 30 号的公寓，然后他们继续前行，讨论交流市场的方向。琼斯的办公桌上有一台打字机和一本随手可翻的字典。有一个用玻璃罩盖住的股票交易代码，一台带手摇曲柄的、机电式的计算器，还有一把用于午饭后小睡的长沙发椅。

琼斯着手尝试是否能够把股票看图者的建议转化为投资利润。一个专业投资者标准的做法是：当预期股票市场上涨时全仓买进股票，而预期股票市场下跌时持有大部分现金。而琼斯的基金操作手法与众不同。琼斯通过计算每只股票的相对速度，不仅把 100%的基金资产投资于他看多的股票，而且还融资买入，例如，用基金资产的 150%买入股票。同时，他等额卖空与买入股票相对速度一致的不看好的股票，形成多空组合，获取多头股票组合与空头股票组合的相对收益，规避市场方向波动的风险。

琼斯的收益不是来源于他在《预测的潮流》中所说的可获利的技术方法，这些看图表的技术方法反而让他吃了苦头。他为自己忽视阿尔弗雷德·考尔斯（Alfred Cowles）的研究结论而付了不少学费。考尔斯提出的不能依靠股价的趋势而获利的结论至少在琼斯的案例中被证明是非常正确的。琼斯识别市场方向的努力，失败与成功的次数一样多。在 1953 年、1956 年与 1957 年，琼斯在押注市场方向上屡遭损失，当他加上杠杆时，股市却表现不好；而当他降低杠杆时，股市却表现良好。1960 年，考尔斯发表了更新后的结论：早期，他认为股票价格在月度上有微弱的趋势，而现在，他认为根本不存在趋势。显然，琼斯试图去择时，但结果乏善可陈。1962 年初，他净多头 140%的基金资产，结果股市下跌。而当他转为熊市操作时，股市却上涨了。1965 年 8 月，琼斯经历了备受折磨的时光，他净空头 18%，即他的空头持仓超过他的多头持仓 18%的基金资产，结果股市大涨。或许未来的对冲基金经理将证明趋势跟踪是有利可图的，或许未来的研究将修改考尔斯的结论，但琼斯并没有在图表跟踪上获利，即使图表跟踪是他开始对冲基金业务的初始支撑①。

---

① SEBASTAIN MALLABY. More money than god [M]. The Penguin Press, 2010: 31-32.

在 1961 年 5 月他向投资者发布的长篇回顾性报告中坦然承认了这点①：

在基金成立初期，我们的选股模型综合考虑了技术形态、华尔街情绪指数、券商声望、特殊情况、半年核税抛售及其对价格的影响、股票增发的压力以及许多其他因素。其中有些因素在某种程度上仍然适用，但我们逐渐相信真正重要的是：所持仓公司的管理、问题和发展前景这些本质、基础的因素。关于市场的判断，我们知道要解释任何掺杂大众情绪的现象都是一项高难度的艺术，并且结果肯定也不尽一致。

琼斯基于图表分析的统计方法精确地泄露了他因错判市场而损失了多少钱，但他的基金仍然业绩骄人。这一点说明了他是跌跌撞撞地练就了金融炼金术。他初期的投资理论认为投资者情绪形成市场趋势，被实践证明是一条盲肠小道。他发明了对冲基金策略，但仅是一个天才的概念，并不能自动转为利润的来源。要形成对冲基金的组合，需要挑选股票组合纳入其中。通过技巧与性格的巧合，他想出一种聚集选股能手、战胜华尔街的方法。

琼斯知道自己不是一个选股能手，只是一个投资新手，上市公司财务报表的细节远超出他的想象。相反，他的才能在于选人用人而非选股，他创造了一种模式使他能拥有最好的选股能手。从 20 世纪 50 年代初开始，琼斯邀请经纪商为他的基金挑选模拟组合。每个人挑选他最喜欢的多头与空头组合，仿佛这些经纪商在管理真钱一样，并电话告知琼斯。琼斯使用这些模拟组合作为他的股票池。他的相对速度矩阵能够精确地计算每个管理人的结果。琼斯根据这些经纪商组合的表现情况给他们奖励。琼斯与经纪商签了一份协议：执行经纪商将把从琼斯公司获得佣金的 50%发给那些给予琼斯最好建议的经纪人。这笔报酬极大地激励着证券经纪人给琼斯和他的基金经理最中肯的消息和交易建议，这些消息和建议越有价值，他们越有机会从琼斯的交易中获得越多的佣金回报。

这种模式使得琼斯拥有相对于竞争对手的优势。在 20 世纪 50 年代，华尔街还是一个安静的、并不复杂的地方。大学与商学院中，事实上并没有人教金融课程。哈佛大学的投资课程被冠以“午间的黑暗”绰号，因为大学管理部门把不受欢迎的中午时间分配给投资课程，以此为受欢迎的课程腾出教室空间。传统投资机构受托人的激励主要来自资产管理规模，而不是业绩提成。他们由投资委员会完成投资决策。琼斯的做法打破了传统的模式。每一个选股者为自己负责，个人主义取代集体主义，激进取代保守。20 世纪 60 年代，琼斯的投资公司已经发展壮大，有 6 个付费的经纪商为他选股，琼斯仍

---

① 杰克 D 施瓦格．市场真相：看不见的手与脱缰的马［M］．林静容，等，译．北京：机械工业出版社，2018：186.

在继续培养达尔文式的模式。他很少召集投资会议，因为他发现沉闷的投委会会议难以忍受。相反，他把部分合伙人资金分配给内部管理人，规定期望的风险敞口，授权他们自己去投资。每年年底，业绩表现优秀的管理人将会得到最高的奖励。

琼斯运作模式的结果。在 20 世纪 50—60 年代的华尔街，信息并不能很快就传达到所有人。经纪商没有大量使用电子邮箱，电视上也没有即时分析。在这种环境下，激进的投资团队能战胜安逸的投资团队，而琼斯的投资团队最为激进。外部模拟组合管理人争先恐后地打电话通报热门股票，而内部管理人守在电话边，比竞争对手更先获取市场传言与内幕信息。即使到 60 年代，当华尔街终于对后知后觉的慵懒行为表示蔑视时，勤奋使人与人之间产生的显著区别也令人很吃惊。一位琼斯选股手——艾伦·德雷舍（Alan Dresher），竟然有了直接去美国证监会（SEC）办公室阅读刚提交上去的上市公司报表的主意。艾伦·德雷舍的非凡行动是独树一帜的，华尔街其他人的惯常做法是等待邮局投递上市公司的报表。

与结果挂钩的激励是琼斯模式的关键。当一个经纪商给一家公募基金提供一只股票的建议时，这个建议的质量与经纪商应得的报酬之间并没有什么联系，一个原因是因为公募基金缺乏琼斯追踪推荐股票表现如何的系统；另一个原因是公募基金公司为带来客户资金的销售人员支付了大量的销售费用，而对优秀研究的激励却寥寥无几。琼斯则相反，他对好的研究出手大方。一个年轻的经纪人如果推荐的模拟组合产生利润，那么他的薪水就会翻倍。同时，对内部管理人，琼斯根据他们的绩效来分配基金绩效费用。琼斯还设计了两个措施进一步激励内部管理人。一是每年成功的内部管理人将得到更多的管理资金，由此增加了他们在下一年获取利润的机会，将会得到更大的奖金。而不成功的内部管理人将被削减管理资金。二是琼斯要求合伙人把自己的资金投入基金中，这样他们的财富与收入将与他们的业绩直接挂钩。这一点也成为后来对冲基金行业的惯例。

这种做法成就了琼斯，在 1949 年成立对冲基金后的 20 年里，他的业绩纪录是史上最卓越的纪录之一。到 1968 年，他累积的收益率接近 50 倍。这意味着，投资者在 1949 年给琼斯投了 1 万美元，到 1968 年变成了 48 万美元。这个业绩让竞争对手无地自容。例如，在 1965 年的前 5 年，他的收益率是 325%，而这段时间最好的共同基金收益率是 225%。在 1965 年的前 10 年，他的收益几乎是第二名的两倍。通过对比，琼斯在这些年的收益率超过了沃伦·巴菲特。

三、行业影响

琼斯是第一位将现代对冲基金的三个基本特征——对冲、杠杆、激励机制结合到一只基金里的人，加上他在策略和结构上的成功，他被广泛认定是对冲基金之父。琼斯的成功一方面催生内部管理人自立门户；另一方面也吸引了外部模仿者。第一个离琼斯而去的是名叫卡莱尔·琼斯（Carlisle Jones）的内部管理人。卡莱尔·琼斯创立了一家命名为 City Associates 的对冲基金与琼斯竞争。他提起前老板时说："我不认为他能区分股票与债券，我非常嫉妒。琼斯可以午睡一个小时，然后看书或报纸，这些书可能与投资一点关系也没有。大多数时间我并没有感到自己得到适当的报酬。"① 从背叛者的角度看，做出这种选择是完全合理的，因为对冲风险的概念很容易被复制，并且完全没有必要与一个半吊子的外部监督者分享收益。还有一个为琼斯服务时间最长名叫理查德·拉德克利夫（Richard Radcliffe）的内部管理人在别人的劝说下离琼斯而去，他创立了一个与琼斯竞争的对冲基金，并且还带走了他的一些客户。

有了两个背叛者的先例之后，不可避免地引起其他人的追随。到 1968 年年初，已经有 40 家模仿者成立的公司。到 1969 年，大约有 200~500 家对冲基金公司。其中领先公司的掌舵人大多数是为琼斯工作过或作为经纪商服务过。《经济学家》杂志估计，这个新兴的行业大约有 110 亿美元的管理规模，是两年前的 5 倍。"hedge fund"这个词，虽是琼斯所说的"hedged fund"的错误版本，但也进入了华尔街的专门词汇。

琼斯对冲基金神秘面纱被揭开后的早期印象是似是而非的。随着第一个模仿者基金快速成长起来，传言就进入了华尔街，琼斯被看作是一个火爆的新潮流创立者。1966 年，《财富》杂志的文章吹捧他："近来，有充足的证据表明，为投资者管钱最好的专业基金经理是一个沉默寡言，很少自我宣传，名叫阿尔弗雷德·温斯洛·琼斯的人。"② 投资者迫不及待地把钱投入琼斯的基金中，有雄心壮志的分析师到他的公司来找工作。市场传言琼斯自己赚了以百万美元计的大钱，琼斯的背叛者也赚了大钱：一个 City Associates 的合伙人得到了一间顶层公寓、一架飞机、一个红酒酒窖，并配有保安，办公室有美女做秘书。这一切增加了对冲基金的流言、嫉妒与趣事。对冲基金象征着时代的精神。1968 年出版的《纽约客》杂志正式宣布琼斯是对冲基金行业的"爸爸"。

---

① MALLABY. Jones interview. More money than god［M］. Penguin, 2010.

② LOOMIS. The Jones nobody keeps up with［J］. Fortune, 1966（4）.

时至今日，琼斯最早使用的多空对冲策略仍然是对冲基金行业最重要的策略。琼斯通过做空去对冲多头头寸风险而非投机的过程中展示出的把控能力，证明了他作为一个掌门人的卓越洞见，也为这个策略注入了持久的生命力。但到 1966 年夏天后，他的对冲原则不再被内部管理人坚守。因为受股市走牛的刺激，琼斯的内部管理人认为做空是傻瓜的游戏，他们失去了因 S&P500 指数下跌保护基金的兴趣。相反，他们提升了杠杆水平，每个内部管理人设法买入尽可能多的、热门的股票。即使相对速度的计算不符合要求买入的股票，琼斯的内部管理人也不希望有人告诉他们因为这些股票高波动而不要买。一方面因为股市走牛；另一方面因为琼斯在办公室的时间越来越少，毕竟他已经 60 多岁了。而他们年轻，他们尽其所能地买入他们想买的股票，这是属于他们的时代。1969 年 5 月，股票市场掉头向下。1970 年 5 月，琼斯向他的客户披露年报，他的基金大幅跑输市场，损失了 35%。这是没有坚守对冲原则的教训。

琼斯对风险管理的开拓性贡献不仅限于用做空去对冲多头敞口，他还提出了类似于现代金融学称为“贝塔（beta）”的相对风险度量的概念。在他开始对冲基金事业三年后，现代投资组合理论才诞生。这个理论出自一位名叫哈里·马科维茨的芝加哥大学 25 岁的年轻毕业生之手，1952 年 3 月，哈里·马科维茨在《财务学期刊》上发表了《投资组合选择》的论文。虽然没有任何证据表明，琼斯的实践对马科维茨的研究有什么启发，但是两者的工作内容是能通过两个中间环节串在一起的。

一是阿尔弗雷德·考尔斯。前文提到，琼斯忽视了阿尔弗雷德·考尔斯的研究结论而在实践上吃尽了苦头。1949 年，琼斯在《预测的潮流》一文中，片面地引用了考尔斯的研究结论，没有全面地看到考尔斯对技术分析预测股价有效性的质疑。1932 年考尔斯在科罗拉多斯普林斯市成立了“考尔斯经济研究委员会”，1939 年搬到了芝加哥。而这个委员会对年轻的马科维茨充满了吸引力，因为几乎全美经济学领域的泰斗都在这个委员会做过研究。马科维茨在获得经济学学士学位后，继续攻读研究生，同时在考尔斯委员会担任研究助理。

二是股票经纪人。当马科维茨开始考虑博士论文的主题时，他拜访了继特加林·库普曼斯（Tjalling Koopmans）之后出任芝加哥大学考尔斯委员会研究主持人的雅各布·马查克（Jacob Marschak）。马科维茨在马查克的办公室门外等候时，和一位自称是股票经纪人的年长男士闲聊。这位先生无法预知他的建议将对投资界产生多大的影响，当时，他只是建议马科维茨以股票市场作为研究主题。当马科维茨对马查克提出此建议时，出乎意料的是马查克对此非正统的提议十分兴奋，并马上提出考尔斯在此领域上曾做过的研究。

英雄所见略同。马科维茨研究这个问题时，灵感突然来了。“某天下午在图书馆里，我脑际突然浮现一个观念，人们可能不只是重视报酬，同样也在意风险。”① 投资的艺术不是收益最大化，而是风险调整后的收益最大化。投资者承担的风险不仅取决于他持有的股票，还取决于它们之间的相互关系。这正是琼斯在投资实践中所创造的原始方法所解决的问题。通过关注股票的相对速度，琼斯正如马科维茨所倡导的，有效地控制风险。通过多空头寸相对速度的平衡，琼斯得到了先于马科维茨的洞见，投资组合的风险取决于个股之间的关系。

比起马科维茨的方法，琼斯的方法更具实践操作性。马科维茨的论文在1952年发表后基本上无人问津，沉寂近10年之久，在1960年以前，这篇文章在学术文献上被引用的次数不超过20次。主要是因为不具有可执行性。计算1 000只股票的相关性，需要近50万次的计算。这种计算能力在当时是无法想象的。20世纪50年代中期，马科维茨试图估计25只股票的相关性，他发现即使这样的计算对计算机内存的需求也超过了耶鲁经济学系能够提供给他的计算机内存。直到另一位未来的诺贝尔经济学奖获得者威廉·夏普（William Sharpe）设计了一个变量以有效表达马科维茨的工作，夏普通过计算每只股票与市场指数之间的相关性，即“贝塔（beta）”，替代了计算各个股票之间的相关性。这与琼斯设计的相对速度的算法类似。威廉·夏普的论文发表于1963年，而此时琼斯在实践中使用这种方法已超过12年了。

一只股票的贝塔值表示一个参考基准（如标普500指数）变化1%，股票价格的变化率。例如，一只贝塔值为2的股票，在基准指数变动1%的时候，它的股价预计会同方向变动约2%。而在同样的情况下，一只贝塔值为0.5的股票可能只会同方向变动0.5%左右。琼斯提出的相对速度是贝塔的前身。一只股票的相对速度是指：股价在主要市场波动中相对于指数（琼斯通常使用标普500指数）的变化百分比。例如，一只股票的相对速度为200，意味着其股价变化量是同期指数变化量的2倍。琼斯主张结合股票的相对速度去衡量市场风险，从而，购买5万美元相对速度为200的股票，其风险相当于购买10万美元相对速度为100的股票。从交易的角度说，琼斯的相对速度概念实践上是一种比贝塔更复杂的相对风险度量方法。

琼斯的实践也先于另一位现代投资组合理论先驱、诺贝尔经济学奖获得者——杰姆斯·托宾（James Tobin）的研究。1958年，托宾发表了两基金分离定理，认为投资者的股票选择与他的风险态度无关。在20世纪50年代，

---

① 彼得·伯恩斯坦. 投资革命，[M]. 李繁康，等，译. 上海：上海远东出版社，2001：53.

绝大多数投资顾问认为，特定类型的股票适合特定类型的投资者。一个寡妇不会去买施乐这种的热门股，一个成功的企业首席执行官不会对美国电信这种公共事业股感兴趣。而托宾的理论指出为什么这种认识是错误的，一个投资者对股票的选择与他想承担的风险是无关的。如果一个投资者是风险厌恶的，他应该买入最好的股票，但只用部分储蓄。如果一个投资者是风险偏好的，他会将全部积蓄买入同样最好的股票，而且还融资加杠杆买入①。而在托宾发表论文的 9 年前，琼斯持有同样的观点。他的基金首先判断哪些公司股票应该持有，其次考虑应该承担多少风险，通过使用杠杆去调整合适的风险水平。

作为一位金融素人，琼斯不但开创了一个全新的行业，而且从实践中悟到的方法与学院派大师的研究不谋而合，他无愧于对冲基金之父的称号！在其创立对冲基金 20 年之后，一位受其启发，日后让各国监管机构闻风丧胆，名声超过他的宏观对冲基金经理开始续写金融炼金术的传奇，他就是乔治·索罗斯（George Soros）。

① Tobin J. Liquidity prefernce as beharior towards risk［J］. The Reriew of Economic Studies, 1958, 25（2）.

第五章　索罗斯的全球宏观对冲

1969 年，在琼斯由盛转衰之际，乔治·索罗斯（George Soros）受他的模式启发，他用自己的 400 万美元成立了一只多空选股基金，称之为双鹰基金，在布莱希罗德伞形基金下自己管理这个基金，尽管那时索罗斯还在阿诺德 & 布莱希罗德（Arnhold & S. Bleichroeder）——一家专门从事欧洲股票经纪业务的公司担任研究主管，1973 年，43 岁的索罗斯离开了阿诺德 & 布莱希罗德公司，创建了索罗斯基金管理公司。他把双鹰基金更名为索罗斯基金，开始书写属于他的传奇故事。索罗斯基金于 1978 年更名为量子基金。

后来，人们把量子基金归为全球宏观对冲策略基金。全球宏观对冲策略是指基金经理尝试利用宏观经济基本原理，识别金融资产价格的市场失衡和错配来交易获利的策略。从这个角度看，索罗斯不算是全球宏观对冲流派的开山鼻祖，因为他的基金是受琼斯启发，从股票多空策略开始的。多数人认为，大经济学家凯恩斯才是现代全球宏观对冲基金的开山鼻祖。作为一位经济学家，凯恩斯博学多才。他不仅是现代宏观经济理论之父，而且还为各国政府建言献策，并协助设计了作为现代全球宏观经济基础架构的世界银行和世界货币基金组织。同时，凯恩斯还是成功的投资家，他以自己掌握的宏观经济理论为工具，在全球市场赚取了大量利润。

索罗斯也曾幻想自己是凯恩斯式的经济改革者，他说："我幻想自己是某位神或是一个像凯恩斯式的经济改革者，每个人都有他的通论。"① 虽然索罗斯在经济学上没有凯恩斯的成就，但在全球宏观对冲基金这条路上，他远超过了凯恩斯，至今还无人与他比肩。在量子基金骄人的业绩下面，是他的投资哲学——自反身性（reflexivity）理论。

一、投资哲学

索罗斯不喜欢人们用投资大师或金融家来称呼他，他喜欢人们称他为哲

① MALLABY, More money than god [M]. Penguin, 2010: 87.

学家，因为他反复地说，他所关注的主题仍是历史过程，而非金融。他在许多场合演讲的主要内容也是讲他的投资哲学。他写的几本书，《金融炼金术》《开放社会：改革全球资本主义》《金融市场新范式》等，前面部分都是讲他的哲学。他在大学期间主修经济学，但他对经济学的理论很失望，喜欢上了卡尔·波普尔证伪主义哲学。波普尔哲学的基本观点是：人类的认知是有限的，不可能知道全部真相，人们获取真相最好的方式就是通过不断试错与批判去接近它。在这个过程中的一切判断都只是暂时有效的并且都是证伪的对象。波普尔的大作——《开放社会及其敌人》，一度使索罗斯萌生了要终生奉献给哲学的念头。他接受了波普尔关于科学方法的大多数观点，但有一个主要观点例外。波普尔主张"方法论统一"，即适用于研究自然现象的方法和标准，同样也适用于社会事件的研究。索罗斯认为两者之间有一个根本的区别，社会科学所研究的事件包含了思维参与者，参与者的思维成为所要认识事态的一个不可分割的组成部分，而自然现象则没有。

大学毕业后，尽管谋生是第一要务，但索罗斯还是写了一篇题为《意识的重负》的哲学论文来讨论这一主题。文章完成之后，他又否定了自己的表述，花了三年时间继续修改，直到他觉得他在哲学上的研究已经走入了死胡同后，他放弃了努力，从那以后，专心于金融谋生。谋生小有成就之后，在1963—1966年，他又花了三年的时间修改《意识的重负》，但最终还是决心回到谋生场上。1969年，他在阿诺德 & 布莱希罗德公司成立了由自己管理的双鹰基金，并于1973年离开，创立了自己的公司。

从分析师到基金经理的转变，索罗斯发现大学所学的哲学理论的用处完全不同。做分析师时，他几乎用不到大学里所学到的任何东西，实际活动与理论兴趣近于完全脱节。但成为一名基金经理之后，情况完全不同了，金钱的投向关系他的饭碗，他再也无法超然于投资决策之外，不得不努力开掘全部的智力资源，不料抽象的技能居然让他获得了巨大的优势。波普尔哲学与他自身金融知识的结合使他形成了"自反身性理论"。

按有效市场理论，市场永远是正确的——市场价格倾向于对市场未来的发展做出精确的贴现，即使这些发展的性质并不清楚。而索罗斯认为，正如波普尔哲学所描述的，人们的认知是有限的，在股票市场，人们也不可能知道上市公司的全部细节，因此投资者依靠猜测与快捷获取的只能是近似的现实情况。而索罗斯进一步意识到投资者的偏见也能改变现实，乐观的猜测驱使股价上涨，从而使上市公司融资成本更低，进而改善基本面。因为存在这个反馈环，对公司业绩的确定性更加难以把握。人们从一开始就对现实缺乏完整清楚的认知，不仅如此，现实本身也受他们不清楚的认知的影响，而且投资者的认知是经常改变的，所以，市场总是错的。参与者的认知缺陷是与生俱来的，有缺陷的认知与事件的实际过程存在一种双向的联系，导致两者缺乏对应，他将这种双向联系称为“反身性”①。

据索罗斯回忆②，反身性概念来自卡尔·波普尔《开放社会及其敌人》一书的脚注，这些脚注涉及自我指认问题，但自我指认与反身性还是有一定距离的。自我指认是陈述一个特性，完全属于思想的范畴；反身性则把思想与现实联系起来，属于两个世界。但是，这两个概念有共同之处，即不确定性。克里岛人埃庇米得提出的“说谎者悖论（paradox of the liar），”就是一个自我指认的陈述。他说道，克里岛人总在撒谎。而在说这句话时，他提出了有关陈述的真实性问题。因为他本人就是克里岛人，如果他的话中所表述的含义是对的，那么，他的陈述就肯定是错误的；反之，如果他的陈述是对的，那么，他的陈述所表达的含义则肯定是错的。

索罗斯认为，反身性是一个根本性的概念，他不认为自己是第一个发现这一概念的人。反身性只是思维和现实相互影响的一个新的说法，它本来就深深地植根于人们的常识之中。例如，德尔斐神谕和希腊戏剧都是反身性的，因为预言借助它们自身的影响而实现。马基雅维里（Machiavelli）在他的分析中引入不确定性因素，他称之为“命运”（fate）；罗伯特·莫顿（Robert K. Merton）以其“自我实现的预言”（self-fulfilling prophesies）及“追随效应”（bandwagon effect）而引起世人注意；阿尔弗雷德·舒茨（Alfred Schutz）把一个与反身性相近的概念引进社会学，他称之为“互为主体性”（inter-subjectivity）。

人类认知的不完备性是理解反身性的逻辑起点。在社会科学领域，存在着一个现实，我们仅是现实的一部分。这说明了为什么我们的理解存在着天生的不完备性。现实是独一无二的，唯一重要的是，它不能被减缩或分裂为参与者的观点和信念，只是因为不存在人们所思考的事情与实际发生的事情之间的一致性。换句话说，现实中有比参与者的观点更多的东西。

为了清晰阐明反身性概念，索罗斯以自然科学家与社会科学参与者是否独立于研究的对象为例进行说明。自然科学家的优势在于，同他们打交道的是独立于人的意识的自然现象。自然现象属于一个世界，科学家的陈述属于另一个世界。这样，事实才能够成为检验真理正确与否或成立与否的独立标准。科学家参与试验，但他们努力避免自己的行为影响试验结果。试验必须能够为他人所重复才能证明其科学。

---

① 乔治·索罗斯. 金融炼金术［M］. 孙忠，侯纯，译. 长沙：湖南出版社，1999：4.

② 乔治·索罗斯. 开放社会：改革全球资本主义［M］. 王宇，译. 北京：商务印书馆，2002：15.

与自然科学相比，社会科学与波普尔模型所设想的理想条件相距更远，因为社会科学所研究的事实包括思想和信仰。与自然科学不同，社会科学无法做到事实与陈述的分离。社会科学参与者的思维对象不是独立给定的，而是依其本人的决策而定的。作为确定参与者观点的真实性或有效性的标准，它还不够格，但它确实提供了某种标准，一些期望为后来的事件所确认，另一些则没有。可是确认过程留有遗憾，人们永远也无法肯定，究竟是预期与后来的事件相一致，还是后来的事件顺应了预期？在此，自然科学所强调的思想与事件之间的分离荡然无存了。因此，包含思维参与者的事件显然不仅仅由事实组成。参与者思维介入了因果作用的过程，不可能再简单地将后者视为独立于事实并且可以与事实取得一致的客观事件序列。参与者所面对的情境受到其本身决策活动的影响，他们的思维构成了这类情境中不可缺少的成分。参与者认知的不完备性，其原因在于他影响了与之相关的情境。

他将参与者的思维与所参与的情境之间的联系分解成两个函数关系，一个是参与者理解情境的努力称为认知的或被动的函数；另一个是他们的思维对现实世界的影响称为参与的或主动的函数。在认知函数中，参与者的认知依赖于情境；在参与函数中，情境受参与者认知的影响。可见，这两个函数从相反的方向发挥功能，在认知函数中自变量是情境，而在参与函数中自变量是参与者的思维。当一个情境包含思维参与者时，事件的因果联系不再是由一组事件直接导向下一组事件，相反，它以一种类似鞋袢的模式将事实联结于认知，认知又联结于事实。

把抽象的哲学应用到股票市场，就是股票市场的自反身性理论。股票市场与其他市场不同之处在于，市场参与者要对付的不是给定的数量，而是要把未来贴现，而未来则依赖于市场现在如何贴现它。这使得供给和需求条件不仅是未知的，而且是不可知的。在传统理论中，股票价格反映的是其公司基本面。但索罗斯认为这种观点是错误。市场价格并不是未来收益和股息的贴现，而是预测未来市场的价格。在这一点上，他的观点与琼斯的观点有类似之处。最重要的基本面存在于未来，股价反映的不是往年的收益、资产负债表和股息，而是将来的收益、股息和资产价值。这些流量不是事先给定的，因而不是认识的对象，只是猜测的对象。猜测是信息和偏见的混合物。因此猜测会在股票价格中表现出来，而股票价格则会以多种方式影响基本面。例如，一个公司可以通过发行股票融资，而股票价格将影响每股收益。股票价格还会对公司的贷款条件产生影响，公司还可以通过发行期权激励管理，以股票价格表现出的公司形象还可以其他方式来影响基本面，如吸引客户等。

当这些事情发生时，一个双向反身性的互动过程就有可能产生，基本面不再是决定股票价格的独立变量，均衡就变成一个欺骗性的概念。由于股票价格的变化会朝着基本面与其相同的方向变化，均衡就变成了一个移动的目标，反身性互动则使它变得更加捉摸不定，因为股价的变动可能会使基本面朝着与其一样的方向发展。

索罗斯认为，股票价格与基本面的互动关系能够导致一个自我加强的过程，使基本面和股票价格都远离根据传统理论中的均衡状态所应处的位置，这就验证了“趋势跟踪行为”（trend-following behavior）。这种行为可以把股市带到远离均衡地带。最终，想象与现实、预期与结果之间的背离一定会变得难以持续，然后这一过程必然会逆转，形成兴衰过程。这就是他的名言“获得财富的做法就是在假象被认知前退出游戏”的来源。

二、投资实践

20 世纪 60 年代末，当索罗斯还在布莱希罗德公司管理他的双鹰基金时他就实践着自反身性理论。双鹰基金的投资范围广泛，包括：股票、商品、债券、外汇等资产的期货与期权，初步展露基金宏观对冲的特点。索罗斯在他的《金融炼金术》与《开放社会：改革全球资本主义》中，都提到这个时期他利用自反身性理论在企业集团投资中繁荣和萧条两个阶段都赚了钱的案例。

企业集团热的关键起因是投资者中盛传的各种误解。那时，对于每股收益快速增长的公司股票，投资者愿意付高出市盈率很多的价格购买。投资者的注意力全部集中在收益增长率上，以至使他们忘记了股息、财务报表之类的所谓基本面。投资者也不大关注收益增长是如何实现的。于是，有些公司就设法利用这种偏见为自己牟利，用自己的股票来收购其他公司。其中有代表性的是高科技国防公司。不久前，这些公司取得了高收益增长，并相应地有着很高的市盈率，它们可以用自己被高估的股票收购市盈率低的公司，从而带来更高的每股收益。由于投资者只看好收益增长，并愿意给予它更高的市盈率，从而使这些公司能够维持这一过程。很快，大量的模仿者出现了，甚至低市盈率的公司只要简单地声称自己有意变成一个大型联合企业集团，就可以实现高市盈率。繁荣就这么开始了。

投资商的反应就像是印第安人见到了烈酒。起初，每家公司的记录都是基于其本身的价值。可是企业集团逐渐被确认为一个特殊板块后，于是出现了一批新型投资商，即所谓的速利基金经理，或“快枪手”，他与企业集团的经理人员建立起特殊的亲密关系，双方开通了热线联系，企业集团将所谓的“库存股票”直接存放于投资商那里，最后，企业集团几乎可以随心所欲地控制股票价格和收益。

事件的发展遵循索罗斯在自反身性模型中所刻画的路径，市盈率猛升，现实的市场终于无力承受预期的重负，尽管游戏还在进行，但已经有越来越多的人意识到，支撑着市场繁荣的信心来自一个错误的理念。收购的规模越来越大，却不足以保持增长的势头，直到最后其规模达到了极限点。整个过程的高潮是索尔·斯坦因伯格（Soul Steinberg）收购化学银行的行动，结果遭到该银行的反击而告失败。

股票价格开始下跌，下降的趋势进入自我强化的程序。收购对每股收益的有利影响消失了，新的收购成为不明智的举动，在迅猛的外部增长期间被掩盖的内部问题暴露出来了。收益报告揭示了令人不快的意外，投资商如梦初醒，公司经理们人人自危。

在理解和把握企业集团的繁荣/萧条变化过程的努力中，索罗斯最成功的案例是对不动产投资信托 REITs 的投资操作。他意识到由这种公司在市场发动一轮繁荣/萧条过程的潜在可能。为此，他发表了一篇研究报告。这篇报告得到了热烈的反响。当时，抵押信托公司还不多，但人们急于寻找可投资的股票，以至于在一个月左右的时间里这类公司的股票价格翻了一番。索罗斯大力投资于抵押信托公司，市场对那份研究报告的反应超出他的预期，因此他大幅盈利。他密切注意这些企业的发展长达一年之久，适时卖掉他的股票并获利丰厚。此后，他同这一板块断了联系，直到数年后问题开始暴露出来。他反手做空，在空头上的赢利超过了 100%，取得了匪夷所思的收益[①][②]。

1973 年，索罗斯带着助手杰姆·罗杰斯（Jim Rogers）离开了布莱希罗德公司，创建了自己的公司。索罗斯在中央公园西边合租公寓的一个街区租了间办公室，公司除了他与罗杰斯之外，还有一名秘书。他把在布莱希罗德公司期间管理的双鹰基金更名为索罗斯基金，1978 年又更名为量子基金。这一更名充分反映了索罗斯基金的投资哲学，借用海森堡的量子测不准原理表述他关于金融市场价格不确定性的观点。他们将基金利润的 20%作为业绩激励费用，其中 4/5 归索罗斯，1/5 归罗杰斯。在通胀上升与石油短缺时期，索罗斯做空股票，使他的基金业绩远超出典型共同基金的业绩。索罗斯基金公司逐渐展露出全球宏观对冲策略的特点，他们把目光放到了全球。例如，在 1971 年，他们把 1/4 的基金资产投资到日本证券市场。从 1969 年年初到 1974 年年底，基金净值翻了 3 倍，从每份基金资产净值 41.25 美元，涨到 136.57 美元。而同时期的标普 500 指数下跌了 3.4%。他在 1975 年接受《华

---

① 乔治·索罗斯．金融炼金术［M］．孙忠，侯纯，译．长沙：湖南出版社，1999：33-44.

② 乔治·索罗斯．开放社会：改革全球资本主义［M］．王宇，译．北京：商务印书馆，2002：85-89.

尔街日报》采访时，对记者说："我们的操作是基于股票市场总是错的这一基本假设。"①

在 20 世纪 70 年代中后期，索罗斯基金业绩续创辉煌。其中一个说明索罗斯有超强洞察力的行动是，他在里根政府扩军之前买入与科技和国防相关的股票。他看出 1973 年阿以战争之后将改变国防工业的规则，因为埃及使用的苏联武器在战争中表现出色，表明美国将比以前面临更大的挑战。他预测五角大楼会很快说服国会授权加大对军工企业的投入，所以，他买入与科技和国防相关的股票。从 1969 年年底到 1980 年年底，他的基金取得了 3 365%的回报，而同期标普 500 指数的收益率为 47%。到 1980 年年底，量子基金的规模达到 3. 81 亿美元，索罗斯的个人财富约有 1 亿美元。同年，罗杰斯离他而去，并带走了不少年轻员工。1981 年 6 月，《机构投资者》杂志封面文章称索罗斯为"世界上最伟大的基金经理"。

就量子基金的发展历史而言，起初它几乎专门投资于股票，只有在宏观经济状况不稳定时，才会相应增加债券和外汇的比例。但随着时间的推移，量子基金越来越展现出典型的全球宏观对冲基金的特点。首先，索罗斯根据宏观经济与微观经济原理进行投资决策。前者决定他在各种商品市场，包括股票市场中的敞口，后者支配个股的选择原则。这样一来，量子基金持有的每一种股票都是在宏观与微观经济共同影响下挑选的。如果投资一种外国股票，他还要考虑基金在外汇市场中的敞口。其次，基金运用了杠杆。在杠杆基金的运作中，通常对本金与融资不做区分，量子基金却不然。量子基金涉足各类市场，本金一般投资于股票，而财务杠杆则用于股指、债券、外汇和原油等期货交易。最后，基金运用了对冲。量子基金可以用股票指数期货或外汇期货对冲股票头寸的宏观风险。可以说量子基金综合了股票市场基金与商品基金的特点。表 5-11 是量子基金 1985 年 8 月 16 日的持仓情况，可以充分说明量子基金的策略特点。

表 5-1　量子基金持仓表

1985 年 8 月 16 日			
	收盘价		收盘价
德国马克	2. 757 5	S&P500	186. 12
日元	236. 75	美国国库券	76-24/32

① MALLABY. More money than god [M]. Penguin, 2010.

续表

英镑	1.401 0	欧洲美元	91.91
黄金	337.90	原油	28.03
		日本债券	——

量子基金股本金 每股资产净值 变化%（自 1984 年 12 月 31 日）	$647 000 000 $4 379 +44.3%

资产组合结构（以百万美元计）

投资方向	多头	空头	净外汇敞口	多头	空头
股票：			德国马克	—	—
美国股票	666	（62）	相关货币	467	—
外国股票	183	—	日元	244	—
债券：	英镑		9	—	
美国政府债券	—	—	美元	—	（73）
短期	—	（67）	其他货币	50	—
长期	—	（46）			
商品：	—				
石油	—	（121）			
黄金	—				

资料来源：乔治·索罗斯．金融炼金术［M］．孙忠，侯纯，译．长沙：湖南出版社，1999：133.

索罗斯认为，股票市场的反身性并不是持续存在的，而具有间歇性。但外汇市场的反身性持续存在。在 1980 年之前，他利用反身性理论在外汇市场上获利颇丰，但在 1981—1985 年却亏损累累。当然他声称这是试验性的，更多的是凭直觉而不是凭确定的信念。从性格上说，索罗斯对抓住转折点比对追随趋势更感兴趣。1992 年，他抓住了英镑的转折点，即反身性启动点，使他获得了“击败英格兰银行的人”的称号，名声如日中天。

1990 年，英国加入欧洲汇率机制（European Exchange Rate Mechanism，ERM），英镑汇率与德国马克挂钩。按约定，参与欧洲汇率机制的各国货币汇率只能在盯住汇率的基础上在 6%的区间内浮动。英镑与德国马克挂钩汇率为 2.95，波动区间为 2.78～3.13。为了维持汇率在这个区间，各国央行必须紧密盯住外汇市场确保本国货币汇率在可接受的水平。各国央行有三种方式影响本国的货币汇率：一是用外汇储备在公开市场购买本国货币，这样会使本国货币升值；二是卖出本国货币，使本国货币贬值；三是通过调整本国货币利率来调整汇率，提高本国货币利率会导致资本流入推升本国货币汇率升值，相反亦反。

索罗斯认为，英国加入欧洲汇率机制，是一个重大的错误决策。因为在英国加入欧洲汇率机制之前，英镑与德国马克的汇率已稳定在 1 英镑兑换 2.95 马克的汇率水平。但英国当时经济衰退，以维持如此高的汇率作为条件加入欧洲汇率体系，对英国来说，其代价是极其昂贵的。一方面，将导致英国对德国的依赖，不能为解决自己的经济问题而大胆行事，如何时提高或降低利率，为保护本国经济利益而促使本国货币贬值；另一方面，英国中央银行是否有足够的能力维持其高汇率也值得怀疑。

1992 年 2 月 7 日，欧盟 12 个成员国签订了《马斯特里赫特条约》。条约签署只过了几天，德国就将贴现率提到 8%，伦巴德利率提到 9.75%，是联邦德国有史以来的最高利率。当时英国经济长期不景气，正陷于重重困难的情况下，英国不可能维持高利率的政策，要想刺激本国经济发展，唯一可行的方法就是降低利率，虽然首相约翰·梅杰多次强调要维持英镑稳定，保持其在欧洲货币体系的地位，但索罗斯认为这不过是虚张声势，他在暗暗做着进攻之前的准备。

索罗斯认为，英国一定会退出欧洲汇率机制，英国如果继续维持高利率政策，将使经济陷入衰退的深渊最终不能维持英镑与德国马克的汇率水平。1992 年春天，英镑与德国马克的固定汇率机制开始现出瑕疵的信号，英镑汇率在一个不可持续的汇率水平上交易，英国政府知道这一点，市场也知道这一点。

索罗斯认为，高估的英镑一定会跌回到均衡水平，于是在 1992 年春天开始做空英镑，建立了 15 亿美元的英镑空头，他还集结了一批对冲基金公司和跨国公司在市场上抛售疲软的欧洲货币，使得这些国家的中央银行不得不斥巨资支持各自的货币价值。1992 年 9 月 16 日星期三早上，索罗斯的英镑空头头寸已经增加到 100 亿美元。再加上杠杆与其他做空机构的空单，估计英镑空头高达 1 000 亿美元。

因此，当伦敦市场开盘时，巨额的卖单使得英镑汇率逼近波动区间的下限。英国内阁成员举行紧急会议，商议如何抵御英镑空头，维护英镑币值。英国政府决定动用价值 270 亿英镑的外汇储备进行市场干预，但没有成功。英国政府无计可施，被迫在中午时分宣布提高利率 200 个基点，从 10%升到

12%。然而，英镑继续直线下坠。因为此时，全球的投资者都相信，英镑将会继续下跌，促使他们进一步清空英镑以减少损失。由此导致形势进一步恶化。

1992年9月16日下午2点15分，英国政府再次宣布将利率提高3%，达到15%，但收效甚微。英国首相梅杰致电法国总理贝雷戈瓦和德国总理科尔，告诉他们英镑面临极端可怕的局势，请求他们给以援助。贝雷戈瓦表示愿意支持，但科尔则告诉梅杰，这是德意志联邦银行的事情，他根本没有能力去干预。下午4点，英格兰银行通知其他中央银行，英镑的欧洲汇率机制成员资格被“暂时”中止了。消息一经宣布，英镑对马克的汇率应声下滑3个百分点。到了午夜，特里谢在布鲁塞尔主持召开欧洲货币委员会议，正式确认英镑退出欧洲汇率机制。意大利也退出欧洲汇率机制①。在此后的几个星期内，英镑兑德国马克约贬值15%，使得索罗斯等对冲基金的英镑空头大获全胜。量子基金至少赚到10亿美元，索罗斯个人也赚到6.5亿美元。通过创造一个负向、自我实现的反馈，索罗斯利用自反身性理论击败了一个强大国家的央行。正如他常说的：“市场能支配他们预期的事件”②。

这是索罗斯基金公司在1981—1993年最辉煌的一战。1981年，罗杰斯带着一群年轻人的离开，一度使索罗斯基金公司元气大伤，1981年，量子基金损失了22.9%。投资者赎回了1/3的基金资产。以至于使索罗斯于1981年9月遣散了公司员工，只留了少量的助手，并把资金投给了别家公司。1983年，他把基金一半的资产交给了杰姆·马克斯（Jim Marquez）打理，另一半交给了外部10个管理人。索罗斯自己则专心于宏观研究，包括世界政治对货币政策，以及对通胀、利率、汇率的影响。1983年年底，量子基金赚回了先前的损失。1984年，索罗斯重掌量子基金。1986年年底，基金规模达到15亿美元。1987年10月，美国股市“黑色星期一”发生后，则是索罗斯一段难以启齿的、屈辱的经历。他随后做空标普500指数期货，但市场却迅速反弹，量子基金在一天之内就损失了2亿美元，共损失了3.5亿美元。虽然量子基金全年仍取得了14%的收益，但索罗斯被快速变化的东欧政治局势吸引，再次决定退出基金管理，1988年聘请了斯坦利·德鲁肯米勒（Stanley Druckenmiller）打理，自己充当“教练”的角色。从1989—1993年，量子基金在德鲁肯米勒管理下，净值实现了年均40%的增长，好于索罗斯自己管理。

---

① 戴维·马什．欧元的故事［M］．向松祚，宋姗姗，译．北京：机械工业出版社，2011：135-136.

② O'FALLON. Reflexivity：A word that you need to know［OL］. https：//sovereignnations. com/2017/10/07/reflexivity-word-you-need-know/, 2017-10-07.

1997—1998年亚洲金融危机，以及2000年互联网泡沫，使得索罗斯认识到他的自反身性理论，并没有达到不会出错的程度。1997年年初，索罗斯基金公司已经清楚地认识到，东南亚国家的贸易账户与资本账户之间的差距正变得难以维持，他们开始做空泰铢和马来西亚林吉特，期限从6个月到1年不等。后来马来西亚总理马哈蒂尔指责索罗斯制造了这次危机，对此，索罗斯认为是无稽之谈。因为在亚洲金融危机爆发前几个月以及在危机期间，他们并不是林吉特的卖者；相反，当林吉特贬值时，他们正在买入平仓，以实现原先空单所带来的利润。对此，索罗斯颇为后悔，因为他的行动太仓促了，放弃了大部分已经到手的潜在收益，因为他们担心马哈蒂尔将限制资本外流①。

1997年7月，当泰国货币当局放弃泰铢与美元挂钩的做法，改为浮动汇率制时，亚洲金融危机才开始爆发。危机比他们预期的要晚。与美元脱钩的做法最先在泰国开始实行，随后迅速被马来西亚、印度尼西亚、菲律宾、韩国和其他国家仿效。具有讽刺意味的是，索罗斯基金在4 000卢比兑1美元的价格买入了18亿美元的印度尼西亚卢比。因为他们认为卢比从1997年7月的2 430下跌到4 000就已经过度下跌了，但没有想到它一路狂跌至16 000卢比兑1美元。对索罗斯来说这是一个惨痛的教训，在印度尼西亚卢比交易上最终损失了8亿美元，把他们在泰铢交易上的赢利全部奉还。1997年年底，量子基金的收益是17%，只有标普500指数当年收益的一半。主要原因是德鲁肯米勒认为日本经济会复苏而做空了日本债券，并且在美股纽蒙特矿业公司与威斯特管理公司上踩了两个大雷。

1998年，随着危机的发展，索罗斯认为，三个因素的反身性作用将使股市狂泻或进入一个较长的恶化时期。三个因素分别是：俄罗斯经济的崩溃揭示了国际银行体系中原来未被人们认识的缺陷；边缘地区的痛苦变得如此严重，以至个别国家和地区开始考虑脱离全球资本主义体系或干脆中途退出；导致全球资本主义体系解体的主要因素是国际货币当局的软弱无能。后来，索罗斯承认，他的预测显然是错误的②。他下了赌注并且失败了，在香港与俄罗斯等地的损失，使得索罗斯公司旗下的类星体新兴市场基金损失了31%。他们做出重组该基金的决定，把类星体新兴市场基金合并到量子工业控股基金。但量子基金在1998年仍取得了12.4%的收益。

① 乔治·索罗斯．开放社会：改革全球资本主义［M］．王宇，译．北京：商务印书馆，2002：227.

② 乔治·索罗斯．开放社会：改革全球资本主义［M］．王宇，译．北京：商务印书馆，2002：245-251.

在1999—2000年互联网股票的炒作中，索罗斯过早地站到了空方一边，结果给他们的基金找了大麻烦。到1999年5月，与年初相比，量子基金的业绩下降20%。他们再次通过正确分析科技公司中的另一批佼佼者，挽回了局面，结果量子基金在1999年仍取得了35%的收益率。这意味着从1999年的最低点反弹了近70%。但2000年，量子基金再次陷入下跌中。这种乘过山车般的大涨大跌，对于掌舵人来说实在是受不了了。德鲁肯米勒决定分手。索罗斯也觉得应该叫停。2000年4月30日，索罗斯声明量子基金更名为量子捐赠基金，从事低风险的投资。

在过去的30多年，量子基金为它的股东提供了高于30%的年收益率（扣除管理费用）。也就是说，如果在1969年投资10万美元，现在就拥有了4.2亿美元。这个业绩纪录的确辉煌！

三、行业影响

1987年5月，索罗斯出版了《金融炼金术》。这本书确立了索罗斯在美国名人堂中的位置。这本书也在对冲基金行业一些年轻的明星基金经理中引起了共鸣，他们看到了一个投机者与多种不确定性环境搏斗的真实写照。保罗·都铎·琼斯（Paul Tudor Jones），一个棉花交易的少年天才，他最初从商品公司拿到种子基金，后来成立了非常成功的都铎投资公司①，要求公司员工把《金融炼金术》作为必读之物。他为《金融炼金术》写了序言，他写道："当我像每一位投资人一样，陷入不可避免的连续亏损时，我会拿起《金融炼金术》，再度拜访索罗斯先生，研究他如何处理不利的走势，对于投资人如何突破偶尔遭遇连续亏损的困境，它具备绝佳的教导功能。……正因为如此，索罗斯应该要留意了！在有关第二次世界大战的电影《巴顿将军》中，我最喜爱的一幕是当美国的乔治·巴顿将军花费数周时间，研读其德国对手隆美尔元帅的著作后，在突尼斯的坦克会战中击败了隆美尔。巴顿从指挥所观察战场，发觉他将胜利时，他大叫：'隆美尔，你这个聪明的混蛋，我读了你的书！'真是精彩极了！"②

该书出版后，索罗斯成为他曾经在伦敦经济学院羡慕的公共知识分子。他身穿昂贵、定制的西装，戴着一副大眼镜，一头浓密凌乱头发的形象开始在各种杂志封面上流行。他来自中欧的口音为他增加了一份特殊的魅力。正

---

① 保罗·都铎·琼斯因成功识别出1987年股市风暴与1929年大崩溃的技术交易形态之间的相似之处，成功做空股票市场和做多债券市场，一举奠定了自己在金融界的明星地位。琼斯的都铎投资公司在1987年10月就实现了盈利62%，全年收益高达200%。

② 乔治·索罗斯．金融炼金术［M］．孙忠、侯纯，译．长沙：湖南出版社，1999：3.

如各种杂志所说，索罗斯在绝大多数基金经理在地图上发现东京之前已经开始全球化投资，他全面应用期货、期权以及外汇远期等金融衍生工具，他灵活、对等地应用多、空两种交易手段，在他神秘、安静的曼哈顿办公室统治全球金融市场，用五种语言与全球金融家亲密交谈。他把全球宏观对冲基金流派推向了巅峰！《经济学家》杂志称他为“全球最迷人的投资者”，《财富》杂志封面文章称他可能排在沃伦·巴菲特之前作为他这一代人最有先见之明的投资者①。

1992 年 9 月 16 日，他在英镑投机上的成功，使他获得了“击败英格兰银行的人”的称号，也使得“全球宏观对冲”这一术语首次进入公众的视野。主流媒体把英镑脱离欧洲汇率机制事件归罪于全球宏观对冲基金经理索罗斯。时任索罗斯基金管理公司伦敦办事处负责人的斯科特·拜森特说：“很有意思的是，在这之前没有人听说过索罗斯，我记得黑色星期三发生的第二天，我和索罗斯在他位于伦敦的家里打网球，大批狗仔队和摄像师等候在外，索罗斯仿佛一夜之间变成了摇滚明星。”②

索罗斯在全球名声大噪，以至于一国汇率出现暴跌后，人们都要寻找背后是否有索罗斯的身影。1997—1998 年亚洲金融危机时，马来西亚总理马哈蒂尔公开指责索罗斯窃取了马来西亚人民的财富。而实际上，如前文所述，索罗斯基金公司在亚洲金融危机期间遭受了严重的损失。真正赚大钱的是朱利安·罗伯森旗下的老虎基金，该基金在亚洲金融危机中通过货币、商品和股市交易盈利 70 亿美元。当然索罗斯也对此进行了强硬的回应，称苍蝇不叮无缝的蛋，市场留有投机空间，那是你们的过错。的确，对于全球宏观对冲策略的基金经理来说，他们就是利用宏观经济原理在全球寻找失衡的资产价格进行投机。索罗斯的所作所为是他投资哲学的胜利，更为后来的全球宏观对冲基金经理树立了榜样。这是公众一谈起对冲基金，就将它与全球宏观对冲策略的前辈索罗斯挂起钩来的原因。

历史可能把索罗斯形容为投机客，他本人可能希望以伟大的经济学家，甚至是科学家的身份名留青史，但在这方面他并未得到相应的评价。罗伯特·索洛等经济学家认为他的理论毫无用处，因为它不符合科学的准则。索罗斯自己也承认他的理论不配称为科学，但他认为使用反身性概念要比使用均衡概念能够更好地理解金融市场。虽然不能以经济学家或科学家的身份留名，或许他能以慈善家的身份留名吧！1979 年，索罗斯成立了开放社会基金

① MALLABY. More money than god［M］. Penguin，2010：94.

② 史蒂文·卓布尼. 黄金屋：宏观对冲基金顶尖交易者的掘金之道［M］. 郑磊，译. 北京：机械工业出版社，2014：12.

会，累计向该基金会捐赠了 320 亿美元的个人资产[①]。索罗斯说："开放社会是基于我们对世界的认知本质上是不完备的认识，而不完备是可以被改善的。"[②]

不过，索罗斯大可不必为得不到经济学家的身份而烦恼，在 2020 年新冠疫情冲击而一度导致全球金融系统崩溃的情况下，普林斯顿经济学教授莱因哈特表示："世界金融系统的崩溃表明，我们经济学家根本不知道现实世界是如何运作的。我觉得很丢脸，决定不再教授经济学了。现在我改教《现代韩剧导论》。"[③] 相比经济学家，索罗斯毕竟用自反身性理论看清了现实世界的运作原理。与索罗斯相比，另一位对冲基金经理在其公司网站上挂出《经济这台机器是如何运作的》的长篇大论，表明他是从经济学家的视角理解了现实经济世界，或许他是无心插柳柳成荫，能以经济学家的身份留名。他就是瑞·达里奥（Ray Dalio）。而且，他执掌的桥水公司纯阿尔法基金根据他的经济学原理进行投资实践，在 2012 年超过了量子基金，成为为客户赚钱最多的对冲基金[④]。

---

① OPEN SOCIETY FOUNDATIONS. George soros [OL]. https://www.opensocietyfoundations.org/george-soros, 2020.

② OPEN SOCIETY FOUNDATIONS. Press resources [OL]. https://www.georgesoros.com/philanthropy/, 2020.

③ REINHARDT. Introductory korean drama [Ol]. https://scholar.princeton.edu/sites/default/files/reinhardt/files/korean_drama_i.pdf, 2020.

④ ANON. Dalio takes hedge crown from Soros [Ol]. https://www.ft.com/content/99cac558-6238-11e1-872e-00144feabdc0.

第六章　达里奥的纯阿尔法

在索罗斯为1987年10月美股黑色星期一之后所发生的损失难以启齿之际，瑞·达里奥却被媒体称之为“十月英雄”，当月基金收益22%。真是“月儿弯弯照九州，几家欢乐几家愁!”2008年，达里奥执掌的桥水（Bridgewater）公司的旗舰基金——纯阿尔法基金收益达14%，而同行的损失却高达30%[①]。但纯阿尔法基金却没有躲过2020年3月新冠疫情导致的金融市场危机，达里奥懊悔地说，本来应该可以避免的[②]。作为全球最大的对冲基金的掌门人，达里奥，包括他的桥水公司在中国的知名度最近几年才开始逐渐上升起来，以往的他在中国的知名度远不如索罗斯。也许主要是因为相比索罗斯，达里奥以前是一个低调的人。他希望保持不受关注的状态，避免和媒体打交道。

但这并没有阻止媒体报道达里奥和桥水公司，媒体的报道方式通常是哗众取宠的，不是把他描述成一个身怀绝技的投资界超级英雄，就是一个异端组织的领袖，有时二者兼有。于是，达里奥在2010年年底决定公开他的《原则》，《原则》明确地阐述他们在做的事情及其理由。他把《原则》放在公司的网站上，以便让桥水公司以外的人免费阅读和理解。2017年，《原则》出版，中文版也于2018年年初出版。这本书的出版使得达里奥在中国的知名度快速上升。

笔者对达里奥及桥水公司的关注由来已久，年轻时曾着迷于索罗斯，从《金融炼金术》，《开放社会及其敌人》一直读到《金融市场新范式》，从二十弱冠看到三十而立，从书中间接看到1987年的金融危机，到亲眼看到1998年、2008年、2020年金融市场危机。无论时代如何变迁，金融市场经历怎样的风暴，索罗斯关于金融市场的自反身性理论一直没变。笔者在博士期

---

① DALIO. Principles［M］. Simon & Schuster, 2017：82.

② IMBERT. Even the world’s biggest hedge fund was caught flat-footed by the coronavirus market sell-off［OL］. https：//www. cnbc. com/2020/03/15/even-bridgewater-associates-was-caught-flat-footed-by-the-coronavirus-market-sell-off. html, 2020-03-15.

间还曾把他的自反身性理论进行数学模型化，研究投资者如何随价格变化改变其对基本面价值判断的变化，也观察到市场在没有任何外在信息冲击时也能发生暴涨暴跌的行为。后来开始关注桥水公司与达里奥，一方面是因为从内心里觉得索罗斯的哲学虽不难学，但要学其宏观对冲策略实属不易；另一方面是因为，2006 年，在中国金融期货交易所从事首个沪深 300 股指期货产品研发时就对桥水公司的纯阿尔法基金进行过研究，因为知道股指期货其中一个重要的功能，是分离市场的系统性风险去帮助资产管理机构获取阿尔法。

因此，《原则》英文版一上市，就订购了一本，一个多月后才到货。围绕这本书，我还做过一个有趣的梦。拿到书后，边看边记，还写了一篇读书笔记。把《原则》中关于工作和生活的五大原则，按中文的语境翻译成：实事求是（embrace reality and deal with it）、日益精进（use the 5-step process to get what you want out of life）、解放思想（be radically open-minded）、知己知彼（understand that people are wired very differently）、有效决策（learn how to make decisions effectively）。

看了《原则》，笔者才真正想明白为什么桥水公司能够成为全球最大的对冲基金公司的问题。因为桥水公司走的是对冲基金的“王道之路”，纯阿尔法基金是“王者之剑”。如果说索罗斯受琼斯启发，练就了独孤九剑，以此威震江湖，但毕竟这是华山派的剑宗，学习它需要极高的悟性，也不太容易被外人理解与认同。而达里奥修炼的是与琼斯发明的名门正派的对冲基金之道同宗同源，是华山派的气宗，以气御剑，终成王者之剑。虽然他不像琼斯是从股票市场开始的，但殊途同归，他练就了捕获阿尔法的神功，更容易得到大型机构投资者的认同。

一、投资理念

达里奥在为企业提供风险对冲服务的过程中，找到了他后来运用于投资管理的“阿尔法叠加（alpha overlay）”之道。由于 1973 年股市暴跌，投资股票不再受欢迎了，大宗商品交易流行起来，由于他在大宗商品领域的从业经历和哈佛大学工商管理硕士的学历，拥有百年历史的中型证券公司多米尼克聘请他做大宗商品业务主管，受命创立一个大宗商品部门。在多米尼克关闭其零售业务部门后，他转到一家更大、更成功的证券公司，这家公司数次更名，最终叫希尔森公司。在希尔森公司，他负责公司期货对冲业务，既包括大宗商品期货也包括金融期货。他帮助那些经营中存在价格风险的客户利用期货管理这些风险。

有了上述工作经历，1975 年，他创办桥水公司，帮企业客户如何对冲风险是桥水公司最初的核心业务。麦当劳和雷恩加工是桥水公司早期的两个客户。当时麦当劳设计出一款新产品——麦乐鸡，但犹豫要不要将其上市，因为担心鸡肉价格可能上涨，从而挤压利润率。雷恩加工等鸡肉生产商不愿意以固定价格向麦当劳出售鸡肉，因为担心自己的生产成本会上升，利润会受挤压。达里奥向雷恩加工展示，如何利用一种谷物期货和豆粕期货的组合锁定成本，这样就能向麦当劳提出一个固定报价。在降低自身价格风险之后，麦当劳在 1983 年推出麦乐鸡。到 1983 年年底，桥水公司与各种存在市场风险敞口的企业、金融机构、政府机构合作，如银行、多元化国际企业、大宗商品生产商、食品生产商、公用事业机构等。例如，如果一家在不同国家运营的跨国公司面临外汇风险敞口，桥水公司会设计一项组合产品帮助它应对这些风险。

达里奥全身心地投入对一家企业运营状况的研究，直到他感觉提交给他们的策略和假设与他亲自运营这家企业所用的策略一样。他会把每个公司分成多个独立的逻辑部分，然后想出一项使用各种金融工具，尤其是衍生工具来管理每个部分的计划。最重要的部分是区分核心业务产生的利润，以及价格变化造成的投机性利润与亏损。桥水公司通过这么做向客户展示，一种“风险中性”的仓位将是什么样的，也就是说，在企业对市场没有判断的情况下，应当持有何种合适的对冲仓位。他会建议客户，只有在他们愿意从事投机交易时，才可以偏离这个仓位，而且他们必须以慎重的方式，并在全面知晓投机可能对自身核心业务产生何种影响的情况下，才可以进行投机。对于大多数与他合作的企业客户而言，这个思路令他们眼前一亮。这能让他们看清楚并掌控形势，同时带给他们更好的运营收益。

确立一个“风险中性”的基准仓位，在进行慎重的冒险时偏离这个仓位，这种做法是桥水纯阿尔法（pure alpha）基金策略的来源之一。刚开始用这种策略进行投资管理时，他们将这种投资管理方式称为“阿尔法叠加”，在这种方式中，消极（“贝塔”）和积极（“阿尔法”）的风险敞口是区分开来的。来自某一市场（如股票市场）的回报本身称为该市场的“贝塔”，与别人竞争而冒险押注所产生的回报称为“阿尔法”。例如，一些人的回报高于股市平均水平，而另一些人的回报低于股市平均水平，就称他们分别有正的和负的“阿尔法”。桥水公司用在企业风险对冲实践过程中形成的阿尔法叠加的方法为客户提供了一种不受潜在市场表现影响的押注方式①。这种做法，有深厚的经济学理论作支撑。

① ［美］瑞·达利欧，原则［M］. 刘波，綦相，译，北京，中信出版集团，2018：11-45.

1921年，弗兰克·奈特出版的名著《风险、不确定性与利润》中①，区分了风险与不确定性，认为风险是可度量的不确定性，而不确定性是指不可度量的不确定性。由此，弗兰克·奈特也找到企业利润的真正来源是承担了不确定性，而不是承担了风险。因为风险可以通过保险或衍生产品规避掉，已构成了企业的生产成本。正如弗兰克·奈特引用冯·曼戈尔特的例子，瓶子的爆裂并没有把一种不确定性或危险引入生产香槟酒的行业，因为在任何生产者的生产活动中，瓶子爆裂的比例实际上是固定的，并且是已知的，因此这一比例是大是小不是什么特别重要的事情。这种损失已经成为这一行业的一种固定成本，这种成本像任何为了劳动或材料或任何其他东西所给的支出一样，被转移到了消费者身上。达里奥的做法，恰恰是帮企业找到了真正的利润，体现在股票市场上，才是真正的阿尔法！

找到阿尔法是桥水纯阿尔法基金策略的第一步，第二步是把各种各样的阿尔法进行分散化组合。这是达里奥从马科维茨投资组合理论得到的启发，他把投资组合理论称之为“投资的圣杯”。他发现如果拥有15~20个良好的、互不相关的回报流，就能在不减少预期收益的情况下，降低风险。他认为，这简单明了，如果这个在纸面上行得通的理论在实践中的效果也很好的话，那将是一个重大突破，所以称之为“投资的圣杯”，它指出了赚大钱的方法。

达里奥还发现这些原则适用于所有的经营活动。无论经营宾馆、科技公司还是任何其他东西，其业务都会产生回报流。拥有几个良好的、互不相关的回报流，要比只有一个好，而且，知道如何结合不同的回报流，要比能够选出好的回报流更有效果。达里奥认为，无论在当时，还是现在，大多数投资经理没有明白这一点。他们管理单一资产类别的投资：股权管理者管理股权，债券管理者管理债券，等等。但同一资产类别内部的具体资产通常有60%是相互联系的，这意味着在一半以上的情况下，这些资产的价值是一起上升或下跌的。如果桥水公司以多样化组合的方式进行投资，那么他们将轻松击败那些选择了相关性较高的资产组合的人。

由于达里奥的远见，他系统性地记录投资原则，以及这些原则预计可能产生的收益，所以桥水公司积累了1 000个回报流。桥水公司从浩繁的原始信息中总结出最好的决策规则。规则得出后，进行历史回测，利用系统模拟，将这些规则放在过去的环境中，看看它们的共同表现将会如何。

结果令他们感到震撼。理论上，这种新方法使单位风险收益增长3~5倍，而他们可以根据可容忍的风险水平调节想要的收益水平。换言之，他们会比

---

① 弗兰克·奈特．风险、不确定性与利润［M］．安佳，译．北京：商务印书馆，2006.

别人赚得多得多，同时降低因失败而出局的风险。达里奥称此为“杀手体系”，因为它可能为桥水公司和客户创造可以“杀死”别人的收益，也可能因他们忽略了某些重要因素而“杀死”自己。

这就是达里奥纯阿尔法基金的投资原则：想要拥有很多优势，而又不暴露于不可接受的劣势之下，最稳妥的方式是做出一系列良好的、互不相关的押注，彼此平衡，相互补充。他说服一些熟悉的投资者给他100万美元，运用这一策略做投资。最初他称这一新产品为“精华5%”，因为它由他们决策规则中最好的5%组成，后来他将其改名为“纯阿尔法”，以表示它只包含阿尔法。因为“纯阿尔法”不包括任何贝塔，所以它不随任何市场波动而波动。它的回报只取决于他们能在多大程度上超越竞争者①。所以，捕获阿尔法，其实是一场你死我活的战争。

二、投资实践

1985年，桥水公司从一个公司咨询专家逐渐变成一个基金管理人。首先，桥水公司在利率与外汇市场分析上做得很好，机构投资经理购买桥水公司的研究报告用于赚钱。其次，桥水公司成功地帮助企业管理利率与外汇敞口。在做好这两件事的基础上，达里奥认为，自己也能成为一个成功的机构投资基金经理。因此，他说服了世界银行养老金首席投资官希尔达·奥乔亚(Hilda Ochoa)，在桥水公司没有资产管理规模，没有业绩记录的情况下，交给桥水公司管理一个500万美元的账户。

这是桥水公司发展史上一个关键的转折点，是我们今天看到的桥水公司的开始。桥水公司为世界银行账户管理的策略就是在现金与持有20年期美国国债之间进行不断转化，因为这种持仓可以使桥水公司在利率方向上进行杠杆押注。当桥水公司的系统显示利率有下行压力时，就持有国债；当系统显示利率有上行态势，就持有现金。桥水公司做得很好，不久之后，其他大型机构投资者也把钱给桥水公司，美孚石油与辛格是接下去的两个账户客户，并且其他公司也快速跟随。桥水公司成为世界上业绩领先的美国债券管理人。

20世纪80年代末，桥水公司资产管理规模已经从500万美元发展到1.8亿美元。桥水公司希望抓住更大的机构客户，利用纯阿尔法的策略成功吸引了柯达养老金账户，柯达一下子给了桥水公司1亿美元。1990年，柯达养老金首席投资官，拉斯蒂·奥尔森（Rusty Olson）写信给桥水公司，希望桥水公司对他一个至关重要的事项给些建议。柯达的投资组合在权益投资上的比重过高，拉斯蒂关心在资产大幅下跌的环境下会发生什么，他想寻找一种不

---

① ［美］瑞·达利欧，原则［M］. 刘波，綦相，译，北京：中信出版集团，2018：58-62.

减少预期收益的对冲方案。桥水公司迅速行动，主要成员周末连续工作分析柯达的投资组合以及拉斯蒂关心的策略。正如桥水公司以前为鸡肉生产商提供的风险对冲一样，桥水公司为柯达提供了后来成为桥水公司理财核心，即纯阿尔法策略的组合解决方案，这个解决方案成功说服了拉斯蒂把 1 亿美元的账户交给桥水公司管理。

桥水公司认识到纯阿尔法是主动管理资金的最佳方法，但他们也同时认识到只有少数有创新性的客户愿意尝试的现实。他们尽力说服客户接受他们的方案，但从 1991 年正式启动纯阿尔法基金，到 90 年代末，甚至到 2000 年年初，纯阿尔法管理的资金仅占公司管理总规模的 10%。尽管在桥水公司纯债券账户中不能交易股票与商品，但他们使用已发现的组合构建原则以及纯阿尔法方法使他们的债券客户在更低风险水平下获得了更高的收益。这些包括交易外国政府债券、新兴市场债券、通胀联结债券、公司债券以及外国投资者的外汇敞口。在他们不受约束的债券组合中，他们使用 50 种不同的押注方式，远比传统债券基金经理交易方式丰富。通过这种方式使桥水公司赢得了很大的优势，使他们的投资业绩年复一年的保持领先地位。

在 20 世纪 90 年代美股牛市中，纯阿尔法基金的表现并不抢眼。1991 年总收益是 5.2%，1992 年是 4.7%，1993 年是 24.5%，1994 年是-0.5%，1995 年是-1.7%，1996 年是 24.5%，1997 年是 19.9%，1998 年是 25.9%，1999 年是 1.4%。而标普 500 指数在这些年的收益率分别是 26.31%，4.46%，7.06%，-1.54%，34.11%，20.26%，31.01%，26.67%，19.53%（表 6-1）。表 6-1 可以解释为什么这段时间，纯阿尔法基金管理的规模只占公司管理总规模的 10%。

表 6-1　桥水纯阿尔法策略（目标波动 12%）历史收益率

年份	纯阿尔法基金总收益率	标普 500 收益率
1991	5.2	26.31
1992	4.7	4.46
1993	24.5	7.06
1994	-0.5	-1.54
1995	-1.7	34.11
1996	24.5	20.26
1997	19.9	31.01

续表

年份	纯阿尔法基金总收益率	标普 500 收益率
1998	25.9	26.67
1999	1.4	19.53
2000	-3.5	-10.14
2001	6.1	-13.04
2002	14.2	-23.37
2003	21.7	26.38
2004	13.8	8.99
2005	3.5	3
2006	3.4	13.62
2007	9.7	3.53
2008	8.7	-38.49
2009	1.7	23.45
2010	27.4	12.78
2011	16.1	0.00
2012	0.6	13.41
2013	3.46	29.60
2014	2.48	11.39
2015	3.34	-0.73
2016	2.0	9.54
2017	1.25	19.42
2018	14.6	-6.24
2019	0.5	28.88

图表来源：作者整理，数据来源：https：//www.valuewalk.com/wp-content/uploads/2013/12/Dalio-Ebook-FINAL.pdf，wind.

2000—2002年，在美股经历互联网泡沫破裂、“9·11”恐怖袭击、反恐战争的三年熊市里，桥水公司的纯阿尔法基金表现可圈可点，这三年的收益率为-3.5%，6.1%，14.2%，而标普500指数的收益率分别是-10.14%，-13.04%，-23.27%。在熊市里表现出色，才能使投资者真正相信对冲基金是对冲了市场风险的。曾有人问达里奥一个问题，有多少对冲基金值得投资？达里奥的回答是“天上大约有8 000架飞机，但真正好的飞行员只有100个”[①]。显然，此时的桥水公司已经是那100个飞行员中的佼佼者。2000年，桥水公司被《养老金投资》杂志评为年度以及5年期全球最佳债券投资管理人。2002年，桥水公司被尼尔森信息（Nelson Information）提名为全球最佳资金管理人。2003年，桥水公司获得环球投资者奖——优秀全球债券奖。同年，桥水公司获得《全球养老金》杂志授予年度优秀货币外包管理人奖。2004年，获得计划发起人运行调查机构颁发的两项最佳资产奖。

经过三年熊市，对冲基金从一个在乡下为富人服务的小别墅变成为养老金、大学捐赠基金等机构投资者服务的高楼大厦。机构化是对冲基金规模快速扩大的原因。对冲基金机构化的开始可追溯到耶鲁大学的大卫·斯文森（David Swensen），在负责耶鲁大学捐赠基金会投资之前，他曾是华尔街衍生品专家。斯文森负责后，改变了耶鲁大学捐赠基金用传统保守股票加债券的投资方法，在20世纪80年代后期开始投资对冲基金，并获得了巨额收益。最终引导其他大学捐赠基金与非营利组织以及加州公共雇员退休系统（CalPERS）进入对冲基金。加州公共雇员退休系统由于在21世纪初股票市场的损失，导致他们在2002年开始拥抱对冲基金，希望挽回损失。

桥水公司抓住了这波发展机会，到2005年年底，桥水公司已经成为仅次于高盛资产管理公司，管理规模第2名的对冲基金公司。高盛的管理规模是210亿美元，而桥水公司的管理规模是209亿美元[②]。2006年，为了维持投资策略与扩大策略容量，桥水公司旗舰基金纯阿尔法开始把其他所有客户移到另类投资策略上。同年，桥水公司获得《计划发起人》杂志颁发的终身成就奖，《全球养老金》杂志颁发的年度货币管理人奖，货币管理刊物优秀公共养老基金奖，以及年度另类投资管理人奖。

鉴于历史上达里奥多次被不同类型的事件打得措手不及，所以他总结了一系列永恒和普适的经济和市场原则。在21世纪初，桥水公司在系统中开发

---

① GRAY. Hey Ray Dalio, there are MORE than 8 000 pilots! [Ol]. https://alphaarchitect.com/2015/10/19/hey-ray-dalio-there-are-more-than-8000-pilots/, 2015-10-19.

② ROGER FERGUSON , DAVID LASTER. Hedge funds and systemic risk [OL], Financial stability review, www.banque-france.fr, Apr. 2007: 45.

了一个“萧条测量仪”，以确定如果一系列特定情况开始出现，它们以某种方式预示着发生债务危机和萧条的风险出现，桥水公司应当采取什么样的行动。2007 年，测量仪显示债务即将发展到崩溃点，因为偿债成本的增速正在超过预期现金流的增速。经过多方论证后，桥水公司决定重新配置客户的资产组合：假定桥水公司的估计是正确的，桥水公司将以某种方式对冲他们的仓位，使之保持足够的盈利可能和有限的损失可能；万一桥水公司估计是错误的话，他们还有一套补救的方案可用。事态的发展证明，桥水公司的预测是对的，他们为客户很好地保驾护航，预测到了市场的变化方向，避免了损失。2008 年，桥水纯阿尔法收益为 8.7%，而标普 500 指数下跌了 38.49%。

2008 年的成功吸引更多的机构投资者的资金流入桥水公司，到 2010 年上半年，桥水公司的管理规模已经增长到 510 亿美元，成为全球最大的对冲基金①。管理的资金太多有可能损害业绩，因为太大的规模会影响市场的走向，导致建仓与平仓的成本很高。因此，桥水公司一度向客户退回很多资金，而客户不想让桥水公司退回资金。所以，桥水公司面临的问题是如何在不损害业绩的情况下使产能最大化。桥水公司发现，如果把做法稍微调整一下，设立一个新基金，让它像“纯阿尔法”一样管理资金，但只投资于流动性最强的市场，这样一来，基金的预期收益就将保持不变，而预期风险只会稍微上升。2010 年年底，桥水公司启动了“纯阿尔法主要市场（pure alpha major markets）”，客户向其投入 150 亿美元。从那时起，这一产品的收益率一直与预期一致，即约等于“纯阿尔法”的收益率（事实上好一点点）。桥水公司的客户很高兴。这一新产品太受欢迎了，以至于到 2011 年，桥水公司不得不让它停止接受新投资②。

目前，纯阿尔法策略包括八种不同资产子类别：发达国家货币、名义利率（方向性）、名义利率（差价）、通胀联结债券、主权和公司信用、权益、商品与新兴市场货币。其中，名义利率是投资组合中占比最高的，大约有 1/3 的纯阿尔法基金管理规模投资于此。到 2015 年，桥水公司 1 600 亿美元管理规模中，纯阿尔法策略管理了 810 亿美元，全天候策略管理了 790 亿美元。2017 年，达里奥在《原则》一书中自豪地说：“纯阿尔法基金已经运行了 26 年，23 年是赚钱的，只有 3 年是中等亏损的。为客户赚到的钱超过任何一家对冲基金。”③

---

① A R MAGANIZE. Bridgewater associates tops list of largest us hedge funds [OL]. https://www.davemanuel.com/2010/10/01/bridgewater-associates-tops-list-of-largest-us-hedge-funds/, 2010-10-01.

② [美]瑞·达利欧，原则 [M]. 刘波，綦相，译，北京，中信出版集团，2018：86-87.

③ RAY DALIO. Principles [M]. Simon & Schuster, 2017: 60.

2020年2月21日，根据桥水公司在美国证监会披露的数据，纯阿尔法策略总共募集了422亿美元，纯阿尔法主要市场总共募集了132亿美元①。但桥水公司没有躲过2020年3月因新冠疫情导致全球金融市场暴跌的行情，纯阿尔法基金与纯阿尔法主要市场基金在2020年1季度分别损失了14%与21%。使得桥水公司管理的资产规模从2020年2月29日的1 630亿美元缩水到2020年4月30日的1 380亿美元②。在接受《金融时报》采访时，达里奥说："我们并不知道如何去驾驭病毒，也没有选择去驾驭病毒，因为我们不认为我们在交易这个事件上有什么优势，因此我们保留了持仓，回想起来，我们应该砍掉所有风险头寸。投资者对我们很失望，因为正如我们在2008年遇到的情形一样，应该赚钱，而不是赔钱。"③ 这两个基金大幅下跌使得市场一度传言桥水要破产了，但达里奥对传言马上做出了反应，称一切安好。在桥水发给客户的信中，达里奥解释了策略损失的原因，认为"新冠病毒对我们来说是一个迅速而严重的打击，因为我们的投资策略中有一个长尾风险。我们长期以来依靠金融系统的低利率且流动性好的回购来加杠杆，从而赚取相对于其他高回报资产的差额"④。

三、行业影响

一路走来，达里奥获得荣誉无数，如获得《时代》杂志2012年全球最具影响力100人年度人物，彭博2011年、2012年最有影响力的50名市场人士等，但这些荣誉都无法与投资界著名刊物CIO发表的一篇题为《瑞·达里奥是投资界的史蒂夫·乔布斯吗?》的评价相比⑤。此文指出了不少他们的共同点，比如，达里奥和乔布斯都是白手起家，都创造出重塑整个业界的创新产品，都形成了独一无二的管理风格。桥水公司经常被称为"投资界的苹果"。如同苹果的智能手机一样，桥水公司改变对冲基金行业的两个拳头产品——纯阿尔法基金与全天候基金，而达里奥《原则》的出版，则希望以思想上的"塑造者"身份青史留名。

---

① WHOISRAISINGMONEY. Bridgewater [OL]. https://www.whoisraisingmoney.com/? search = Bridgewater, 2020.

② BRIDGEWATER ASSOCIATES. Form ADV compilation peport [OL]. https://whalewisdom.com/form_ adv/view/585979, 2020-02-04.

③ https://economictimes.indiatimes.com/markets/stocks/news/ray-dalio-says-his-flagship-fund-lost-money-amid-market-turmoil-ft/articleshow/74636830.cms.

④ DALIO. Our performance [OL]. https://seekingalpha.com/article/4333531 - performance. 2020-03-23.

⑤ Raza. Ray Dalio, The steve jobs of investing [OL]. https://inside.bwater.com/publications/is_ ray_ dalio_ the_ steve_ jobs_ of_ investing. 2017.9.24.

前文我们重点剖析了桥水纯阿尔法基金，发明与创造不受市场涨跌影响的基金是整个对冲基金行业的初心，达里奥把它做到了极致，在绝大多数时间内不受市场波动的影响。这改变了对冲基金行业，也是对冲基金行业自2000年后受到机构投资者青睐的重要原因。即使在2012年到2019年年底的美股大牛市中，与标普500指数相比，纯阿尔法基金的表现不好，但自1991年成立以来，纯阿尔法基金的表现还是非常优秀的。该基金累计复合收益率为940.87%，年化为8.41%，波动率为9.3%；而标普500指数，如果不考虑分红再投资，累计复合收益率为859.55%，年化为8.11%，但波动率为17.2%[①]。

除了纯阿尔法基金之外，桥水公司还有全天候基金，这是一只追踪各类资产“贝塔”的基金。毕竟捕获阿尔法是一场战争，需要高昂的投入，而且容量有上限。相反跟踪“贝塔”是便宜的。然而跟踪“贝塔”不是看起来那么简单，依葫芦画瓢即可，恰好达里奥是一个充满无限创意的人，在研究如何更好跟踪“贝塔”的过程中，他独辟蹊径，发明了风险平价（risk parity）技术。这是另一个重塑全行业的新概念。看到它的成功之后，其他投资管理者也纷纷推出自己版本的投资组合。

20世纪90年代中期，达里奥积累了大量财富，他要为自己的家庭设立一个信托。他开始思考，为了将财富传承给多代人，最好的资产配置组合应当是什么样子。在以往的投资岁月里，他看到了各种各样的经济与市场环境，以及财富被创造和毁灭的各种途径。因此，他想他必须创造一种能在所有经济环境中表现良好的资产组合。

首先，达里奥研究了传统的股债平衡基金，即60%的股票+40%的债券。这种60/40的股债平衡基金看起来好像对资本进行了分散，但实际上却没有，因为股票的波动远大于债券，债券在其中没有起到实质上的分散作用，导致这个基金的收益与股票收益的相关性达98%，组合中的股票部分收益率也更高些。结果这个基金比100%的股票有更少的风险与低一点的收益。表面上“分散化”的60/40组合的风险很大程度上与100%股票的风险相关。这并不是风险显著减少的组合，回撤并没有完全不同。这种60/40的组合并不是他想要的。

但如果把债券部分加杠杆，使得债券部分的风险与股票部分的风险相当，持有这样的组合使得它的预期收益率与60/40组合一样，那么在保持实际年收益与累计总收益相同的情况下，风险却减少了2%，并且回撤更低。这就意

---

① 作者根据https：//www.valuewalk.com/wp-content/uploads/2013/12/Dalio-Ebook-FINAL.pdf文中的数据整理.

味着，如果把风险调到与 60/40 组合一样，那么，债券部分加了杠杆后的组合收益率高出 1%。这种原则可运用于所有资产类别，这就是风险平价。

在风险平价的基础上，达里奥根据两个重大因素，即增长率和通胀率，把特定环境分为四种情形，即增长率上升加通胀率上升，增长率上升加通胀率下降，以此类推。然后把总资产分为四份，每份 25%，配到各种情形中。具体在每种情形下的资产，包括股票、债券、商品、外汇等都进行风险平价处理。这样，他创造了一种资产配置组合，足够均衡，可以在长期里表现良好，同时又不会遭受不可接受的损失。他称其为“全天候资产组合”，因为它适用于所有环境。这样，在以后的多年时间里，他都可以放心地把他的信托资金投入其中。

全天候策略背后的思想一点都不简单，尽管它是基于简单的投资与经济原则之上。所有的投资资产都是对交换未来现金流的定价，当评估这些资产的价值时，市场会估计这些现金流的现值。它们之间是充满竞争的，因为投资者尽力去买低估的资产卖出高估的资产。这么多人在这方面投入了巨大的努力，所以市场总体上是有效的，市场不存在这么多低水平的投资者，使得有人能够通过买卖肯定获得可观的套利收益。桥水公司的纯阿尔法基金就是专干这个活的。在全天候基金中，桥水公司假设他们不知道哪一类资产会比其他资产表现得更好或更坏，因此，他们就以适当的比例购买了所有股票、债券、商品，保持组合的足够分散化。

1996—2003 年，在长达七年的时间里，达里奥是投资该策略的唯一“客户”，因为桥水公司没有把它当作一种产品出售。2003 年，一个老客户，威瑞森无线通信的养老金主管告诉桥水公司，他正在寻找一种适用于所有环境的投资方法。在威瑞森投资这个策略后，其他客户接踵而来。12 年之后，这个策略与纯阿尔法基金管理的资产规模基本上是平分秋色，近 800 亿美元。

纯阿尔法基金与全天候基金的成功，背后是达里奥关于工作、投资乃至人生的思考与决策原则的成功。自 2010 年年底，他把“原则”放在公司网站上，超过 300 万人下载了。《原则》以书出版之后，达里奥的影响力已经远超出对冲基金行业。乔布斯生前没有分享过他用来实现自身目标的原则，但达里奥做到了。

达里奥成功的关键是人机结合做得特别好，即把他的思考变成原则，由原则变成算法，由算法产生的决策与人产生的决策结合起来。达里奥在实践中的操作是：从自己的直觉开始，但他会用合乎逻辑的方式将直觉表达为决策标准，然后用一种系统化的方式描述这些标准，进而将他在特定情境下会如何操作绘出一幅思维导图。然后他用这些系统处理历史数据，观察他的决策在过去的表现如何，进而根据具体结果合理地改进这些决策规则。他认为，世界上最好的决策者是这样的人：拥有理性、想象力和毅力，知道自己看重什么、想要什么，同时利用计算机、算法和博弈论。桥水公司利用计算机系统，就像司机利用 GPS 一样，用系统辅助桥水公司的导航能力，而不是替代它。

那么，一个问题自然而然地产生了，达里奥的桥水公司在投资上会不会被排名第 2、纯粹依据算法的应用量化研究资本公司（AQR）赶超呢？历史上应用量化研究资本公司创始人阿斯尼斯（Asness）在高盛创造出来的全球阿尔法（Global Alpha）量化体系曾帮助高盛资产管理公司力压桥水公司。在桥水公司遇到流年不利的 2020 年，阿斯尼斯与他的公司能顺势赶超吗？纯算法投资体系能够超越桥水公司人机结合的投资体系吗？这是我们在下一章要讲的故事。

第七章　阿斯尼斯的量化对冲

不同于前面几章中提到的琼斯、索罗斯、达里奥等对冲基金经理，他们都是半路出家，而克里夫·阿斯尼斯（Cliff Asness）却是根正苗红，拥有芝加哥大学经济学博士学位，师从诺贝尔经济学奖获得者、有效市场假说创始人、量化金融大师尤金·法玛（Eugene Fama）。他博士毕业后就加入高盛，创建量化研究小组，由量化策略研究变成量化策略交易，创建高盛全球阿尔法体系，后来独立成高盛资产管理公司。从 1 000 万美元开始，到 1997 年管理了 70 亿美元资产。1998 年，他从高盛离职后，成立应用量化研究资本公司（Applied Quantitative Research，AQR）。用量化策略体系杀入对冲基金行业。1998 年 8 月 31 日，在亚洲金融危机还没有结束，长期资本管理公司（LTCM）行将毁灭之时，应用量化研究资本公司发行了它的第一只绝对收益策略基金。

如果我们把有多名诺贝尔经济学奖获得者加持的约翰·梅里韦瑟（John Meriwether）带领的长期资本管理公司（LTCM）看成华尔街量化对冲交易的开始，那么阿斯尼斯是在梅里韦瑟跌倒的地方，从他手中接过了量化对冲的大旗。他们有许多共同之处：梅里韦瑟在芝加哥大学的 MBA 毕业；并有投行从业经历，当时他在索罗门兄弟公司交易债券；相信数学模型能够揭示债券市场的秘密，组建的债券套利部是长期资本管理公司（LTCM）的雏形；公司有获过诺贝尔经济学奖的量化金融大师的加持。不同的是，长期资本管理公司（LTCM）失败了，而应用量化研究资本公司（AQR）到目前很成功，而且阿斯尼斯已经不认为应用量化研究资本公司（AQR）是一家对冲基金公司了，它已经是一家跨越对冲基金与共同基金的两栖公司。之所以如此，是因为应用量化研究资本公司虽然管理总规模已经超过桥水公司，但在对冲基金领域管理规模的排名还是在桥水公司后面。

一、投资理念

阿斯尼斯的投资理念形成于芝加哥大学求学期间。1993 年，在他攻读博士的第二年，他获得了一个令人梦寐以求的机会——给尤金·法玛教授做教学与研究助理。此时，法玛与弗兰奇刚刚发布著名的三因子模型。1964 年，法玛取得芝加哥大学博士学位后，旋即获邀留校担任财务学副教授。法玛无法决定自己要教授的科目，于是寻求系主任米勒的建议。米勒建议法玛："教没有人教的东西吧！"当时芝加哥大学没有太多关于金融市场或投资组合相关理论的课程，因此法玛决定以马科维茨理论作为教授的第一堂课。

法玛一心想整合有关股价行为的既存观点，建立一种完整的理论，解释价格为何会呈现随机的波动，为何投资者击败市场如此之难。依靠芝加哥大学证券价格研究中心的数据库，在考尔斯、劳瑞和费希尔、孟岱布赫等人研究的基础上，1965 年 1 月，法玛在《商业期刊》发表论文《股票市场价格的行为》(The Behavior of Stock Market Prices)，这篇论文长达 70 页，包括他博士论文的完整版。9 个月后，经过简化后的论文《股票市场价格的随机漫步》(Random Walks in Stock Market Prices) 在《财务分析师期刊》上发表。有效市场假说正式宣告诞生了。

但华尔街不喜欢法玛的有效市场假说，原因很简单，因为根据有效市场假说，不但看图表无效，而且基本面分析也无效，甚至拥有独占性的资讯也无效。这种学术成果透露出对专业投资者的轻蔑，怎么能让华尔街喜欢呢？然而，华尔街却不排斥威廉·夏普的资本资产定价模型（CAPM）。资本资产定价模型刚出现在世人面前时，华尔街的批评家对其没有一点儿担忧。但是，经过包括著名学者费希尔·布莱克在内的一系列实证检验，使得人们对其有效性产生了严重怀疑。因为资本资产定价模型通过单一的市场因子，只能解释股票未来收益变动的 70%。其他学者试图以这种或那种方式"稳固"资本资产定价模型。这方面做得最成功的是法玛和达特茅斯塔克学院的肯尼思·弗兰奇。1993 年，他们识别出除市场因素之外的两个新独立变量：账面价值与市值的比率和该股票在市场中的价值。对法玛和弗兰奇模型的实证检验表明了价值股和小市值股票的回报比只用资本资产定价模型原贝塔预测的值高，而成长股和大市值股票的回报则低。加上这两个变量，就可以解释股票未来收益变动的 90%~95%。这是著名的法玛—弗兰奇三因子模型。在三因子模型之前，人们把资本资产定价模型解释不了的剩余部分归于阿尔法，或归于基金经理的管理能力。

从资本资产定价模型到三因子模型，使得理论界与投资界对因子投资兴趣渐浓，因为因子投资可以改善投资组合收益，降低波动，分散风险。杰加迪什和蒂特曼（Jegadeesh & Titman）于法玛和弗兰奇捕捉到规模和价值因子的同年发现动量因子。与此同时，阿斯尼斯在做价值因子投资扩展研究的数据处理过程中也发现动量效应，并且动量效应与价值因子效应一样强，甚至在总收益上要强于价值因子。当时阿斯尼斯既兴奋，又焦虑。兴奋的是，他还没有在学术文献上看到类似的研究；焦虑的是，他对法玛是否支持他在这方面的研究深感不安，因为这与法玛深信不疑的有效市场假说不一致。当他告诉法玛他的发现，他以为法玛会把他的观点驳回，但没有想到，法玛说："如果这是从数据中得到的，那就捕获它！"①

阿斯尼斯发现过去 12 个月存在很强的动量效应，但到最近几个月动量效应消失，甚至发生反转。他认为，这很酷，但他并不完全确认如何变成可执行的，于是马上放弃掉了。开始时，他使用的样本数据是法玛用过的 1963—1990 年的数据，因为 1963 年之前的数据缺账面市值比数据。但阿斯尼斯不需要这个数据，所以当他把样本数据推到 1926 年时，发现动量效应很强，最近几个月反转了。并且在 1963 年之前，还有更强期限的反转。这一刻他太高兴了，但他对动量效应在学术上的价值没有兴趣，他只希望早点毕业。

虽然法玛难以置信地支持这个题目的研究，包括对研究者的支持，但很明显，他从来不喜欢这个研究结论。甚至过了很久之后，他还希望动量因子消失掉。原因是显而易见的，因为这个因子很难与他的有效市场假说相容。动量效应是指：表现优异的股票将继续胜出，而表现不佳的股票将持续跑输。便宜的股票在较长时间内继续保持便宜，它们通常是没有价值的公司。因此，人们相信愿意持有这些有风险的股票的投资者得到补偿并不难。结果，阿斯尼斯发现对理性投资者来说，它们是较高风险的股票。而且价值因子与动量因子是负相关的，相关系数为-14%。负相关意味着把它们组合在一起可以降低组合的风险，因为如果一个对组合不利，而另一个将有利于组合。由于从长期看，价值因子与动量因子都有正的收益率，因此组合的风险减少意味着可以创造风险调整后更高的收益。

动量效应对法玛的有效市场假说提出了挑战。事实上，法玛认为，动量因子的出现是有效市场假说遇到最难堪的事情。动量效应不但存在于美国股票市场，而且存在于全球其他股票市场。不但股票市场上存在，在商品、债券、行业和板块中均存在动量效应。而且，动量每年会发生极端的变化，哪种类型的风险会发生这么快的变化？我们能说一种股票在某年是有风险的，在另一年是安全的吗？股票在任何一个方向上的极端回报改变了风险特征②。阿斯尼斯相信他与法玛之间的共识虽然大于分歧，但他们最终将提出类似的

① PEDERSEN. Efficiently inefficient [M]. Princeton University Press, 2015: 158.

② ASNESS. The great divide over market efficiency [OL]. https://www.institutionalinvestor.com/article/b14zbgrj5pflsc/the-great-divide-over-market-efficiency, 2004-03-03.

投资策略，至少不会受限于传统的多头长期持有策略①。

对业界专业人士来说，类似于动量策略的交易早有运用。对冲基金之父琼斯就运用类似的动量策略进行多空交易。共同基金明星经理理查德·德里豪斯（Richard Driehaus），在过去几十年的实践中运用了动量策略。提出动量因子的杰加迪什和蒂特曼指出，金融数据提供商价值线（Value Line）自 20 世纪 80 年代就一直在其出版物中提供价格动量信号。

后来发展的行为金融学认为，投资者对信息的解读或反应有所不同，这种偏差会导致动量效应的产生。假设有关于某股票的好消息出炉，动量可通过两种方式产生。第一，投资者对此消息有延迟的过度反应，这会导致股票价格持续上升；第二，投资者对此消息反应不足，价格在一开始上涨，但没能上涨到应该带动股票上涨的点位，而后期投资者意识到之后会推动股票再次上涨。因此，行为金融学认为：动量是种过度反应现象，或者动量是种反应不足现象②。

在法玛三因子模型的基础上，尤其是价值因子，阿斯尼斯加上自己实证的动量因子，开始了因子投资的量化金融之路，演绎精彩的宽客③人生。2008 年，在量化投资遭遇巨大危机之时，阿斯尼斯在机构投资者网站上写了一篇《我们并没有死》的文章，详细阐述了量化投资与主动投资的区别④。他认为，量化投资是根据客观可测量的数据指标作为决策依据，如根据一家公司的市盈率 PE 指标或最近销售增加指标等，而不是依据对这家公司的主观感觉（如这家公司是如何安排库存的，你是否相信公司的管理团队等）。当然，所有的投资者都是根据某些量化的数据做投资决策的，只不过，量化投资在最大程度上减少了主观判断的影响。

主观对量化投资的影响主要体现在策略设计与研发阶段，并不是在策略运用阶段。因为在策略研发阶段，开发者要决定哪个数据对于决定一只股票的前景是重要的，而哪个数据是不重要的。这些与开发者的经济直觉、历史回测的证据与真实生活经验有关。一个典型的宽客寻找事物背后的逻辑直观的解释并且通过量化分析的方法来验证。通过有纪律的使用这种标准，使得宽客对他们持有的组合有一个精准的解释。这种透明性是量化投资独一无二的属性，然而却被人们标上了“黑箱”的标签或把它与“哈尔 9000”超级电

---

① ASNESS. Fama on Momentum, www. aqr. com. 2016-02-05.

② ANDREW ANG（洪崇理）. 资产管理：因子投资的系统性解析［M］. 隆娟洁，等，译. 北京：中国发展出版社，2017：232.

③ 宽客是人们对从事量化交易的投资经理的称呼。

④ ASNESS. We're not dead yet［OL］. https://www. institutionalinvestor. com/article/b150q7 gxk6l431/were-not- dead-yet, 2008-11-12.

脑联系在一起。

量化投资与非量化投资的另一个关键区别是分散化，量化策略可以研究大量的股票，而非量化策略通常持有高度集中的组合。虽然有一些使用高频交易的量化策略去捕捉非常短期的机会，但主流的量化策略以组合的形式管理股票资产而避免快速交易，因为快速交易会产生较高的交易成本。

对大多数量化基金经理来说，评估股票投资前景的两个重要因子是价值与动量。虽然宽客们对价值有多种不同的测量指标，且他们并没有对什么是最好的价值测量指标有共识，但价值意味着股票是便宜的，值得投资。动量意味着持有的这个组合正在改善，或处于上涨过程中。这些因子被宽客广泛运用，以至于几乎没有人会撇开它们来解释投资过程。不但对量化投资如此，非量化投资经理告诉你，他根据分析师的建议投资一只便宜的股票，也基本上是在说他喜欢有好的价值与动量的股票。

二、投资实践

阿斯尼斯在读博士期间获得了在高盛公司实习一年的机会，做固定收益部门的交易员，这期间他白天交易债券，利用晚上与周末时间完成与股票相关的博士论文。1994 年，他实习结束时，高盛公司给了他在资产管理部门领导一个新的量化研究小组的职位，这个研究小组需要覆盖股票与债券。他把在芝加哥大学法玛班上认识的博士同学约翰·刘（John Liew）和罗伯特·凯雷（Robert Krail）一起拉入了这个量化研究小组。高盛公司要求这个量化小组建立一系列量化交易模型。阿斯尼斯不明白高盛公司为什么让一群 20 来岁的毛头小伙做这件事，但他们衷心感谢高盛公司给了这个的机会。作为芝加哥大学新培养的法玛和弗兰奇的博士生，他们最自然的事情是使用价值因子作为关键变量来建模，并且使用刚刚做博士论文实证得到的动量因子。

不久，阿斯尼斯与他的同事发现他们的策略不仅适用于股票，而且适用于外汇、商品，甚至整个经济活动。1995 年，阿斯尼斯的量化研究小组变成了高盛公司内部的一只对冲基金。这是一只市场中性策略对冲基金，少量客户开始使用这个新模型。刚开始管理资产规模只有 1 000 万美元，第一年收益率为 140%。当 1 000 万美元初始投资变成 1 亿美元的时候，高盛公司把这个基金命名为全球阿尔法并向公众开放。这是对冲基金行业里较早使用量化方法、系统交易的对冲基金，是一只名副其实的量化对冲基金！在两年里，阿斯尼斯管理的资产规模达到了 70 亿美元。

阿斯尼斯在高盛公司小试牛刀就快速成功，主要是法玛—弗兰奇三因子模型中价值因子的贡献。价值因子在三因子模型中用 HML 表示，代表“high minus low”即做多便宜的美国股票（用高账面市值比表示），做空贵的美国股票（用低账面市值比表示）。法玛和弗兰奇实证表明，便宜的股票将战胜贵的股票，因此从长期看，做多便宜的美国股票、做空贵的美国股票有正的收益。阿斯尼斯很幸运，因为在他开始为高盛公司自营资本以及后来的外部投资者执行这个策略时，正是做多便宜的美国股票、做空贵的美国股票因子表现良好的时候，所以，他建立了一条漂亮的业绩曲线。正是这条漂亮的业绩曲线，使他赢得了一个名叫大卫·卡比勒（David Kabiller）同事的追随。大卫·卡比勒与大型机构客户，如高盛公司最大养老金及投资基金关系良好。有了机构客户的资金，加上成熟的量化模型，阿斯尼斯已经具备了离开高盛公司单干的条件了。并且大卫·卡比勒不断劝说阿斯尼斯单干，他似乎比阿斯尼斯还有信心。

1998 年，阿斯尼斯等人成立了应用量化资本管理公司（Applied Quantitative Research，AQR）。这就是他们小组所做的事，应用性层面与研究层面处在同等重要的地位①。公司成立之时，已经接到 20 亿美元的客户预约投资，但在真正开始变成基金投资时，变成了 10 亿美元，尽管如此，这也是成立时规模较大的对冲基金之一了。

应用量化资本管理公司绝对收益策略基金成立于 1998 年 8 月 31 日，是在糟糕的市场环境下开始运作的。那时，俄罗斯政府违约，长期资本管理公司即将毁灭，明晟（MSCI）全球指数下跌 13.4%。但公司一开始并没有受到影响，那时，应用量化资本管理公司干得不错，因为他们运用了多空对冲策略，完全对冲了市场风险，使他们毫发无损。看起来，公司过去优秀的业绩纪录将会持续下去。当他们胆战心惊地度过这段时间后，没多久，科技股泡沫开始了。

所有价值投资者在这段时间都经历了深深的痛苦。这是自大萧条以来，价值因子表现最差的一段时间，便宜的股票像霜打后的茄子一样——蔫了。许多多头价值投资的基金经理报怨，那些昂贵的科技股不断上涨，而他们却没有赚到钱。而应用量化资本管理公司的痛苦更甚，因为它采取了多空策略，多头便宜的股票，空头昂贵的股票，并且加了杠杆。这导致绝对收益策略基金损失了 40%，资产管理规模缩水了一半。在这段艰难的时间里，应用量化资本管理公司坚定地坚持他们的投资哲学，并与客户保持开放与透明的沟通。客户看了应用量化资本管理公司的业绩后，普遍的反映是：“我知道你们这些家伙在说什么，我也同意科技股的确看起来很疯狂。但是你们这些家伙要理

---

① AQR. A History of AQR [OL]. www. aqr. com. 2018.

解，我要向董事会报告，如果情况没有改善，不管我怎么想，我都将开掉你。”①

阿斯尼斯通过写论文表达对网络股泡沫必将破灭的观点，在 2000 年完成的一篇长达 50 页，题为《泡沫逻辑》的论文中②，对科技股各种各样支持泡沫的观点进行了驳斥，如“坚持购买伟大的公司无论它多贵”“科技进步使得市场更加安全”“股票分拆是一个好的买入机会”“你能相信我们的广告”“这次不一样”等，并指出，绝大多数投资者并没有对两个问题进行仔细思考：一是投资者理解并能与未来低期望收益舒适相处；二是真实盈利的高增长支撑了目前的高股价。仅是相信天花乱坠的宣传，聚集于短期不相关的故事，被形势所迫跟随市场投资，这些都创造了巨大的市场泡沫，必将崩盘。

幸运的是，市场走向和阿斯尼斯在论文中指出的一样，科技与成长因子的泡沫破灭了，而价值因子最后反转了（见图 7-1）。在长期资本管理公司身上发生的故事，并没有在应用量化资本管理公司身上重演，应用量化资本管理公司的绝对收益策略基金起死回生，在随后的三年里增长了 180%。借助理性研究与模型的力量，阿斯尼斯的应用量化资本管理公司与市场中性策略在

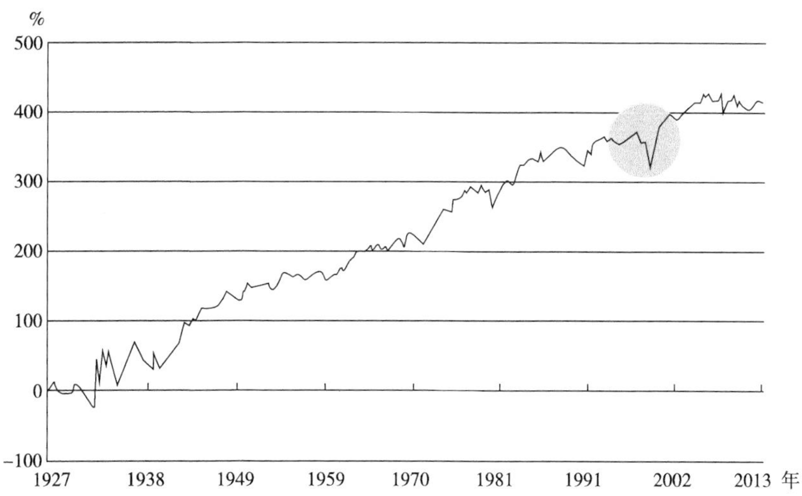

图 7-1　多头便宜的股票空头贵的股票策略的曲线图

资料来源：AQR，20 for twenty［OL］. www. aqr. com，2018

---

① ASNESS，The great divide over market efficiency［OL］. https：//www. institutionalinvestor. com/article/b14zbgrj5pflsc/the-great-divide-over-market-efficiency.

② ASNESS. Bubble logic：or，how to learn to stop worring and love the bull［OL］. https：//papers. ssrn. com/sol3/papers. cfm? abstract_ id=240371，2000-08-01.

此役中彻底打响，宽客引领的量化对冲从此真正在对冲基金的舞台上站稳。应用量化资本管理公司也从此役中汲取了不少教训，重新塑造了未来的投资过程，加强了风险控制，控制最大回撤，持续改造模型触发信号。

2000 年，应用量化资本管理公司还发行了一只纯股票多头的基金——国际股票基金，这是一只更高波动率的基金，作为整个公司分散化投资理念的一个体现。2004 年，应用量化资本管理公司管理的资产规模已经达到 120 亿美元，一半是风险中性策略；一半是多头策略。在当时，同时管理这两类策略看起来是不寻常的。同年，公司从纽约搬到了现在的总部康涅狄格州格林威治，公司随即进行国际扩张，2005 年，应用量化资本管理公司在澳大利亚设置了一个办公室。即使公司继续成长与扩展，但并非都是顺风顺水的。2007 年 8 月，“量化地震”（quant quake）使许多量化基金破产关门，但应用量化资本管理公司摆脱了短期的冲击。然而祸不单行，2008 年全球金融危机来了，冲击了整个对冲基金行业。

2007 年 8 月 6 日开始的一周内，许多领先的量化对冲基金遭受了大量损失，这些量化对冲基金并没有像贝尔斯登一样持有次级抵押债券或其他相关信用债券，而是持有在交易所交易的股票。这些损失的量化对冲基金主要是采用多空策略的基金，其组合并没有明显的市场风险即贝塔风险暴露，因此被假定为是对市场风险免疫的。但它们都使用量化策略，有着激光精确度的、模型驱动的多空策略基金在 8 月 7 日（周二）、8 月 8 日（周三），遭受重击。尽管这两天固定收益市场与股票市场都只有较小的波动，并且其他类型的策略基金并没有损失的报告。8 月 9 日（周四），当标普 500 指数下跌近 3%时，这些市场中性策略基金继续亏损，使得人们怀疑他们是否是在执行市场中性策略。

8 月 10 日（周五），此前导致多空策略基金损失的股票反弹，但是由于在 7 日、8 日、9 日的损失超过了统计阈值，许多量化对冲基金砍了他们的风险头寸，使得他们错过了 10 日的反弹。据事后调查，这些历史上持续盈利的量化对冲基金在此期间损失了 5%~30%不等[①]。连西蒙斯的复兴科技主基金也损失了 8.7%。一家大型基金公司，高桥资本管理公司旗下的统计机会基金到 8 月 8 日损失了 18%。另一家位于纽约管理 18 亿美元的，纯量化、计算机驱动的对冲基金——泰基资本管理公司，损失了 20%。到 8 月 14 日，高盛全球阿尔法基金损失了 30%！应用量化资本管理公司绝对收益策略基金一度损失 13%，不过，阿斯尼斯坚守仓位，在周五反弹中受益，只损失了 3.4%，逃

① AMIR E KHANDANIY, ANDREW W LO. What happened to the quantsin august 2007? [OL]. _alo. mit. edu/wp-content/uploads/2015/06/WhatHappenedQuants2007. pdf, 2007 (9).

过一劫。对此，阿斯尼斯认为，过去策略的成功[①]，使得越来越多的投资者模仿使用同类策略，而当他们逃离同类策略时，就会产生市场地震。这不是模型的问题，而是此类策略太过拥挤。历史上无论是量化的，还是非量化的成功策略，当多数人要夺门而逃时，都经历了同样的痛苦。然而，随着一些类似策略的对冲基金退场，给活下来的对冲基金增加了获利的机会，应用量化资本管理公司注意到客户对他们的市场中性股票策略兴趣渐增[②]。

然而，祸不单行。在 2008 年金融危机中，整个对冲基金行业近 10%的基金公司破产关门，平均净值损失 18%。以绝对收益标榜自己，吹嘘在市况不好时也能赚钱的对冲基金被残酷的现实撕得粉碎。应用量化资本管理公司也不例外，2008 年一开始到 2 月中旬，应用量化资本管理公司的旗舰基金，管理 29 亿美元的绝对收益策略基金就损失了 15%[③]。4 月 30 日，由应用量化资本管理公司提供全球资产配置策略支持的高盛 401（K）全球相对价值基金因损失 21%而关闭，规模从年初的 3 600 万美元萎缩到 2 800 万美元。此时，应用量化资本管理公司采用对冲策略管理的资产规模也从 2007 年年初的 110 亿美元萎缩到 86 亿美元[④]。不过，应用量化资本管理公司在 2008 年危机最严重的那三个月扳回一局，在标普 500 指数下跌 22.5%的情况下，应用量化资本管理公司对冲策略基金赚了 7%[⑤]。这是阿斯尼斯能够写题为《我们并没有死》[⑥] 自嘲文章的资本。

阿斯尼斯在此文中提到，由于量化投资并没有像过去几年一样提供令投资者满意的回报，外界以为量化投资已经“死亡”。量化投资之所以没有提供满意的回报，是因为使用同类策略的投资者太多了，以至于无肉可吃了，为此，他还选了一张仅剩下鱼刺的图作为此文的配图辅以表达观点。多数人认为量化投资的前景暗淡。但他指出，虽然他不能证明量化策略还有前景，但是根据价值因子与动量因子 60 多年的表现，他认为，当下表现不好必然会得到纠正，量化投资有着光明与稳定的前景。

经过 2008 年金融危机后，应用量化资本管理公司进一步坚信分散投资的

---

① 应用量化资本管理公司绝对收益策略基金在 2007 年量化地震前，费后年化收益为 13.7%，远超过那段时间标普 500 指数只有年化 1.9%的收益。

② ALISTAIR BARR. Quant quake shakes hedge-fund giants [OL]. https://www.marketwatch.com/story/quant-quake-shakes-hedge-fund-giants, 2007-08-13.

③ https://uk.reuters.com/article/aqr-losses-idUKN2239142420080222.

④ https://money.cnn.com/2008/04/03/news/companies/benner_aqr.fortune/index.htm.

⑤ JEFF BENJAMIN. AQR creates mutual fund using nine hedging strategies [OL]. https://www.investmentnews.com/aqr-creates-mutual-fund-using-nine-hedging-strategies-37593. 2011-07-18.

⑥ ASNESS. We're not dead yet [OL]. https://www.institutionalinvestor.com/article/b150q7gxk6l431/were-not-dead-yet, 2008-11-12.

重要性，他们看到许多没有分散投资的个人投资者在2008年金融危机中遭受了重大损失。鉴于此，2009年应用量化资本管理公司成为第一家提供公募基金的另类投资管理人，即对冲过的公募基金（hedged mutual fund），把以往只向机构投资者提供服务的多策略组合提供给个人。为了提供多样化的投资策略，在这段时间里，应用量化资本管理公司上线了多个产品，包括2006年发行的风险平价基金，2008年发行的DELTA基金，2009年发行的CTA基金，2014年发行全球宏观公募基金、股票市场中性策略公募基金，2015年发行四种税收管理公募基金，2018年发行核心+固收公募基金。

2019年年底，应用量化资本管理公司管理了1 856亿美元的资产，包括对冲基金与公募基金。其中对冲基金管理资产为610亿美元①，其余为公募基金管理资产。从这个角度看，外界质疑应用量化资本管理公司是否还是一家对冲基金是有理由的。对此，阿斯尼斯也坦然承认，应用量化资本管理公司已不再是一家对冲基金②。在对冲基金策略中，应用量化资本管理公司既提供绝对收益策略也提供总收益策略。绝对收益策略是对传统股票市场在全部时间段或平均时间段内保持零风险敞口。绝对收益策略基金包括绝对收益策略、套利策略、信用策略、市场中性策略、全球宏观策略、管理期货、税收优势市场中性策略、波动策略等。而总收益策略是对传统股票市场保留部分风险敞口。包括分散化成长策略、多空策略、风险平价策略、多策略等。每一种投资策略都由一组组合管理经理以与投资目标保持一致的方式管理。公募基金投资传统的股票与债券市场。

三、行业影响

在本章的开头，我们提到阿斯尼斯与梅里韦瑟有诸多相同之处。然而，他们之间有一个很大的不同，即梅里韦瑟不是自己动手写金融量化分析论文、自己建模型、写程序进行回测的人，而阿斯尼斯却是自己动手干这些活、并最后成功的人，他为别人树立了“知识改变命运、研究创造价值”的榜样。作为量化投资，尤其是因子投资的先锋，阿斯尼斯所引领的量化投资流派深刻改变了整个资产管理行业。正如阿斯尼斯所指出的，量化策略具有独一无二的透明性，对大型机构投资者特别有吸引力。如今，量化对冲基金管理的资产规模已经超过了1万亿美元。2020年世界前十大对冲基金中，排名2~5

---

① ANDREW BLOOMENTHAL. World's Top10 hedge fund firms [OL]. https://www.investopedia.com/articles/personal-finance/011515/worlds-top-10-hedge-fund-firms.asp. 2019-12-22.

② DAVID STEVENSON. Cliff asness gives his views on hedge funds, esg investing and other "pet peeves" in the market [OL]. https://www.paminsight.com/fundeye/article/cliff-asness-gives-his-views-hedge-funds-esg-investing-and-other-pet-peeves-market, 2020-05-28.

名的都是量化投资策略对冲基金，它们分别是文艺复兴科技、英仕曼集团、应用量化资本管理公司、腾胜（Two Sigma）①，而排名第一的桥水公司也是把量化策略当成“GPS”导航工具的。

但如果把应用量化资本管理公司用量化策略管理的公募基金规模加在一起，那么应用量化资本管理公司管理的总规模已经超过了桥水公司。应用量化资本管理公司从一家对冲基金起家却超越了对冲基金行业多年的老大，这是2018年《金融时报》用《因子投资会消灭对冲基金行业吗?》为题进行报道的背后原因②。《金融时报》认为，应用量化资本管理公司作为“因子投资”的先锋，正悄悄地变革整个资产管理行业。因子投资是指理论上把市场收益分解为许多因子，研究什么驱动它们，尽量系统化利用它们。它是广义上计算机驱动的量化金融的一个部分。但是不同于搜索市场与稍纵即逝的信号所组成的数据海洋的量化策略，因子是大的、持续性的市场驱动者，理论上是永久利用人类的缺点，例如，我们倾向于喜欢波动大、刺激的股票，不喜欢相对稳定的股票。金融学术界研究表明，一些资产管理经理所干的，正是利用了大家熟知的模式、异常与市场的无效。但是，如果人们可以系统性并且便宜地利用这些因子，那他们为什么还向基金经理支付昂贵的费用呢?

这是应用量化资本管理公司以因子投资策略发行公募基金的原因，虽然因子投资策略在短期内的表现会有波动，如1999—2000年科技股泡沫期间，2007年量化地震，2008年金融危机，2018年的回撤，等等，但许多养老金、捐赠基金，甚至个人投资者都喜欢这种新方法。贝莱德估计，使用这种投资策略管理的资产规模已经超过了1.9万亿美元，其中1万亿美元在公募基金上，2 090亿美元在对冲基金上，还有7 290亿美元在聪明贝塔（SmartBeta）基金上。并且预测到2022年，资产规模将达到3.4万亿美元。

因此，有人称应用量化资本管理公司为“对冲基金的先锋（Vanguard of hedge fund）”，而先锋（Vanguard）这个词是指约翰·博格尔（John Bogle）创立的被动投资先锋集团，他把受大众欢迎的、便宜的指数基金带给了大众，改变了整个公募基金行业。虽然用这个词描述目前仍然有许多昂贵收费的对冲基金业务的应用量化资本管理公司还有点过分，但这正是阿斯尼斯的抱负，正是他想干的。博格尔也说：“应用量化资本管理公司是他憎恨最少的对冲基金。”在应用量化资本管理公司成立20年出版的一本论文集上，阿斯尼斯请

---

① ANDREW BLOOMENTHAL. World's Top10 hedge fund firms［OL］. https://www.investopedia.com/articles/personal-finance/011515/worlds-top-10-hedge-fund-firms.asp. 2019-12-22.

② ROBINWIGGLEWORTH, Can factor investing kill off the hedge fund?［OL］. https://www.ft.com/content/2b3e2eaa-6fe6-11e8-92d3-6c13e5c92914. 2018-07-22.

博格尔写了序言。博格尔在序言中写道："用什么来解释我们持久的关系呢？我，第一个指数共同基金的创立者，5万亿美元指数基金帝国的创始人。而克利夫，一个完美的主动投资者，应用量化资本管理公司共同创始人，已经建立了一个世界上最成功的另类投资管理公司。我想，理由在于我们俩人分享了追逐真相的激情，愿意在权力面前讲真话，即使我们所说的不受欢迎。我们聚焦于数据的整合（阿斯尼斯是算法宽客，而博格尔是算术宽客）。我们是真诚的朋友，这是你们需要知道的。"①

其实，阿斯尼斯形成这种理念并不奇怪，他在2001年就撰写了题为《对冲基金对冲吗？》的文章②，质疑对冲基金经理捕获阿尔法的能力。2000年，传统投资遭遇困难，而对冲基金由于有做空机制避免了损失。有学者把1994—2000年瑞信第一波士顿（CSFB/Tremont）对冲基金指数找出来，发现该指数有年化13.2%的净回报，而年化月波动只有10%。他们检验了月度对冲基金收益数据，发现这些数据与传统的资产类别指数只有中等程度的相关性。通过股票市场风险敞口以及其他系统性风险的调整，他们研究表明对冲基金仍有显著的正收益或阿尔法。而阿斯尼斯认为，用月度数据检验存在缺陷，存在误导性。他们使用其他的方法再次检验，发现简单的月度贝塔与相关性估计低估了对冲基金股票市场风险敞口，类似的，运用月度波动率数据也低估了对冲基金的实际波动率。进一步，他们发现，对冲基金的宽基指数与绝大多数分类指数相对于比较基准并没有随时间增加价值。总体而言，对冲基金的收益来自市场暴露而不是管理能力或阿尔法。如果这样，那么对冲基金的昂贵收费就是不合理的。

鉴于此，阿斯尼斯给对冲基金下了一个幽默的定义：对冲基金是投资手段相对不受约束的投资机构。它们受到的监管相对较少，收取高昂的费用，并在你想要回自己的钱时不一定会给你，它们也不会告诉你他们在做什么。它们被认为是只赚不赔的，如果某只对冲基金没做到，它的投资者就会赎回自己的投资转投那些在赚钱的基金。每隔三四年，它们就会掀起一场以前可能百年才一遇的"洪灾"。它们通常为瑞士日内瓦或美国康涅狄格州格林威治的富人服务③。

阿斯尼斯和他的同事，还有应用量化资本管理公司获得了各种荣誉。如阿斯尼斯被国际量化金融与诺思菲尔德信息服务协会提名为2019年年度金融工程师。2018年，阿斯尼斯成为《彭博市场》封面人物。应用量化资本管理

---

① AQR. 20 for twenty［OL］. www. aqr. com，2018.

② AQR. 20 for twenty［OL］. www. aqr. com，2018.

③ ASNESS. An alternative future［J］. Journal of Portfolio Management（Fall 2004）：823.

公司连续三年被货币管理调查机构提名为养老金与投资最佳机构。2016 年，应用量化资本管理公司获最佳聪明贝塔管理人奖。2015 年，阿斯尼斯因“对整个金融服务业有重大贡献”而被授予最高成就奖。而最为引人注目的是，应用量化资本管理公司在各种金融顶尖学术刊物上所获的奖项，如《金融学》，《投资管理》等，这些奖项的数量有 60 个，已经超过了投资上获得的奖项①。应用量化资本管理公司内部也设立了对研究支持的奖项。这充分说明了应用量化资本管理公司源于学术的强大创新基因，也是应用量化资本管理公司遇到各种挫折、最后成功的力量源泉。

① AQR. Our firm [OL]. https://www.aqr.com/About-Us/OurFirm#firmfacts, 2020.

第三篇　寻找中国的炼金术士

钓鱼的第一条规则是，在有鱼的地方钓鱼。钓鱼的第二条规则是，记住第一条规则。美国市场已经不知道被翻了多少遍，人挤人，竞争白热化。中国市场则不同，那里仍然有一个个……小水洼。

——查理·芒格（Charlie Munger）

第八章　金融炼金术士的“辅料”

古代炼金术士的目标是把低廉的金属炼成黄金。现代金融炼金术士的目标是获取与股票市场方向无关的、稳定的绝对收益。古代炼金术士失败后是等待被领主砍头的命运；而现代金融炼金术士失败后，投资者就会弃他而去。在琼斯的年代，他在没有现代投资组合理论以及期货、期权等衍生工具支持的情况下，借助仅有的融券卖空机制，选择一篮子强势的股票做多，一篮子弱势的股票做空，规避市场方向的风险，获取绝对收益。到索罗斯操刀量子基金时，美国除了股票有融券卖空机制，商品有期货市场之外，还有了外汇期货、国债期货，1982 年后又有了股指期货、股指期权等衍生工具，使得索罗斯能够在纽约曼哈顿办公室纵横全球金融市场。达里奥的纯阿尔法基金由商品、债券、外汇、权益等不同资产分散化阿尔法策略组成，期货与期权等衍生工具更是他不可或缺的。在阿斯尼斯的量化对冲策略体系中，融券卖空、个股期货、个股期权、股指期货、股指期权等也都是他工具箱常备的。

这些规避风险的做空工具，就是现代金融炼金术士的“辅料”。如果没有这些“辅料”，他们只能面对股票、债券、商品、外汇等多如牛毛的金融资产望洋兴叹。据美国证监会 SEC 统计，截至 2019 年第三季度，美国对冲基金行业管理的资产规模为 8.09 万亿美元，而持有的衍生产品名义价值为 13.3 万亿美元，几乎是管理的资产规模的 2 倍①。由此可见，这些“辅料”对于金融炼金术士练就阿尔法的重要性。然而，这些工具的发展也不是一帆风顺的，它们如同人类文明发展一样经历了曲折反复，实际上，它们是人类文明发展的一个侧影。

一、从远古到现代

衍生品的发展历史，的确需要从久远的年代开始讲起，因为它们是伴随着人类文明的演进而逐渐发展起来的，这还需要从《圣经》中的伊甸园开始

① SEC. www. sec. gov.

讲起。我认为，《圣经》中的伊甸园就是美索不达米亚平原，人类文明的发源地，农业革命的发源地。在这个区域，公元前9000年，发生了一场农业革命。这场革命的本质就是人类学会了种植农作物，特别是小麦，从此使人类从采集生活，变成定居生活。虽然这场革命被耶路撒冷大学历史学教授、青年怪才尤瓦尔·赫拉利称之为史上最大骗局，因为他的观点是人类的生活幸福程度下降了。但是这场革命使人口出现了大幅的增长，诞生了城市与国家，如强大的古巴比伦王国。在公元前1776年，巴比伦是最大的城市，而巴比伦帝国也很可能是当时最大的帝国，子民超过百万，统治着大半的美索不达米亚平原，包括现代大半的伊拉克地区和部分的叙利亚和伊朗。最有名的巴比伦国王就是汉谟拉比，而他有名的原因，主要在于以他命名的《汉穆拉比法典》。这部法典汇集各种律法和判例，希望将汉谟拉比塑造为一个正义国王的榜样，作为更一致法律体系的基础，并且教育后世子孙何为正义，正义的国王又该如何行事。“以上是干练有能的国王汉谟拉比所做出的公正裁决，指示着这片土地朝向真理的道路、人生的正途……我是汉谟拉比，高贵的国王。恩利尔神将人类子民交付给我照护，马杜克神将人类子民交付给我带领，而我悉心关怀、不曾轻忽。”① 我们要探索衍生品的历史，还得感谢这位伟大的国王，感谢《汉穆拉比法典》。《汉穆拉比法典》记载了远古农业文明时代奴隶贸易融资、谷物远期交易等衍生品雏形。

《圣经》创世纪第29章，讲了公元前1500年时雅各娶妻的故事，在此过程中，雅各与他舅舅拉班签订了期权式协议。雅各与以扫是双胞胎兄弟，以扫是大哥，雅各是小弟。他们的父亲以撒喜欢以扫，但母亲利百加喜欢雅各。雅各是一个有心机的孩子，不但骗取了以扫长子的名分，而且在母亲利百加的帮助下，抢先在父亲以撒临死之前获得了他的祝福。以扫由此起了要杀雅各的心思，但被母亲利百加知道了。利百加就拿以扫娶了赫人女子为妻不好为由头，要求以撒派雅各去她娘家巴旦亚兰，以撒同意了，并嘱咐雅各：“你不要取迦南的女子为妻。你起身到巴旦亚兰去，到你外祖彼土利家里，在你母舅拉班的女儿中娶一女为妻。”于是雅各到了舅舅拉班的家里干活。拉班问：“你要什么工价啊？”雅各喜欢美貌的小表妹蕾切尔，所以就说：“我愿为你小女儿蕾切尔服侍你七年。”雅各这句话，被现代人看成是一份期权合约。在这份期权合约中，蕾切尔是标的资产，期限是七年，权利金是雅各的劳动，七年到期时，雅各有权娶美貌的表妹蕾切尔，也有权不娶。七年的劳动，权利金也的确不菲啊！这个故事出人意料的是，到期时，拉班违约了！当天进

① 尤瓦尔·赫拉利．人类简史：从动物到上帝［M］．林俊宏，译．北京：中信出版社，2015：97-105.

洞房的是大女儿莉亚，而不是小女儿蕾切尔。拉班替换了交割标的，如用股指期权来比拟，类似于用“上证 50”替换了“沪深 300”。雅各不同意，质问舅舅：“你为什么要欺哄我?”拉班说：“大女儿还没有嫁，先嫁小女儿，在我们这个地方没有这规矩。”意思是说，虽然我没有按合约执行，但这合约不合当地法规啊，只能无效了，呵呵。不过，拉班接着说：“你与莉亚满七日后，我把蕾切尔也嫁给你，你再为她服侍我七年。”姜还是老的辣，拉班在以次充好之后，转手又卖了一个奇异期权给雅各。雅各为爱只好含泪答应了。事后来看，雅各多干七年也值了，因为蕾切尔在他年老时得到神的赐福为他生了一个实在厉害的儿子，这个儿子名叫约瑟，后来做了埃及的宰相，金融现象中也有以他名字命名的效应，那就是约瑟效应。

随着伊甸园中农业文明的传播，人类到了希腊海洋文明时代，米利都学派的代表哲学家泰勒斯又给我们提供了一个很好的衍生品交易案例。亚里士多德在其《政治学》第 1 卷第 6 部分提到公元前 6 世纪泰勒斯如何使用期权式的协议赚钱的故事。作为一个贫困的哲学家，泰勒斯手头并不宽裕。他也因此遭到世人的嘲笑，嘲笑他只知天上的事情，却不知地上的事情，哲学并非是一门致富的学说。为了证明哲学也是一门致富的学说，在一年的冬天，他把手中所有的积蓄作为保证金租下了希俄斯岛与米利都地区所有的橄榄油榨机，这份协议使他拥有了在收获季节使用橄榄油榨机的专属权。因为收获季节未到，没有人知道未来橄榄丰收与否，他以很低的价格达成了这份协议，租下了这两个地区所有橄榄油榨机的使用权。当收获季来临时，橄榄真的丰收了。市场对橄榄油榨机的需求大增，而泰勒斯垄断了橄榄油榨机的使用权，使他获利颇丰。亚里士多德写道：他向世人证明了哲学家只要愿意，就能致富，但他的志向并不在此。在后人看来，这个故事的重点不在于泰勒斯准确地预测到橄榄会丰收，而是他采用了期权式的协议进行风险管理。这个风险管理工具对于交易双方来说都是有好处的。对于橄榄油榨机的主人来说，之所以愿意以低价出租榨机使用权，是因为一旦收获季橄榄颗粒无收，他也能收到一些租金。对于泰勒斯来说，由于他对自己高超的预测能力的自信，一旦预测对了，那么他就能成为一个富人；而一旦预测错了，他的损失也是有限的。由此可见，期权这类避险工具从萌芽起就充满了哲学家的智慧①。

希腊文明是西方文明的 1.0 版本，它被罗马破坏性吸收了。罗马是罗穆路斯在公元前 753 年建立的，罗马人坚信罗穆路斯是从特洛伊城逃出来的埃涅阿斯的孙子。罗马文明是西方文明的 2.0 版本。在罗马法中，确立了远期

---

①　刘文财，李路．避险的智慧——从国家、企业到个人的财富管理［M］．北京：首都经济贸易大学出版社，2019.

交易的合法性。随着罗马后期被蛮族的入侵，罗马在公元476年灭亡，西方进入了黑暗的中世纪。意大利本土的一块沼泽地意外地继承了罗马的文明，这就是后来扬名地中海贸易的威尼斯共和国。威尼斯商人的故事，是在中世纪商业文明开始复兴的背景下讲的。在这段时间，衍生产品也迅速发展起来。笔者在2010年出版的《对冲——股指期货推动股票市场新变革》中详细描述了这一过程①。

贸易的发展，导致商品价格出现剧烈的波动。价格波动的幅度远非今日市场可比。因为需求常常没有弹性，而供给无规律可循。分割的市场使运输与交易成本高昂，而且市场的容量很小。因此，几乎所有商业活动都是一种冒险。船只到达一个港口可能发现当地对所运商品期待已久，也可能发现运送类似商品的船只刚刚来过，市场已经饱和。因为信息的传递与商品的运输速度很慢，市场环境的变化比商人反应的速度要快，商人面临着巨大的市场风险。这类风险不像海上风险那样，可以通过保险进行规避，必须寻找其他的工具，于是衍生产品出现了。

这类合约产生的经济基础在于市场交易的基本过程。交易过程分为两个步骤：首先，买卖双方就交易的商品达成一个结算价格；其次，交易完成后，一方付钱，另一方实物交割指定的物品。在许多交易中，时间可以与定价协议、现金结算或实物交割分开。例如，一份远期卖出协议涉及定价、如何在未来一段时间内结算与交割。早期市场中的商业交易经常涉及包含期权特征的远期合约。这些合约各不相同，有非正式的合约，也有正式以及公证过的合约。

在这些合约中，一类由信用支持的事先购买（advance purchase）合约出现并开始流行。在事先购买合约中，商人向生产商事先支付定金买入未来交割的商品。例如，在13~14世纪，在英格兰的意大利贸易公司经常提前一年，有时提前4年、6年，甚至12年签署购入羊毛的合同。西多会的僧侣由于远期卖出合约的羊毛超出了他们的产出，而希望从当地市场购入羊毛进行交割。这类交易转移了价格波动的风险，使买者免受价格上涨的尴尬，使卖者规避了价格下跌的痛苦。又如，在1317年，意大利的贸易公司还进行了一项外汇远期交易。巴比迪（Bardi）与比鲁兹（Peruzzi）银行的伦敦分行与英国教皇使节联系，把法国阿维尼翁（Avignon）的教皇税收移到英国。在这份合约中，汇率在一年前就已经议定，但转出税收的数量与日期并没有确定。在15世纪，佛罗伦萨的色赤（Cerchi）银行，当时是政府债券的做市商，买入长达

① 刘文财，林伟斌．对冲——股指期货推动股票市场新变革［M］．北京：中国金融出版社，2010：3-36.

8 个月债券期权。

虽然在商业的早期，有很多这样的远期合约，但第一份真正交易所交易衍生产品是 16 世纪在安特卫普交易所交易的可转让“即将到达”商品合约。这一事件表明，当绝大多数远期合约由于具有不同交割期而不可转让的时候，具有一定流动性与复杂交易的合约应运而生。快速发展的海上贸易为“即将到达”合约的交易奠定了流动性基础。1501 年，葡萄牙国王选择安特卫普作为他的船队从东印度群岛运来的香料集散地。在安特卫普，商人们通过“即将到达”合约提前买入香料，当船队到达时进行交割。一个繁荣的商品市场快速崛起。“即将到达”合约不但以香料为标的，其他价格高波动的商品，如谷物、鲸鱼油、青鱼与盐合约也是重要的交易标的。

安特卫普交易所提供系统化与组织严密的交易环境使“即将到达”合约演化为期货交易。因为合约标的逐渐演化为标准化的虚拟商品，而未来交割与支付通过结算价差进行。所以，也称这类合类为价差合约。合约的买方在到期前投机价格上涨，如果真的上涨了，投机者将卖出合约，获取价差。货物的卖主也使用价差合约，因为他担心价格会下跌。

除了价差合约之外，权利金合约也出现了。买方支付固定的价格买入一份未来交割的合约，但随着形势的发展，他在两三个月后重新考虑放弃合约，这样，他就把权利金给卖方了。安特卫普交易所的金融投机商们还使用期权合约对卡斯蒂亚及里昂集市的汇率进行交易。

在安特卫普交易所交易的衍生品合约的特征奠定了后来其他交易所交易的基础。交易的基本要点至今仍是类似的。交易所是一个由经纪商—自营商互相交易结算衍生品的大型自我监管机构。交易规则大部分由商人协会制定，违反规则的处罚有信誉的损失与停止从事交易业务等。政府提供官方的组织以确定发过誓的经纪商进入市场并建立民事法庭以解决纠纷。为保障促进贸易的发展，政府提供基础设施、改善法律与税收环境。

安特卫普衰落之后，阿姆斯特丹随之崛起。在阿姆斯特丹交易所，衍生品取得重要发展。其中，最引人注目的是股票衍生品系统化的出现。在 1608 年重建交易所之前，阿姆斯特丹已于 1530 年建立了交易所，主要是交易商品。与安特卫普一样，在商品交易中，有大量涉及未来交割的交易，称之为“时间契约”。这种交易与“即将到达”合约有明显区别，因为“即将到达”合约是卖方拥有真实的产品，在交割期前卖出。而在早期的“时间契约”交易中，它是纯投机的，卖方卖出并不拥有的商品。在这类交易中，投机者的目标是不在价格低位时买回合约，不在到期时进行实物交割。在 15 世纪中期，这类交易在谷物、青鱼、殖民地商品、鲸鱼、盐以及联合公司的股票上大量应用。通过这种方式，全部水产品在捕鱼船返回港口之前就可能全部卖掉了。除“时间契约”之外，商品的期权也有交易。

最初，从事“时间契约”投机交易活动的主要是一些富人，大部分商人，他们愿意从其他商人身上承担风险，通过达成一个价格形成一份远期交易协议，到期时卖出方交货收钱。纯投机性交易是在荷兰经济力量占主要地位的分类交易发展的副产品。荷兰所设计的海上交易系统确保商品进入荷兰并在再出口时储存在阿姆斯特丹。在这个过程中，荷兰商人有时为自己账户购买商品，有时购买商品为了交付，使买方放心。出于交付的目的，万一买方并没有完成收货，卖方就会陷入被动。中间人或佣金商就会挑选同意收取标准质量商品的买方。在这个过程中，一个特定公司获取同等级商品的能力是构成公司信誉的关键。

随着时间的推移，中产阶级开始沉湎于时间契约与期权的纯投机性交易中。在17世纪，公司股票衍生品交易快速发展起来。1602年，荷兰东印度股份公司的设立，标志着股份制企业组织形式的到来。除了海上贸易公司之外，到17世纪末，还有银行、矿山与制造业等股份公司。在阿姆斯特丹交易的股票如其他商品一样，在其之上也有时间契约与期权交易。

1608年，新阿姆斯特丹交易所的建立标志着荷兰商业霸权时代的来临。在17与18世纪，阿姆斯特丹交易所的远期与期权合约交易已经展现出现代衍生品市场的基本特征。17世纪中叶，基于东印度与西印度公司股票之上的衍生产品交易已经发展到有固定到期期限的合约。这是历史上首次金融衍生品交易。18世纪，这种交易方式扩展到英国股票市场。随着大量受市场欢迎的英国证券的出现，并在此之上的投机技巧为大家所熟悉，阿姆斯特丹交易所成为国际金融的一道靓丽风景线，在这里基于外国证券抽象而让人兴奋的交易天天上演。在英国光荣革命之后，荷兰银行家与交易者把衍生品带入了英国。

当新生的美国继承了早期各国商人的智慧，于是一个现代的期货市场在美国诞生了。从美国期货市场的诞生过程中，我们清楚地看到这种新型的避险机制对规避商品价格波动的重要意义。

现代意义上的期货交易在19世纪中期产生于美国芝加哥。期货交易的产生，不是偶然的，是在现货远期合约交易发展的基础上，基于广大商品生产者、贸易商和加工商的广泛商业实践而产生的。1833年，芝加哥已成为美国国内贸易的中心地带。1848年，密歇根运河与伊利诺河连接到达密歇根湖。这个渠道让伊利诺河沿岸的农民更便捷地将他们的生产物运给沿河的商人们。这些商人积累储存大量的谷物，然后将它们运至芝加哥、密尔沃基及拉辛。

到50年代后期，芝加哥成长为主要的谷物交易中心。当时，价格波动异常剧烈，在收获季节农场主运粮到芝加哥，市场供过于求导致价格暴跌，使农场主常常连运费都收不回来，而到了第二年春天谷物匮乏，加工商和消费者难以买到谷物，价格飞涨。实践提出了需要建立一种有效的市场机制以防止价格暴涨暴跌的机制。

为了解决这个问题，谷物生产地的经销商应运而生。当地经销商设立了商行，修建起仓库收购农场主的谷物，等到谷物湿度达到规定标准后再出售运出。当地经销商通过现货远期合约交易的方式收购农场主的谷物，先储存起来，然后分批上市。当地经销商在贸易实践中存在两个问题：一是需要向银行贷款以便从农场主手中购买谷物储存；二是在储存过程中要承担巨大的谷物过冬的价格风险。价格波动不但影响经销商的融资，而且有可能使当地经销商无利可图甚至连成本都收不回来。解决这两个问题的最好办法是“未买先卖”，以远期合约的方式与芝加哥的贸易商和加工商联系，以转移价格风险，并获得贷款。这样，现货远期合约交易便应运而生。根据海诺尼姆斯（Hieronymus）的记载①，美国史上第一个“时间合同”出现在1851年的3月13日。它指定3 000蒲式耳的玉米将会于6月以比3月13日现货价格低1%的价格运往芝加哥。

然而，芝加哥的贸易商和加工商同样也面临着当地经销商所面临的问题。例如，他们只愿意按照比他们估计的交割时的远期价格低的价格支付给当地经销商，以避免交割期价格下跌的风险。由于芝加哥贸易商和加工商的买价太低，到芝加哥商谈远期合约的当地经销商为了自身利益不得不去寻找更广泛的买家，为他们的谷物定个好价钱。一些非谷物商认为有利可图，就先买进远期合约，到交割期临近再卖出，从中盈利。这样，购买远期合约的需要渐渐增加，改善了当地经销商的收入，当地经销商支付给农场主的收入也有所增加。

同时，为满足谷物交易的需要，商品交易所纷纷成立。在19世纪40至50年代，这些交易所以协会的形式浮现出来，专门处理当地如海港设施或者商业仲裁等事宜（如，1847年的底特律，1848年的水牛城、克利夫兰及芝加哥，1849年的密尔沃基）。到19世纪50年代，这些交易所建立了一个大宗商品评级、标准及价差的系统，这些都为库存谷物的可取代性奠定了基础。作为谷物、棉花以及食品的收购站，他们对从西到东船运过来的商品进行称重、检查并分类。他们对无论是现货市场，还是远期市场都有很大的促进作用。

---

① HIERONYMUS, THOMAS A. Economics of futures trading for commercial and personal profit [M]. New York: Commodity Research Bureau, Inc., 1977.

交易所中最大最突出的要数芝加哥城交易所，1848 年，在伊利诺伊州注册的谷物和食品交易所，就是知名的芝加哥期货交易所（CBOT）。至少在最初的 10 年中，芝加哥期货交易所只是作为一个为商人们解决合同纠纷、讨论彼此相关商业事宜的地方，参与者也都是临时的。董事会最初只是由 25 个成员组成，包括“一个药剂师，一个售书员，一个皮匠，一个杂货铺老板，一个煤炭商人，一个商人，以及一个银行家”，还经常要靠免费的午餐来吸引别人出席。

芝加哥期货交易所之所以能够名垂青史，主要是它对远期交易进行了几项革命性的变革，从而使芝加哥期货交易所变成一个真正的期货交易所。远期交易方式在实践过程中遇到了一系列困难，如商品品质、等级、价格、交货时间、交货地点等都是根据双方的具体情况达成的，当双方情况或市场价格发生变化，需要转让已签订的合同，则非常困难。另外，远期交易最终能否履约主要依赖对方的信誉，而对对方信誉状况做全面细致的调查，费时费力、成本较高，难以进行，使交易中的风险增大。针对远期交易存在的问题，芝加哥期货交易所于 1865 年推出了标准化合约，对交易标的的品质、数量、交货时间、交货地点以及付款条件等进行了标准化。芝加哥期货交易所在合约标准化的同时，实行了保证金制度，向签约双方收取不超过合约价值 10% 的保证金，作为履约保证。随后，在 1882 年，交易所允许以对冲方式免除履约责任，更加促进了投机者的加入，使期货市场流动性加大。1883 年，成立了结算协会。但结算协会当时还算不上规范严密的组织，直到 1925 年芝加哥期货交易所结算公司（BOTCC）成立以后，芝加哥期货交易所所有交易都要进入结算公司结算，现代意义上的结算机构才初具雏形。这些具有历史意义的制度创新，促成真正意义上期货交易的诞生，也宣告了人们已经找到了规避价格风险的新工具。

二、从商品到股票

20 世纪 50 年代，芝加哥大学一位名叫马科维茨的年轻博士生首先为华尔街的投资者找到了一种免费的保险策略，即组合投资策略①。组合投资策略告诉投资者，不要把鸡蛋放在同一个篮子里，而应该把它们放在不同的篮子里。因为投资者可以通过分散投资降低甚至消除非系统风险，避免承担一些无助于提高期望收益的风险。所以持有风险分散化投资组合的投资者比不进行风险分散化的投资者，可以要求相对比较低的投资回报率。这样，在市场交易中就处于比较有利的竞争地位。市场的均衡定价将根据竞争优势者的行为确

① MARKOWITZ. Portfolio selection [J]. The Journal of Finance, 1952: 7 (1): 77-91.

定。市场定价的结果，将只对系统风险提供风险补偿，而不对非系统风险提供补偿。因此，相对于其他投资者，组合者通过适当的组合策略获得了免费的保险，这是一顿免费的午餐。

组合投资技术是“一顿免费的午餐”，是一种免费的保险，但它的作用也是有限的。实际上也是如此，组合投资技术只能消除非系统风险，而不能消除系统风险。因此对规避投资系统性风险的需求仍然十分强烈。1956 年，在英国出现了由保险公司出卖投资保险给投资者的商业行为。1971 年，在美国出现了类似的活动，哈里斯维尔互助保险公司（Harleysville Mutual Insurance Company）与美洲保诚保险公司（Prudential Insurance Company of America）为个人投资者提供保险[①]。但是保险公司提供的投资保险并不符合风险分担的原则，因为一旦投资者的投资组合大幅亏损，其他投资者也会如此，保险公司就会面临巨额的赔付。因此它不同于其他的财产保险，保险公司开发的投资保险业务是得不偿失的。

随后产生的，则是在 1976 年 9 月 11 日由哈里 · E. 利兰德（Hayne E. Leland）与马克 · 鲁宾斯坦（Mark Rubinstein）共同发明的投资组合保险策略（Portfolio Insurance）[②]。传统的保险基于分散化原则，而投资组合保险基于风险转移原则，一个人的保护建立在另一个人的责任基础上。

利兰德之所以努力去创造投资组合保险策略，是因为他深深地同情他大哥在股票市场的不幸遭遇。他大哥是一家投资管理公司的主管，经历了 1973—1974 年的股灾。当时众多养老金机构纷纷从股市撤资，错过了 1975 年的股市大反弹。利兰德说：“如果有保险工具，这些基金将会再入股市。”因此，利兰德意识到组合保险是一个十分有吸引力的产品，问题是如何提供这个产品。显然，它与传统保险没有什么可比之处。与房产不同，当某人股票投资组合亏损时，也常常意味着其他人也遭到同样的结果，因此传统的风险分担并不适合于投资组合保险。然而，它们在形式上却是相似的，都是以支付保险费的形式为一定价值的财产进行保险。利兰德发现，要给股票投资组合进行保险，实际上是给组合管理人提供一份该组合的卖出期权。而当时，芝加哥期权交易所（CBOE）只有 16 种股票的买入期权，并没有股票及指数的卖出期权[③]。这给他们创造了利用布莱克—斯克尔斯（Black-Scholes）期权定价公式来复制卖出期权提供保险的机会。

---

① GEORGE B FLANIGAN, SHELDON D BALBIRER. Some findings on the costs and benefits of Mutual Fund Insurance [R]. American Risk and Insurance Association, 1978.

② HAYNE E LELAND and MARK RUBINSTEIN. The evolution of portfolio Insurance [M]. //Dynamic Hedging: A guide to portfolio insurance [M]. John Wiley and Sons, 1988.

③ CBOE 于 1977 年推出股票的看跌期权，但只有少数的股票有看跌期权交易，而且期限比较短。

利兰德的学术背景发挥了作用。即 1973 年，布兰克与斯科尔斯发表了期权定价模型。在全面理解期权定价模型后，利兰德发现可以用期权定价模型中的套利关系创造期权，即用股票与无风险资产复制期权。套利意味着可以通过两种方式做同一件事，如果市场需要期权，或者购买期权，或者通过股票与无风险资产的动态对冲去创造期权。并且创造组合的期权与个股期权一样简单。利兰德意识到他能提供组合保险策略。

利兰德兴奋地度过了一个不眠之夜，然而他发现了一些新的问题。实际上他当时对期权了解很少。适当的对冲比率是多少？需要空头头寸吗？如何在计算机上实现把股票转为国库券，或把国库券转为股票？幸运的是，利兰德在伯克利金融小组的同事——马克·鲁宾斯坦，不但是期权专家而且还是计算机专家。鲁宾斯坦认识到期权的重要性，发表了一篇关于期权定价理论的文章，而且还花了 20 000 美元买了一台 IBM5100 计算机，有 64K 内存与 200K 的磁盘①。

鲁宾斯坦相信利兰德的想法是具有可执行性的，其中部分原因是他曾经在太平洋股票交易所有一个期权做市商的席位，在那里他使用同样的原理去对冲头寸风险。然而他也担心两个问题：第一，频繁交易会造成高昂的交易成本；第二，他正在为费城股票交易所准备上市的指数期权写论证稿。如果美国证监会 SEC 同意这项建议，他担心使用动态对冲策略已经没有必要，因为从交易所直接购买指数看跌期权就好了。

1976 年 9 月 12 日，利兰德与鲁宾斯坦达成了一项口头合作协议。合作的目标是建立提供组合保险的技术与软件。显然，当时他们仅仅是兼职行动，两人都没有准备把组合保险作为他们全身心投入的研究领域。

事情的进展并不是太快，因为其他的学术活动占用了他们的时间。交易所上市指数期权的阴云仍在，随机波动造成的干扰也是一个问题。但是，担心在逐渐减少。首先，费城股票交易所的建议被拒绝了，表面上是因为现金结算问题，实际上是美国证监会与期货交易监管委员会对这类产品的监管权争夺问题没有解决。其次，他们意识到机构资金更愿意得到长期的保护，而交易所为了从交易量中赚钱，更愿意上市交易活跃的期权，并且常常期限较短。最后，每家机构持有的组合都是不同的，除了债券与股票之外，还有其他证券，对这种利用交易债券与股票的期权不能提供全面的保护。

剩下的一个问题就是随机波动。布莱克—斯科尔斯公式假设标的资产的波动率在期权持有期内是一个常数，然而这个假设并不符合实际情况。在衰

① HAYNE E LELAND, MARK RUBINSTEIN. The evolution of portfolio insurance [M]. //Dynamic Hedging: A Guide to Portfolio Insurance [M]. John Wiley and Sons, 1988.

退时期，S&P500指数的年波动率超过了30%，而在60年代的大部分时间内，年波动率小于15%。根据15%的波动率对冲，而实际波动率变成30%，这将是灾难性的。他们意识到在提供投资组合保险产品之前必须解决这个问题。

1978年的夏天，利兰德找到了解决随机波动的方法。期权定价公式中需要输入执行价、到期时间、利率与方差。时间与方差通常是以单期输入，然后相乘。这意味着如果方差高了，只要时间缩短，定价与对冲将保持不变。这样，提供准确的保险还是可以的。

因此，利兰德与鲁宾斯坦合作的第一个产品就是为一个组合提供保险。当鲁宾斯坦用新方法第一次编成程序后，发现历史模拟的结果太令人失望，误差超过了5%。幸运的是，他们很快找到了误差形成的原因。解决之后，系统模拟误差下降到0.1%，而且交易量也不是很大。

为了论证系统在真实世界中的运行情况，鲁宾斯坦使用自己的账户进行测试，在先锋指数基金与货币基金之间不断转换。实验完全成功，实验结果随后在《财富》杂志上发表了。

利兰德的伯克利同事——巴耳·罗森伯格（Barr Rosenberg），一位在投资组合选择中应用金融理论的先锋，给机构投资者写了推荐信。1979年，利兰德在中东部银行进行了多次推荐，举办了多场关于投资组合保险的研讨会，一些机构表示了兴趣，计划一小时的会议变成半天。

利兰德回家后，急切地等待电话铃响。然而利兰德失望了，他也难以理解为什么这样一个有吸引力的想法不能马上被别人接受。问题找到了，不是技术问题也不是产品问题，问题出在市场营销上。他们需要一个有投资组合保险背景，又有专业营销能力的人。在1980年晚些时候，他们找到了约翰·奥布莱恩（John O' Brien）。奥布莱恩的基础很好，早年为基金管理人提供基于投资组合理论的咨询服务。在利兰德的劝说下，奥布莱恩放弃了原先的工作。自1981年2月起，利兰德、奥布莱恩与鲁宾斯坦三人合并的公司（LOR）开始销售组合投资保险产品。

一个月后，他们有了第一家客户，由约翰·马比（John Mabie）领导的中部资本管理公司，提出为50万美元的账户保险6个月，波动为4%。正如初期所规划的一样，最终准确地达到目标。

除了基金经理之外，奥布莱恩把销售的重点放在经理出资人身上。因为奥布莱恩意识到组合保险使基金出资人能够控制整个组合的投资风险。基金经理仅控制出资人的部分资金。为小部分资金保险没有太大意义，并且对基金经理来说为产品保险与他们想击败市场的努力存在利益冲突。

奥布莱恩吸引出资人的计划取得了成功，到 1981 年年底，公司管理的资产已经上升到 1. 35 亿美元。但同时，公司也面临一个重要问题。中部资产公司的第二期计划，目标也是保险 6 个月，波动为 4%，并没有持续到 6 个月，市场下跌比平均的波动率要高得多。计划虽然完成，但是保护期比期望短了很多，仅仅持续了 4 个月。

LOR 公司业务快速增长。公司的成功，以及公司愿意做策略的风险解释吸引了潜在的竞争者。在《金融分析师》杂志上一篇介绍性文章的发表，不可避免地吸引了新的竞争者。具有讽刺意味的是，这些后来的公司并没有取得成功，却帮助了组合保险产品的销售，使得许多公司成为利兰德的客户。

LOR 销售的保险产品不是一份保单，而是一项在无风险的国库券与股票之间动态调整实现客户给定的保值目标的计算机系统。当股票下跌时，计算机系统自动地增加无风险国库券的投资而减少股票投资；而当股票上涨时，计算机系统会自动卖出国库券而增加股票的买入。

实际上，这项技术并不方便，也常常引起基金经理的反对。一方面，基金经理认为在股票与国库券之间经常性地移来移去破坏了他们的投资过程；另一方面，在一家基金公司里如有多个基金经理管理类似组合就难以协调各方的观点。因此，市场需要一项新的规避系统性风险的工具。

在纽约的投资人努力寻求股票投资避险工具的同时，芝加哥的商品期货交易所也在寻找新的突破。到利兰德开始思考投资组合保险策略的 1976 年，美国的商品期货市场成交名义金额已经是纽约股票交易所（NYSE）与美洲股票交易所（AMEX）股票成交金额的 3 倍多。自 1972 年起，芝加哥的各个期货交易所已经把商品期货的基本原理逐步运用到外汇与利率上了，把期货原理运用到股指上只是时间问题。期货原理与股票指数的相遇并非偶然，而是时势造英雄的结果，也是爱迪生所说的：“发明造发明。”

在美国，把商品期货交易机制引入到股指上的最初设想始于 1968 年。当时，国家农产品交易所（National Produce Exhcange）向美国证监会提出上市道·琼斯指数期货的申请，但美国证监会拒绝了。1975 年，期货交易监管委员会成立后，把 SEC 在期货市场上的监管权全部抢占。1977 年，堪萨斯期货交易所（Kansas City Board of Trade，KCBT）向期货交易监管委员会提交了上市价值线指数期货的申请。堪萨斯期货交易所的这项申请仍然碰到了两项难题，一是堪萨斯期货交易所的产品方案采用实物交割，这在计算机技术不发达的情况下几乎是无法做到的；二是美国证监会与期货交易监管委员会就指数期货的监管权问题没有明确划分。因此使这项申请迟迟没有得到批准。

四年之后，即 1981 年，新任期货交易监管委员会主席约翰逊批准了期货交易的现金结算制度。同年，与新任美国证监会主席的夏德（Shad）达成了《夏德—约翰逊协议》，协议明确规定了双方对股票衍生产品的监管权限。期货交易监管委员会监管基于商品与证券的期货交易及商品期权交易。美国证监会监管股票期权及证券交易所交易的外汇期权。协议规定在2000年前禁止个股期货交易。在指数类产品上，期货交易监管委员会监管指数期货及指数期货期权，美国证监会监管在证券交易所交易的指数期权。国会通过这项协议，使之成为法律。国会倾向美国证监会，给了美国证监会关于期货交易监管委员会同意上市指数期货的一票否决权。尽管如此，这为股指期货产品的上市扫清了障碍。

虽然，芝加哥商品交易所（CME）是期货交易监管委员会同意期货现金结算后第一个提出上市股指期货申请的交易所，但期货交易监管委员会鉴于堪萨斯期货交易所是最早提出上市股指期货的交易所，在堪萨斯期货交易所把价值线指数期货修改为现金结算后，于1982年2月批准了堪萨斯期货交易所的产品，同时也批准了纽约期货交易所（NYFE）的申请。芝加哥商品交易所的标普500指数期货是第三个被批准的产品，于1982年4月21日上市。但好汉不愁落人后，标普500指数期货交易很快超过了价值线指数期货。其中的原因是标普500指数编制方法在最佳程度上应用了组合投资技术，实际上它理论上已经是市场组合的替代品，基本上不包含非系统风险，而只包含系统风险。而且它在当时已经是广大投资者用来衡量投资业绩的标准。基于其上的指数期货是规避系统性风险的绝好保险产品，因此推出之后受到广大投资者的热烈欢迎。至今，标普500指数期货仍在指数期货市场中具有举足轻重的地位，它的迷你型产品，即电子迷你型标准普尔500指数期货是当今全球成交最为活跃的股指期货产品。

在各交易所纷纷上市股指期货的过程中，也发生了一些戏剧性的插曲。其中一个插曲是关于芝加哥期货交易所与道·琼斯指数公司的。当时，芝加哥期货交易所想上市道·琼斯平均工业指数期货，但遭到了道·琼斯指数公司的起诉。道·琼斯公司认为，芝加哥期货交易所的想法如同在道·琼斯指数上赌博，这将玷污道·琼斯公司的名声。道·琼斯公司的偏见留下了历史笑柄，却成就了标普指数公司的显赫地位。另一插曲是关于芝加哥商品交易所与标普指数公司就指数授权费进行的谈判。由于当时对于指数是否属于公共领域存在巨大分歧，标普指数公司甚至不明白为什么芝加哥商品交易所要获得他们的指数使用权。就在这种情况下，芝加哥商品交易所与标普公司于1980年2月28日达成协议，芝加哥商品交易所同意为每笔交易向指数公司支付10美分，每年总费用有固定上限。

股指期货被批准上市了，但美国证监会与期货交易监管委员会之间的关于权益类衍生品监管的争论并没有结束。他们很快又陷入新的争论之中。到1983年，期货交易监管委员会已经批准5个指数期货合约交易，指数期货平均每天交易量达到15 000张的水平，名义价值已经超过了纽约证交所的股票成交金额。1983年，美国证监会利用否决权，反对芝加哥商品交易所向期货交易监管委员会提出上市迷你股指期货的申请，导致他们之间就分指数期货产品监管问题达成了一份新的协议。协议为期货交易监管委员会上市分指数期货设置四个最低标准。1997年，当道·琼斯公司决定把指数授权给芝加哥期货交易所作为期货与期权交易标的时，美国证监会与期货交易监管委员会之间又爆发了争论。美国证监会随后同意证券交易所上市基于道·琼斯平均工业指数、交通和公共事业指数的期权交易，并反对期货交易所上市后两个指数的期货交易。芝加哥期货交易所提出上诉，芝加哥地区法院同意了芝加哥期货交易所的诉求，于1999年推翻了美国证监会的决定。

美国证监会仍然想方设法阻止期货交易监管委员会进入证券领地。美国证监会质疑期货交易所是否有能力决定股指期货交易的保证金水平，他们担心股指期货的低保证金将鼓励投机交易，增加现货市场的波动性。他们要求美联储决定股指期货的保证金，正如美联储决定股票卖空的保证金一样。美国证监会对股指期货保证金问题的担心，表明美国证监会与期货交易监管委员会监管方法上的差异。在期货行业，由交易所决定保证金，而不是联邦政府。期货保证金是履约担保工具，而不是鼓励投机的工具；在证券行业，由美联储决定保证金并由美国证监会执行，主要是为了削弱市场投机与控制投机性证券交易的信用总量。国会多次重申，反对美国证监会提出允许美联储监管保证金。在1980年亨特白银事件后，国会重新考虑是否授予期货交易监管委员会监管期货保证金的权力。最后，国会授予期货交易监管委员会在紧急情况下监管期货保证金的有限权力，而期货交易监管委员会声明说不存在这样的紧急情况。美联储于1980年检查了股指期货合约的保证金情况，决定是否要加强保证金要求。美联储的结论是没有必要。但美国证监会仍不死心，要求增加期货保证金。

随着指数期货市场的发展，LOR公司面临的这两个问题都解决了。空头指数期货等于卖空股票组合与投资短期国库券。对冲头寸可通过空头指数期货增加或减少。基于期货的组合保险不会与基金经理冲突。期货市场的流动性与低交易成本，使它成为大规模组合保险的首选。

LOR使用指数期货的第一个账户始于1984年3月。自1986年年底开始，LOR公司账户中80%的美元价值都使用期货做了保护。这种保险在提供多种优势的同时，期货的运用也有很多微妙之处，包括对基差的关注以及对长期项目采用适当的固定收益期货。

股指期权的上市比股指期货稍微晚了一点。1983 年 3 月 11 日，芝加哥期权交易所推出了第一个股指期权合约——CBOE100 指数期权，后更名为 S&P100（OEX）指数期权。接着在美国股票交易所产生了以该所编制的指数为标的物的主要市场指数（MMI）期权合约。1983 年 7 月 1 日，基于 S&P500 的指数期权也开始上市交易。其后股票指数期权的发展向两个方向展开：一是许多的交易所都相继推出了股票指数期权；二是股票指数期权的品种不断增多。如芝加哥期权交易所交易 S&P100 和 500 的股指期权；美国证券交易所主要交易行业市场指数期权；纽约股票交易所交易纽约证交所综合指数期权。由于芝加哥期权交易所交易的股指期货产品众多，基于标准普尔（S&P）、道·琼斯（Dow Jones）、纽约证交所（NYSE）、卢塞尔（Russell）、摩根斯坦利（Morgan Stanley）等指数的期权品种达数十种，多年来，芝加哥期权交易所占据着美国股指期权市场的最大份额。

三、亲历中国股指期货发展

美国从 1968 年提出上市股指期货申请到 1982 年产品的上市，历经了 14 年。但股指期货上市之后，股指期权的上市就顺利多了，相隔一年后就上市了。与之相比，中国的股指期货上市之路要短一些，但也用了 10 年之久。然而，股指期货上市之后，股指期权又搞了近 10 年。十年磨一剑，二十年磨了两把利剑。中国金融期货、期权市场的产品研发倾注了众多金融精英的大量心血，承载这些产品交易的场所——中国金融期货交易所（CFFEX，以下简称中金所）的发展也是命运多舛，一波三折。

笔者在中金所工作的时候，因为心系单位的发展与个人的前程，曾为中金所的发展卜了一卦。本卦为归妹卦，喻义，贤女不轻易许嫁而延期等待正当的对象，虽然延迟，但仍会嫁得出去。动爻为四，所以延期的时间为四年，正好是中金所成立四年后才上市股指期货。交互卦为既济卦，喻义万事皆济，守成不易。喻义中金所在发展过程中有艰难险阻。2015 年股灾之后的几年里，中金所股指期货市场受到了最为严格的限制。变卦为临卦，喻义中金所最后能兼临天下，亨通顺利。2019 年中金所股指期货基本正常化，股指期权也上市了。回头看起来，这个卦还有点意思。具体到股指期货这个品种，2015 年股灾后，我由于不理解这个新生的股指期货市场为何蒙受这等不白之冤，而决定在 2015 年 9 月 8 日，即中金所成立 9 周年时辞职。离开时，为这个品种下过十二个字的断语："生得光荣，死得冤屈，复活可期。"回头看来，这十二个字也可用来描述中国股指期货的发展简史。

为什么要说生得光荣？从美国看，理论界与实务界大约用了近 30 年的时间才找到管理股票市场系统性风险的工具。在中国，社会各界也花了近 10 年的时间才使股指期货产品面世。据有关资料显示，上海证券交易所在 1999 年就提出了上市股指期货的申请。此后，上海期货交易所（简称上期所）接过接力棒，于 2001 年也提交了上市股指期货的申请。虽然这些上市申请都是铩羽而归，却在资本市场留下呐喊的回音，播下了希望的种子。

上期所的股指期货工作小组还发表了许多研究成果。正是这些研究成果吸引笔者加入了股指期货产品的研发大军之中。当时笔者还是天津大学攻读金融工程的博士生，主要研究股票市场价格行为复杂性的课题。有一天，在南开大学的一个名叫书香园的书店中，看到了陈晗、张晓刚与鲍建平三人合著的《股票指数期货：理论、经验与运作构想》一书[①]，当时我就很有兴趣地翻开看起来。看了一会儿，我觉得股指期货正是我们研究金融工程所必需的金融工具，投资组合风险管理的教科书具有十分重要的地位，于是买了一本带回宿舍。我很快看完这本书，经过一番思考之后，我决定加入这个单位从事股指期货的研发工作。

于是我上网找上期所的招聘信息，看到了交易所招聘博士后的信息，其中有一个研究方向就是股指期货的。我立即打电话给上期所发展研究中心的樊友乐老师，询问了有关博士后应聘的有关材料要求，并立即进行准备。2002 年 5 月中旬我参加了上期所博士后的面试。面试后自我感觉还比较好，我很有把握地回答了北京大学数学系王铎教授提出的几个有关随机微分方程的问题。回校后，我一边加速完成博士论文，一边等候上期所的消息。

功夫不负有心人。2003 年 1 月，我终于如愿以偿，进入了上期所与复旦大学联合培养的博士后科研工作站，从事股指期货风险控制课题的研究。但进站之后，我发现并不像我原来想象的那样，因为此时上期所原有从事股指期货开发的人员已经全部打散，回各部门了。上期所对股指期货产品定位是跟踪研究，并没有明确的上市推动计划。也就是说，我的工作是跟踪研究股指期货。

既来之，则安之。就这样，我跟踪研究了许多指数。从新华富时 A50、A200，中信标普 300，上证 50、180 等股票指数跟踪，到上海航运交易所的集装箱运价指数、商品指数等。有趣的是，上海航运交易所对于我利用 Arfima-Garch 系列模型研究集装箱运价指数的波动还赞赏有加。一晃一年多

① 陈晗，张晓刚，鲍建平．股票指数期货：理论、经验及运用构想［M］．上海：上海远东出版社，2001.

过去了。正在我准备出站报告，想重新找工作的时候，上期所根据形势的变化，于2004年9月重新成立金融期货开发工作小组。小组由战略规划部的高级总监陈晗牵头，成员从交易所各部门抽调，我也很荣幸地从博士后科研工作站抽调到工作小组中。2005年2月，我博士后出站，留在开发小组工作。

2005年7月，金融期货工作小组向所里提出撤销战略规划部、成立金融期货事业部的设想，得到了交易所领导的同意，并从各部门抽调素质高、年轻能干的员工组成金融期货事业部，仍由陈晗领头。事业部成立之后，立即组建股指期货模拟交易实验室，由事业部进行产品与规则设计，交易所技术部负责技术实现。为了吸引各证券公司等金融机构参与模拟交易，我们背着服务器往返于各证券、基金、期货公司，为他们赠送电脑、安装软件、培训业务、指导交易。渐渐地，一些大的证券、基金公司如国泰君安、光大证券、海通证券、广发证券、中信证券、华夏基金、易方达基金、嘉实基金、大成基金等都参与进来，以上证50指数为标的的股指期货模拟交易引起了市场的兴趣。市场讨论股指期货的必要性也越来越多，要求推出股指期货的呼声重新高涨起来。

2005年9月26—27日，上期所与芝加哥商品交易所、上海证券交易所联合举办了中国金融衍生品论坛。在论坛上，各交易所都提出要开发金融期货的设想。青山遮不住，毕竟东流去。2006年春节刚过，就传来要成立金融期货交易所的消息。2月27日，金融期货交易所筹备工作小组会议在上海期货交易所隆重召开。来自证监会、各交易所、银行、基金、证券公司、期货公司等机构的40余人参加了会议。上期所金融期货事业部的员工除了个别之外，大部分参加了新交易所的筹备工作。9月8日，中国金融期货交易所正式成立。上期所金融期货事业部整建制调到中金所工作。分在结算、交易、研发、行政等多个部门。当时，中金所接到的指示是筹备工作一年为限，能快则快。那是一段激情燃烧的岁月，大家加班加点，修订规则、梳理业务流程、进行技术系统测试、开展投资者教育，满怀希望地等待产品的获批。但好事多磨，这一等又等了三年多。直到2010年1月8日，才等到国务院批准股指期货上市的消息。2010年4月8日，举行了启动仪式；4月16日，正式上市。成功运行5年之后，在2015年4月16日，中金所又上市了上证50与中证500股指期货。但不到两个月，中金所的厄运就来临了。

虽然生的光荣，但死得冤屈。2015年6—7月A股发生了股灾，社会指责股指期货市场是外资做空A股的主要场所，是导致A股暴跌的罪魁祸首，股指期货成为“背锅侠”，蒙受了极大的冤屈。2015年7月1日，中金所发布QFⅡ与RQFⅡ数据，称外资做空传言不实。7月2日，证监会新闻发言人对涉嫌跨市场操纵行为进行专项核查。7月3日，中金所研究决定，按委托量差异化收取交易费用，严打蓄意做空。7月6日，中金所决定从7月7日起，对中证500指数期货客户日内单方向开仓交易量限制为1 200手。7月8日，中金所提高中证500股指期货卖出持仓交易保证金（套期保值持仓除外）。8月25日，提高交易保证金和日内平仓手续费，同时降低单日开仓交易量限制至600手。8月28日，继续上调非套保持仓交易保证金，日内开仓交易量被限制在100手。9月2日，继续上调非套保持仓交易保证金、日内开仓交易量被限制在10手。至此，股指期货，作为一个期货交易品种，已经名存实亡了！

在股指期货受到最严厉限制后，有人画了一幅漫画，画着股指期货三兄弟被挂在十字架上挨打。说实话，作为过来人，当时对社会攻击股指期货实在是不理解，离开中金所后，看了《乌合之众》这本书，才想明白。书中说道："群体只有很普通的品质；群体只有很普通的智慧；群体也只有最基本的智能；群体同时也只具有最低甚至更低层次的智力。"① 虽然我们每个人都很聪明，但我们在一个群体里，有时表现的很弱智。

用两张图说明股指期货为什么死得冤屈。第一张是百度搜索股指期货的图（图8-1）。在2015年7月2日之前，媒体对于股指期货的报道还不多见。而那一轮股票市场是从6月15日开始下跌，也就是说在7月2日之前，大众并没有把股票市场的下跌归咎于股指期货。但7月2日，证监会新闻发言人提到对涉嫌跨市场操纵行为进行专项核查，媒体才把攻击的目标指向股指期货。有些记者写文章称，他到现在才知道，中国还有一个可以做空股市的工具。有些文章说，交易股指期货影响国家粮食安全，等等，各种说法非常荒谬。还有一些知名经济学家，原先支持股指期货的，这时候也站出来攻击股指期货。

2015年7月7日中证500指数、中证500ETF与中证500股指期货盘中走势图（见图8-2）。上午11点左右，已经千股跌停了，中证500指数基本已经不动了，但从数值上看，中证500指数（蓝线）才跌了5%左右。为什么？因为中证500指数成份股中大约有一半上市公司停牌了，这意味着，其余的成份股已经全部跌停了，但指数由于按停牌公司收盘价计算，因此，中证500指数才显示跌了5%左右。但市场是聪明的，马上找到还有流动性的中证500ETF（黑线），所以中证500ETF随即就跌停了。市场发现还有中证500股指期货仍有流动性，到下午2点半左右，中证500股指期货才跌停。从时间顺序看，股票先于股指期货跌停，怎么也得不出股指期货导致股票市场下跌的结论！所以说，股指期货蒙受了不白之冤！

① 勒庞．乌合之众：大众心理研究［M］．冯克利，译．北京：民主与建设出版社，2018.

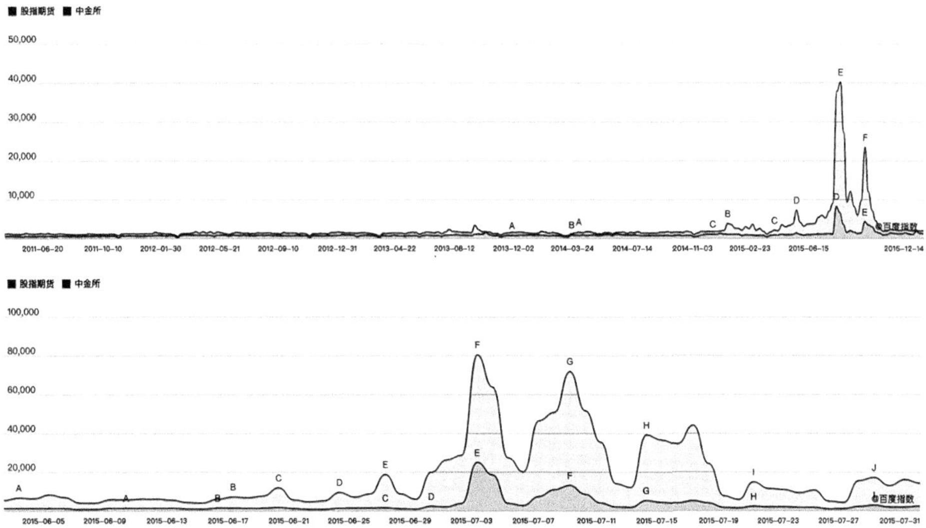

图 8-1　百度搜索股指期货与中金所走势图

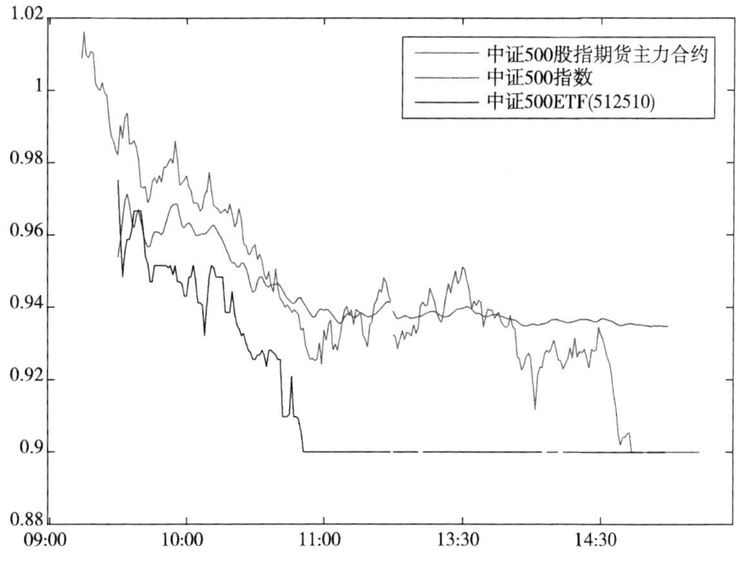

图 8-2　中证 500 股指期货、现货价格走势，2015 年 7 月 7 日

数据来源：作者整理。

尽管死得冤屈，但笔者当时就认为股指期货复活可期，因为社会发展需

要它。只要社会的认识水平提高了，股指期货就能复活。在研究境外股指期货发展史时，笔者发现美国、日本股指期货市场遭受过类似的待遇，但最后股指期货得到社会的认可，获得了良好的发展。果不其然，A 股在经历 2016 年的熔断，2018 年的大幅下跌后，使得社会逐渐认识到股市有自己的运行规律，涨跌的方向与股指期货等衍生产品的交易无关。所以，自 2017 年开始，股指期货逐渐得到监管机构的松绑。

从 2017 年 2 月 17 日起，沪深 300、上证 50、中证 500 股指期货各合约平仓交易手续费标准调整为成交金额的万分之九点二。沪深 300 和上证 50 股指期货合约非套期保值持仓的交易保证金标准，由 40%调整到 20%；中证 500 的交易保证金，由 40%调整为 30%。投机开仓由 10 手调整为 20 手。从 2017 年 9 月 18 日起，沪深 300 股指期货与上证 50 股指期货的交易保证金由 20%调整到 15%。沪深 300、上证 50、中证 500 股指期货各合约平今仓交易手续费标准调整为成交金额的万分之六点九。从 2018 年 12 月 3 日起，沪深 300、上证 50 股指期货交易保证金标准统一调整为 10%，中证 500 股指期货交易保证金标准统一调整为 15%；将股指期货日内过度交易行为的监管标准调整为单个合约 50 手，套期保值交易开仓数量不受限制；将股指期货平今仓交易手续费标准调整为成交金额的万分之四点六。

2019 年 3 月 25 日，优化套期保值管理制度。非期货公司会员、客户的股指期货所有品种卖出套期保值持仓合约价值之和，不得超过其持有的股指期货所有品种标的指数成分股、股票 ETF 和 LOF 基金市值之和的 1.1 倍。2019 年 4 月 19 日，日内过度交易行为标准调整为单个合约 500 手。IC 保证金调整为 12%。日内平仓手续费调整到万分之三点四五。2019 年 5 月 31 日，股指期货跨品种持仓单边收取保证金。至此，股指期货正常交易与风险管理功能已经基本得到恢复。

2019 年 12 月 23 日，沪深 300 股指期权上市。笔者有幸参加了上市仪式，并在首日给交易员下达了牛市价差策略指令，作为纪念。在沪深 300 股指期权上市前，我修改了《可乐葡萄期权歌》的歌词，并制作成 MV，便于广大投资者学习期权策略。这首歌是笔者在 2012 年带了一个学习团在 CBOE 学习期权后，有感于期权策略的复杂性而写的。在沪深 300 股指期权上市前夕制作成 MV，也算是我送给“老东家”的一份礼物。

可乐葡萄期权歌

看涨期权，或是认购期权，都从 Call 来，叫成可乐更好记。

看跌期权，或是认沽期权，都从 Put 来，叫成葡萄更有趣。

看大涨，买瓶可乐大口喝；可乐可口乐呵呵。
看大跌，买串葡萄唱首歌；葡萄酸甜是离歌。
看不涨，卖瓶可乐赚小钱；市场不涨也收钱。
看不跌，卖串葡萄直向前；市场跌了有危险。

看小涨，买瓶百事可乐，再卖瓶可口可乐，小口喝。
看小跌，买串新疆葡萄，再卖串烟台葡萄，哼哼歌。

看不涨，又不放心，卖瓶百事可乐再买瓶可口可乐，换着喝。
看不跌，又不放心，卖串新疆葡萄再买串烟台葡萄，不必歌。

看涨期权，或是认购期权，都从 Call 来，叫成可乐更好记。
看跌期权，或是认沽期权，都从 Put 来，叫成葡萄更有趣。

看好大涨或大跌，买瓶可乐加串葡萄，酸甜正好；
看准不涨也不跌，卖瓶可乐加串葡萄，双倍收好；
看好小涨或小跌，做只蝴蝶喝可乐；
看不会小涨，也不会小跌，做只蝴蝶吃葡萄。

看小涨，买瓶百事可乐，再卖瓶可口可乐，小口喝。
看小跌，买串新疆葡萄，再卖串烟台葡萄，哼哼歌。

看不涨，又不放心，卖瓶百事可乐再买瓶可口可乐，换着喝。
看不跌，又不放心，卖串新疆葡萄再买串烟台葡萄，不必歌。

第九章　中国财富管理新规

2008 年全球金融危机后，中国为了自救经济（事后客观上也救了世界经济），于 2009 年出台了 4 万亿元大规模经济刺激政策。在 4 万亿元的带动下，地方政府跟随中央政府的政策，也实行了财政刺激政策，银行贷款随之扩张，最终形成了 20 万亿元到 30 万亿元规模的天量刺激。也就是说，中国的 4 万亿元刺激政策最终带来的流动性的增加和美联储的量化宽松政策的规模接近。中国货币供应量从 2000 年的 13.28 万亿元增长到 2007 万的 40 万亿元，而到 2018 年年底达到 182 万亿元，这是中国财富管理行业黄金十年的时代背景。

2018 年 4 月 27 日，中国人民银行、中国银行保险监督管理委员会、中国证券监督管理委员会、国家外汇管理局联合发布《关于规范金融机构资产管理业务的指导意见》（俗称为“资管新规”）。这是中国金融体系回归常识的一次制度变革，正如刘鹤副总理在 2018 年 5 月 15 日全国政协“健全系统性金融风险防范体系”专题协商会上阐述的金融民间常识：“做生意是要有本钱的，借钱是要还的，投资是要承担风险的，做坏事是要付出代价的。”① 这是中国经济进入新常态之后，中国金融体系刮骨疗伤的自救，也是中国财富管理行业黄金新十年的开始。

一、黄金十年

财富管理行业黄金发展的过去 10 年，是在中国经济牛冠全球，而中国股市熊冠全球的反差背景下进行的。这是以往中国以投资为主导的经济增长模式的必然结果。因为在这种经济增长模式下，资金是卖方市场。在中国金融体系受到压抑的情况下，企业的融资需求巨大，资金供需缺口巨大，促使以刚性兑付产品为主流的财富管理行业快速发展起来。有了性价比高的刚兑产品，股票市场这种高波动、高风险的资产自然不会受到资金的青睐。

笔者在 2018 年金砖国家第 10 次峰会召开时，比较研究了金砖国家这

① http：//www. cs. com. cn/xwzx/201805/t20180515_ 5802997. html.

十年 GDP 与股市表现，发现 A 股是垫底的。金砖国家（BRIC）的术语是由前高盛公司首席经济学家吉姆·奥尼尔于 2001 年提出的，指的是四个主要发展中国家：巴西、俄罗斯、印度和中国。金砖国家于 2009 年召开首次峰会，2010 年南非加入，成为 BRICS。2009 年，金砖国家召开首次峰会时，全世界正深陷由发达国家引发的金融危机中，金砖国家被寄望于能够引领世界的未来。第 10 次峰会于 2018 年 7 月 27 日在南非约翰内斯堡开幕。十年弹指间，如今，金砖国家人口占全球的 40%以上，GDP 占全球总量的比重超过 20%，进出口占全球的 14%。

从 GDP 看，2009 年，巴西的 GDP 排名全球第 8，俄罗斯第 12，印度第 11，中国第 3，南非第 32；2017 年，巴西第 9，俄罗斯第 14，印度第 6，中国第 2，南非第 34。在 GDP 排行榜上，印度与中国进步了，而巴西、俄罗斯、南非退步了。这三国不但相对排名退步，而且从 GDP 绝对量看，增长也是非常有限。巴西 2009 年的 GDP 为 15 740. 39 亿美元，2017 的 GDP 为 17 592. 67 亿美元，绝对量增长率为 11. 7%。俄罗斯 2009 年的 GDP 为 12 318. 92 亿美元，2017 年的 GDP 是 13 092. 68 亿美元，绝对量增长率为 6. 3%，几乎是原地踏步。南非 2009 年 GDP 为 2 872. 19 亿美元，2017 年的 GDP 为 3 405. 29 亿美元，绝对量增长率为 18. 6%。GDP 的增长率远低于全球 27. 9%的平均增长率。从总量占比看，2009 年金砖国家 GDP 占世界 GDP 的 16%，而 2017 年这个占比提升到 25%。占比的提升主要是中国与印度贡献的。中国 2017 年 GDP 相对于 2009 年增长率为 164. 3%，印度为 110. 8%。

从股票市场看，2009 年年底，巴西股市总市值为 1. 33 万亿美元，俄罗斯股市总市值为 0. 76 万亿美元，印度为 1. 30 万亿美元，中国为 3. 57 万亿美元，南非为 0. 80 万亿美元。2017 年年底，上述国家的股市总市值分别为 0. 95 万亿美元，0. 62 万亿美元，2. 30 万亿美元，8. 71 万亿美元，1. 23 万亿美元。市值增长率为-28. 6%，-18. 4%，76. 9%，144%，53. 7%。各国的代表性股票指数，截至 2018 年 7 月 27 日收盘，相对于 2008 年年底，分别增长了 112. 7%，81. 4%，287%，-16. 4%，88. 7%。中国股市以-16. 4%垫底。

金融危机后的 10 年，中国创造的财富不会凭空消失，而转到房市上及影子银行体系里。2008 年金融危机后，尤其是 2010 年，是中国财富管理行业发展史上一道重要的分水岭。在“十二五”规划中，中国首次提出要增加居民的财产性收入。2012 年，党的十八大进一步明确将“多渠道增加居民财产性收入”写入报告，给了财富管理一个名正言顺的定位。这一大政方针确定后，从 2010 年开始，中国银行、证券、保险、基金、第三方财富管理机构的财富管理业务都得到了蓬勃发展，中国财富管理也由此进入了第一个黄金十年，具有以下几个特点：

（一）居民可投资资产规模快速增长，投资品种多元化

2009 年 4 万亿元经济刺激政策出台后，中国经济继续保持较高速度增长，中国 GDP 从 2008 年的 31.9 万亿元增长到 2018 年年底的 91.9 万亿元。随着经济增长，越来越多的中国人步入高净值人群行列。2006 年福布斯全球亿万富豪榜中仅有 42 位华人，其中，中国大陆仅有 8 人；而到了 2017 年，上榜华人数量已增加至 486 人，其中，中国大陆 319 位富豪上榜，上榜人数仅次于美国；新入榜人数 76 人，更是排在首位。除了这部分净资产超过 10 亿美元的顶尖富豪外，中国高净值人群总体数量与资产规模在过去 10 年间也得到快速增长。

中国居民持有的可投资资产规模从 2008 年的 39 万亿元增长到 2018 年年底的 190 万亿元，年均复合增长率为 17%。高净值人群[①]数量从 2008 年的 30 万人增长到 2018 年年底的 197 万人，年均复合增长率为 21%。其中，可投资资产规模超过 1 亿元的超高净值人群为 17 万人，拥有可投资资产 25 万亿元。可投资资产规模超过 5 000 万元以上的人群为 32 万人。可投资资产规模在 5 000 万~1 亿元的人群，拥有可投资资产 10 万亿元。投资资产规模在 1 000 万~5 000 万元之间的人群，拥有可投资资产 26 万亿元[②]。

2008 年，在居民可投资资产规模中，现金及存款占了绝大部分，投资产品比较单一。到 2018 年年底，现金及存款的比重已经不到 50%。投资性不动产净值、资本市场产品、银行理财、境外投资、保险、信托等其他产品加在一起的比重超过了现金及存款的比重。其中，2008—2018 年，投资性不动产净值规模以年均 20%的速度增长；资产市场产品以年均 19%的速度增长；银行理财产品以年均 25%的速度增长；境外投资以年均 32%的速度增长；保险以年均 18%的速度增长；信托等其他产品以年均 42%的速度增长。

（二）金融产品中刚性兑付产品占主流

金融危机后，中国以投资为主导的经济刺激政策，使得 2009 年第一季度中国新增信贷规模达到 4.58 万亿元，几乎相当于 2008 年全年的新增信贷规模；而 2009 年全年的新增信贷规模则超过了从 1990 年到 2000 年全国新增信贷规模的总和。因此，人民银行不得不采取更加严厉的限制信贷增长的手段。

---

① 是指可投资资产超过 1 千万元人民币的人。

② 招商银行—贝恩公司．2019 年中国私人财富报告［OL］．https：//wm.cmbi.com.hk/article/70.html.

信贷规模的控制和中国资本市场的局限，使得中国的资金市场一直是一个卖方市场，因此金融体系发行高于存款利率、脱离监管、且约定收益要求刚性兑付的金融产品是一个必然选择。中国的银行通过与信托公司、证券公司、保险公司等的合作，把不能够算作存款的银行间存款，通过影子银行业务变成可以算作存款的普通存款，以达到扩张存款规模和降低存贷款比率的目的。商业银行用它们从其他银行或者金融机构借来的银行间存款，购买其他银行或者金融机构的信托产品或者理财产品。这是这段时间银行理财、信托、P2P等金融产品大发展的背后原因。

1. 银行理财产品

银行理财产品是一种约定收益的理财产品，是居民财富管理版图中金融产品模块中最大的。2004 年，光大银行陆续推出了首款外币理财产品和首款人民币银行理财产品；2005 年，银监会公布的《商业银行个人理财业务风险管理指引》和《商业银行个人理财业务管理暂行办法》相继施行，从此，中国商业银行正式拉开了大力发展理财业务的序幕。银行理财规模余额从2007 年年底的 0. 53 万亿元增长到 2018 年年底的 32. 10 万亿元。理财在居民持有的可投资资产规模中以年均 25%的速度增长。

2. 信托产品

信托是中国另一种重要的约定收益理财产品，更适合资金量大的高净值客户投资。2007 年，银监会发布了《信托公司管理办法》和《集合资金信托计划管理办法》，信托业发展方向得以明确，开始高速扩张，2007—2010 年规模大幅增长了 450%。2012 年，信托业超过保险业，成为仅次于银行业的第二大金融部门。信托业资产管理规模从 2008 年的 1. 22 万亿元增长到 2017 年的26. 12 万亿元。随后由于受监管政策转向的影响，2018 年下降到 22. 7 万亿元，2019 年进一步下降到 21. 6 万亿元。信托等其他投资①在居民持有的可投资资产规模中以年均 42%的速度增长。

截至 2019 年年底，中国居民金融资产中银行理财、资管产品、信托、定期存款、现金及活期存款的占比为 66%。这些基本上是无风险资产。相比之下，公募基金到 2018 年年底管理规模只有 13. 03 万亿元，并且 70%以上还是货币型与债券型基金，剔除货币基金与短期理财债券基金后的基金规模为4. 84 万亿元。私募基金到 2018 年年底管理规模为 12. 71 万亿元，且二级股票市场私募只有 2. 14 万亿元。风险资产（股票+基金）占比仅有 10%。这背后一个核心原因在于，过去中国风险资产相对无风险资产性价比不高，体现在收益率差不足以及风险溢价不足两个方面。毕竟银行理财与信托产品是刚兑，

① 包括信托、基金专户、券商资管、私募股权基金、私募证券基金、黄金和互联网金融产品等。

是约定收益型的产品，过去十年，银行理财产品的年均收益率为 4. 8%，而信托则为 7. 7%，两者过去的收益率在 5%～7%左右。而股票公募收益率为 10. 6%，股票私募收益率 12. 8%，对冲基金为 10. 9%。相对于刚兑产品，银行理财和信托在性价比上并没有显著的优势。

（三）机构化理财占比上升

2009 年，通过机构服务管理的资金只有 36%，绝大多数由居民自己或家人独立操作，到 2015 年这个比例提升到 65%，2017 年这个比例为 63%，到 2019 年，由于 P2P（peer to peer lending）等互联网金融点对点借贷平台不断爆雷，这个比例下降到 58%（图 9-1）。在 2009 年到 2015 年居民理财机构化的发展过程中，占比最大的是通过银行的私人银行部理财。除此之外，第三方理财机构所占的比例上升较快。这与互联网技术与金融相结合的创新及第三方财富管理机构的发展有密切关系，如余额宝、P2P、诺亚财富等。

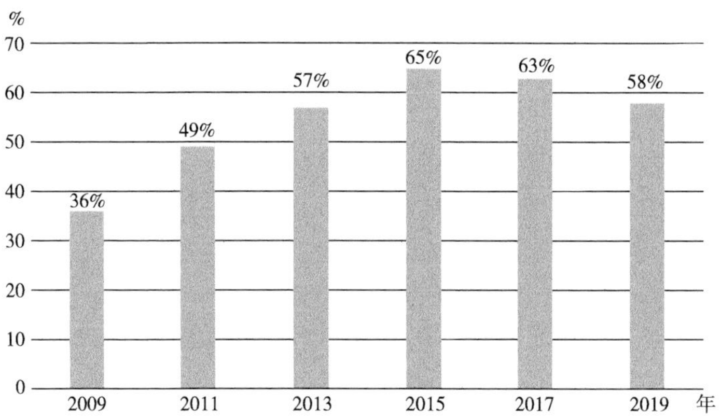

图 9-1 居民通过专业机构理财占比

资料来源：招商银行—贝恩公司，避险网整理。

2013 年，阿里巴巴推出一款由天弘基金公司管理的名为余额宝的货币市场基金产品。产品推出之后，数以万计的阿里巴巴、淘宝和支付宝的用户开始积极地购买余额宝产品。在不到一年的时间里，余额宝用户迅速过亿。天弘基金也借助余额宝的快速发展而一跃成为中国最大、全球第三的公募基金管理公司。阿里巴巴集团推出余额宝服务主要是为了帮助阿里巴巴和淘宝客户进行短期现金的投资管理。虽然余额宝在实质上和普通货币基金并没有太大的区别，但是阿里巴巴平台便利的申购赎回手续，以及面对小额资金和小规模商铺的市场定位，使得余额宝这款小额资金短期管理产品迅速赢得广大群众的青睐[①]。

2007年6月，主要以区域性贷款为主的第一家P2P网络借贷平台“拍拍贷”成立。2011年，是P2P萌芽期，其间，全国的P2P平台大致有20多家，活跃的平台则有10家，2012—2013年，P2P平台进入爆发增长期，一些渴望赶上互联网金融风口的民间资本拥有者，纷纷投入P2P网贷的蓝海，开始创业。2013—2014年，是风险爆发期。大批投资人在P2P网络借贷中看到了商机，投身到P2P平台的开发和建设中，使得平台数目从200家左右猛增至600多家，2015年增至3 464家。虽然如此，但行业内鱼龙混杂，问题平台大量爆出。仅在2014年12月就有问题平台62家，如好乐易贷、苏商投资、富创贷等。2015年开始进入政策调整期。一次次“爆雷潮”出现，以2017年7月为例，有映贝金服、乐居财富、投融家等多家平台出现重大问题，使得国家政策加强对P2P的监管，问题平台纷纷退出，行业发展环境相对完善。2011—2019年，中国P2P网贷正常运营平台数量呈现先上升后下降趋势。截至2018年12月底，正常运营平台数量相比2017年年底减少了1 219家。自从2015年正常运营平台数量达到3 464家后，已经连续三年出现下降。截至2019年1月底，P2P网贷平台数量为1 031家，12月底下降至343家，相比2018年年底减少了678家[②]。

2008年，国内第三方财富管理行业兴起，到2018年已有10年历史。国际上，第三方财富管理兴盛于美国20世纪70年代。当时有些特殊的历史背景：美国中产阶层全面崛起，金融理论爆发式发展，包括衍生品在内的各种金融投资工具日益丰富，加上1974年美国个人养老金账户改革，养老金的投资收益免税——使得美国市场上资金端和资产端都变得更复杂，从而催生了以“中介服务”为核心的第三方财富管理。第三方财富管理起到的作用有两点：一是降低信息不对称；二是避免金融机构“王婆卖瓜自卖自夸”，以次充好兜售自己的资产。

在中国，2008—2018年，第三方财富管理机构依靠刚兑的信托产品，从无到有、蓬勃发展，到2014年已经形成了几家年度销售规模千亿级别的机构，十余家年度销售百亿级别的机构。目前第三方财富管理机构数量大约有8 000多家。头部公司包括诺亚、宜信、恒天、嘉华等。10年中，第三方财富管理机构的发展经历了以下三个阶段[③]。

---

① 朱宁．刚性泡沫［M］．北京：中信出版集团，2016：113-117.

② 前瞻产业研究院．2020年中国P2P网贷行业市场现状及发展趋势分析平台退出或转型成为发展主旋律［OL］．https：//bg. qianzhan. com/trends/detail/506/200408-9067ee5d. html，2020-04-08.

③ 李蕾．资管新规下的第三方财富机构（下）：2008～2018年，十年兴衰启示录［OL］．http：//www. nbd. com. cn/articles/2018-01-31/1188988. html，2018-01-31.

（1）野蛮生长的 1.0 时代（2008—2013 年）。2007 年的信托“新两规”，使得信托计划作为具有放贷功能的融资工具，驶入了发展快车道，在接下来的几年中，迅速成为继银行之后总资产规模排名第二的金融机构。第三方财富管理机构无疑成为最大受益者之一，充分享受了信托行业高速发展的红利。早期的第三方财富管理公司商业模式非常单一：直接把信托公司的产品拿过来，借助银行等渠道、采取给客户经理返佣的形式进行销售，自己则从中抽取点差。俗话说，“背靠大树好乘凉”。充足的信托产品供应、庞大的市场理财需求，提供了巨量成长空间。短短几年时间里，第一批第三方财富管理公司便在这种野蛮生长的氛围里，完成了资本的原始积累。

（2）初见成效的 2.0 时代（2013—2015 年）。从 2013 年开始，监管层对于信托行业的政策开始收紧，于 2014 年、2016 年相继下发了《关于信托公司风险监管的指导意见》《关于进一步加强信托公司风险监管工作的意见》，聚焦信托业风险，而且逐步涉入公司治理、风险管理体系等方面。更为当头一棒的是，2014 年 5 月，银监会向各银监局及直属信托公司下发《关于 99 号文的执行细则》，明令禁止信托公司委托非金融机构推介信托计划，第三方财富管理公司原有的模式似乎难以为继，开始找新业务做。2012 年年底，第一家基金子公司成立；同一时期，私募基金也迎来了发展的黄金时期。这些机构的兴起，使得第三方财富管理公司的产品结构开始分化——一些嗅觉灵敏的机构开始布局私募基金产品销售的新业务。

（3）开启蜕变的 3.0 时代（2015 年至今）。虽然资管新规是 2018 年年底推出的，但严监管的趋势从 2015 年便已初见端倪。在全新的 3.0 时代，整个财富管理行业都在尝试将商业模式升级——有的机构选择留在原地，继续做大原有的类固收产品销售；有的开始向行业上游拓展；还有的则收购资产管理牌照，或组建资产管理公司，如诺亚财富成立了歌斐资产管理公司。

二、霹雳新规

在财富管理行业高速发展的同时，也滋生了一些结构性问题，包括部分金融创新脱离服务实体的目标，部分金融产品存在同业空转、资金池运作和期限错配等问题，部分产品存在刚性兑付、妨碍金融市场有效定价，不少市场产品同质化现象严重，部分机构过度依赖牌照等。

第五次全国金融工作会议明确了“服务实体经济，防控金融风险、深化金融改革”三位一体的金融体系改革思路，加强功能监管，更加重视行为监管。为了有效防控资产管理行业面临的一系列潜在风险，在广泛征集市场意见的前提下，2018 年，人民银行牵头各监管部门制定出台了资管新规。

2018 年 4 月，资管新规发布，禁止金融机构为了规避投资范围、杠杆约束等监管指标约束，利用其他金融机构的资产管理产品作为通道。2018 年 9 月，商业银行理财新规正式落地，中国的资产管理行业发展的新阶段正式拉开帷幕。

2018 年 10 月，证监会发布的配套文件《证券期货机构私募资产管理业务管理办法》中明确提出："禁止证券期货经营机构提供规避监管要求的通道服务，禁止证券期货经营机构通过合同约定让渡管理职责，禁止管理人按照委托人或其指定第三方的指令或者建议进行投资决策。"由此监管层对证券期货经营机构通道业务正式叫停。

2020 年 3 月 25 日，银保监会发布《保险资产管理产品管理暂行办法》（下称《办法》），在打破刚性兑付、消除多层嵌套、去通道、禁止资金池业务、限制期限错配、过渡期设置等方面与资管新规及其他配套政策保持一致。但仅是对各类保险资产管理产品共性部分的总体规范还不够，因为不同保险资产管理产品在产品形态、交易结构、资金投向等存在差异，后续银保监会也会坚持原则导向和规则细化相结合的原则，分别对债权投资计划、股权投资计划以及组合类保险资产管理产品制定配套细则。《办法》明确了保险资产管理产品私募定位，还允许合格个人投资者购买保险资产管理产品、拓宽保险资产管理机构销售渠道和业务范围。《办法》自 2020 年 5 月 1 日起施行。

2020 年 5 月 8 日，银保监会发布《信托公司资金信托管理暂行办法（征求意见稿）》（下称《暂行办法》），向社会公开征求意见。这意味着资管新规配套细则最后一块拼图终于补齐。资金信托是基于信托关系的资产管理产品，在国民经济循环中长期扮演着以市场化方式汇聚社会资金投入实体经济领域的角色。截至 2019 年年末，全国 68 家信托公司管理的信托资产合计 21. 6 万亿元，其中管理的资金信托资产合计 17. 94 万亿元。为补齐制度短板，银保监会对照资管新规要求，研究起草了《暂行办法》，以推动资金信托回归"卖者尽责、买者自负"的私募资产管理产品本源，发展有直接融资特点的资金信托，促进投资者权益保护，促进资管市场监管标准统一和有序竞争。

资管新规及配套细则的发布，使资产管理机构的通道业务规模大幅压缩。中国证券投资基金业协会数据显示，资管新规落地前的 2018 年第一季度末，券商资管定向资产管理计划、基金公司及子公司一对一产品规模分别为 14. 07 万亿元和 9. 84 万亿元，合计为 23. 91 万亿元。经过一年的消化，截至 2019 年第一季度，券商、基金公司及子公司存续的单一产品规模合计仅为 18. 67 万亿元。与此同时，单一资金信托规模有所下降。据信托业协会数据显示，截至 2019 年第一季度，单一资金信托资产余额为 9. 53 万亿元，较 2018 年第一季度末的 11.66 万亿元减少了 2.13 万亿元。

2019 年是资管新规过渡期结束的前一年①。以 5 月 17 日银保监会 23 号文《关于开展“巩固治乱象成果促进合规建设”工作的通知》（下文简称“23 号文”）为标志，风险的防范与化解提升高度的同时也加快了执行。金融体系尤其是信贷体系进行了全面的风险排查与处置，从银行、信托到 P2P，自上而下，由点及面，为未来风险防范与处置的方向提供了重要指引。

“23 号文”明确三个核心工作目标为消化存量、遏制增量、推动金融供给侧改革。其中，银行机构从股权与公司治理、宏观政策执行、信贷管理、影子银行和交叉金融业务风险、重点风险处置五个方面，信托机构从宏观调控政策执行、公司治理、资产质量、非标资金池业务、同业业务和经营管理六个方面开展整治工作。

2019 年银行业风险处置以包商银行的接管为标志性事件，该事件对同业信用体系重塑产生了深远影响。在“23 号文”发布一周后的 5 月 24 日，央行与银保监会联合发布公告称，鉴于包商银行出现严重信用风险，依照《中华人民共和国中国人民银行法》《中华人民共和国银行业监督管理法》《中华人民共和国商业银行法》有关规定，决定对其实行接管，由中国建设银行股份有限公司托管包商银行业务。

接管处置方案首次打破了对公和同业的刚性兑付：明确 5 000 万元（含）以下的对公存款和同业负债，本息全额保障；5 000 万元以上的对公存款和同业负债，由接管组和债权人平等协商，依法保障。中国人民银行相关负责人表示预计平均保障比例可在 90%左右。

包商银行实际股权结构集中、关联交易混乱、大股东资金占用规模巨大。其接管以及刚兑的打破，表明了监管层守住系统性风险底线的决心。然而事件的发生，对于市场也产生了较大的影响，大量银行的同业授信采取白名单制而中小银行和非银机构被排除在外，同业信用资产的分层定价逐渐出现，同业存单发行利率尤其是城商行的发行利率自 5 月底开始走高；部分非银机构发行的产品阶段性受到流动性冲击；城商行的资金获取难度提升、资本金短缺问题显现。

信托业的风险防范与处置的标志是 2019 年的三次大排查：分别在 4 月、8 月和 11 月底。第三次风险排查在 1 月 12 日前完成，排查包括了主动管理类信托、事务管理类信托及固有业务等方面，排查比例达到 100%。对于非标资金池，摸清具体规模和资产质量，具有期限错配或流动性错配特征的信托项目按照穿透原则重新评估整改；对于融资类信托，以房地产和地方政府平台

① 2020 年 7 月 31 日，人民银行发布公告称，资管新规过渡期延长到 2021 年年底。

等项目为重点，评估违约概率及违约损失率等；对于同业业务，主要清查银保资金投资主动管理信托可能造成的风险交叉传染。

信托是较早启动业务整改的主体，但也是存量风险较多的主体。金融供给侧改革推动资金从房地产、低效政府项目迁移至国家重要科技创新领域；推动标准化资产扩容，减少不可跟踪统计的非标准化债权资产。而信托正是非标准化房地产、地方政府项目产品发行的重要载体。与此同时，信托资金池与银行理财资金池一样，都存在项目周期长、存量资产风险大等特点，清理难度较大。总体而言，信托风险的防范与处置，对于非标市场的规范和净值化转型的全面性有重要意义。

除此之外，传统持牌金融机构之外的网络借贷整治，也从 2018 年开始落地执行，并在 2019 年不断加码。目前网贷平台“能退尽退、应关尽关”逐步成为市场共识。除了大量平台停止经营，头部网贷平台的转型也在加速，向助贷公司、互联网小贷公司甚至是科技公司转型。

2019 年下半年，多省下发 P2P 一刀切全部取缔的通知。根据零壹数据显示，曾经最多达到 6 000 多家的网贷平台数量，到 9 月已经下降至 621 家，剩 1/10，而随着各地取缔政策的下发，数量将进一步锐减。

2019 年年底，银保监会发 52 号文，推动未来五年银行业和保险业高质量发展。其中明确“坚决清理和取缔未经批准从事金融业务的机构和活动。坚持打防结合、标本兼治的原则，推动建立健全对非法金融活动全产业链、全生态链的防控打击体系”。并且“深入开展互联网金融风险专项整治，推动不合规网络借贷机构良性退出”。

通道业务的压缩，存量风险的处置，类金融机构的整顿，彻底改变了整个财富管理的生态。对银行、信托、券商资管、基金公司等类资产管理机构来说，都意味着要面临转型的挑战。

2019 年被誉为“银行理财子公司元年”，自 2018 年发布资管新规、理财新规和理财子公司管理办法以来，经过 1 年左右的时间，理财子公司的筹建和开业如火如荼，按照“成熟一家批准一家”的原则，银保监会有序批设理财子公司，银行理财子公司相继开业。据《中国银行业理财市场报告（2019 年）》披露，2019 年年末，共 17 家理财子公司或理财公司获批筹建，其中 10 家开业。5 家国有大型银行下设的理财子公司有存续产品，余额合计 0. 80 万亿元，均为净值型产品。目前，六大国有银行的理财子公司均已悉数开业；股份制银行中，招银理财、光大理财、兴银理财已开业，中信银行的信银理财于 2019 年 12 月获批筹建；城商行中，宁银理财、杭银理财率先开业，徽商银行、江苏银行、南京银行的理财子公司处于获批筹建状态。

2019 年 10 月 24 日，证监会下发《关于做好公开募集证券投资基金投资顾问业务试点工作的通知》，公募基金投顾业务试点正式拉开大幕。公募基金投资顾问业务，是指拥有相关资质的基金投资顾问机构，接受客户委托，在客户授权的范围内，按照协议约定为客户进行投资基金具体品种、数量和买卖时机的选择，可代替客户开展基金产品申购、赎回、转换等交易申请的业务。

为保证基金投顾业务开展的规范性和专业度，基金投顾业务机构应满足以下条件：第一，具有资产管理、基金销售等业务资格；第二，有一定的市场竞争力和客户基础，其中证券公司、基金管理公司或其销售子公司应具有较强的合规风控及投资者服务能力，基金销售机构非货币基金保有量不低于 100 亿元；第三，合规记录良好；第四，具有高质量的基金产品研究团队，与业务开展相匹配的投资顾问人员，以及与其拟从事的业务相适应的信息技术能力；第五，业务方案完备，业务制度健全，能够确保客户利益优先原则，有效防范利益冲突和防控各类风险等。试点开启以来，首批完成备案的包括：易方达基金、南方基金、华夏财富、嘉实财富和中欧钱滚滚 5 家机构。此后，蚂蚁、腾安、盈米 3 家独立基金销售机构获得了证监会的相关批复。随后，多家大中型券商，以及工行、建行、平安等银行积极备战申请基金投顾试点。

三、呼唤绝对收益

我们从供给侧的角度梳理了新规前后财富管理行业发生的变化。从需求侧看，中国客户其实经历了三个阶段的变化。

（1）杠杆需求阶段。因为实体经济高速增长，房地产市场高速增长，客户自己的赚钱能力很强。于是，谁能给便宜的资金加杠杆就选谁。

（2）固收刚兑需求阶段。随着经济调整和降速，客户的本业越来越难赚钱，而刚兑的固收产品能够替代主业帮助客户实现财富增值。但这类产品在这个阶段的核心就是比价，谁给的收益高就找谁。

（3）管理财富需求阶段。2017 年四季度开始，特别是资管新规出台之后，规则发生了很大变化，打破刚兑、净值化，财富管理市场慢慢开始变成一个真正的市场（有风险的市场才是真正的市场），而这时候客户开始发现，自己的钱不知道该怎么管。在一方面降低固收刚兑等低风险资产配置的同时，增加了对股票、基金等风险资产的配置。

三个阶段的变化与招商银行—贝恩公司发布的调查报告相吻合。2015—2017 年，高净值人群在银行理财产品的配置比例上升 15%，信托产品配置比例上升 2%，股票配置比例下降 12%，公募基金配置比例下降 8%。而在

2017—2019 年，高净值人群这几类资产配置的比例分别下降 14%、下降 4%，上升 4%，上升 5%。他们面临投资的困难包括（图 9-2）：各类资产收益率普遍下降（54%）；资本市场波动太大，不想承担太高的波动风险（52%）；不知道如何优化资产管理配置方案（41%）；手上有宽裕的现金，但找不到合适的大类标产/投资标的（37%）；经济及政策不确定性影响（21%）；投资品种太多，管理复杂难度大（14%）[①]。

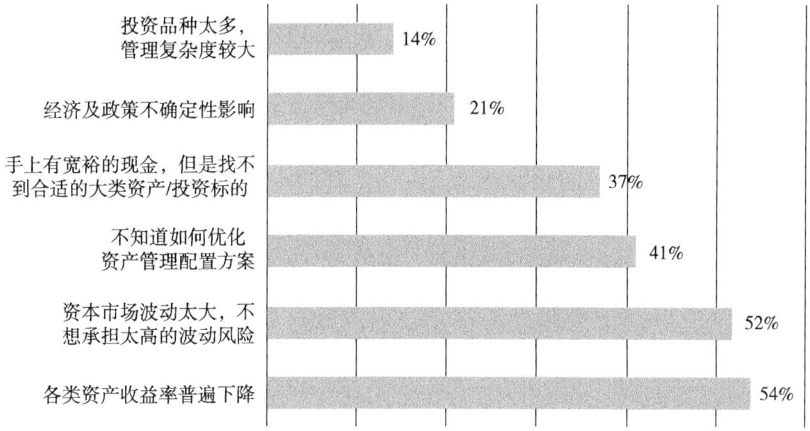

图 9-2　高净值人群资产配置困难点

资料来源：招商银行、贝恩公司，避险网整理。

在中国经济和财富市场增速放缓与过去两年市场波动的背景下，2019 年高净值人群对市场的不确定性认识加深，避险情绪加强。一方面，“保证财富安全”和“财富传承”持续作为重要的两个财富目标占比较 2017 年上涨；另一方面，财富长期积累和创造的重要性上升，受访的高净值人群表示：在打破刚性兑付，多个单一资产类别出现亏损的市场教育下，深刻体会到各类资产的潜在风险，理解投资需在风险和收益间不断做出权衡，依赖单一热门资产快速赚取高收益的时代已经过去，财富需要进行专业且长期的配置、积累，并进行动态调整才能保值增值。

高净值人群投资心态日趋平和，预期更加理性，对资产配置组合的认知度进一步提升。从投资收益率预期看，与 2017 年相比，高净值人群意识到获得与过去两年同等收益率的困难不断增加，对收益率预期进一步降低：倾向于“高于储蓄收益即可”的人士占比增加至 30%，为过去 10 年的最高值。与

① 详见招商银行—贝恩公司．2019 年中国私人财富报告［OL］．https：//wm.cmbi.com.hk/article/70.html.

此同时，偏好“中等收益率”的人士比例稳定在65%左右，两部分加起来的比例高达95%，追求“高收益高风险”的人士比例只有5%。

2020年，投资者对银行理财产品并非无风险的特征认识更为深刻。截至6月26日，391只理财产品净值跌破面值1元，亏损幅度最大达到40%。这对长期享受了刚兑约定收益的投资者是很难接受的。净值化产品的投资者教育难度较大，如何降低净值型产品的下行风险成为当前阶段投资者最迫切的需求之一。

同时，基金作为市场上提供的最专业的净值型产品，公募全行业产品数量已经超过6 000只，而私募全行业产品数量已经超过4万多只，远超上市公司数量，而每年均有不少基金产品可以向投资者提供正收益，满足其财富管理需求。但面对众多的基金产品，基金投资者面临选择难题，需要具有专业能力的机构帮助投资者进行产品甄别。而简单按照业绩排名进行基金投资，以及以往销售模式下销售人员“重首发、轻服务”的现象，一定程度导致了“基金产品收益创新高，但基金投资者不赚钱”的问题。

监管机构认识到这种模式的问题，因此推行买方投顾模式的试点。买方投顾模式与投资和投资服务配合，将不同客户的现实需求与各类投资策略相匹配，将资产配置的风险分散作用与基金产品的阿尔法收益相结合，规避非理性投资和销售，引导投资者长期投资，既具有时代意义也具有现实价值。

避险网编制的中国避险基金指数就是响应了财富管理新时代的需求，回应了高净值群体对绝对收益产品的呼唤，通过避险网团队精深的研究，为投资者寻找到中国真正的避险基金。

第十章　寻找中国避险的上市公司

中国投资者以往之所以能够在较长时间内获得约定的刚兑收益，是因为中国经济在较长时间内保持高速增长。正如马克思经济理论所指出的，金融活动参与了价值分配而不创造价值。当中国经济增速下降，原材料价格、外汇与利率波动增大，企业面临的外部经营环境复杂性增大，企业利润下滑，债务不能如期偿付，违约时有发生，那么，投资者就难以获得约定的刚兑收益了，原以为是无风险的投资，变成连本金也可能赔掉的高风险投资。

企业的利润究竟来自什么？是否来自它所承担的风险？高风险是否意味着高收益？企业如何去避险？避险会改善企业的财务指标吗？如果投资者把钱借给风险已经对冲过的企业，那么投资者面临的风险是否少得多？中国A股上市公司中有多少公司采取了避险措施？这些都是投资者普遍关心却又不容易理清的问题，本章将从企业利润的来源揭示企业避险的重要性，通过编制发布中国企业避险指数来表征中国企业的避险现状，为投资者提供一个答案。

一、经济世界中的不确定性

最早区分风险与不确定性的美国经济学家弗兰克·奈特说："我们不是对我们感知的东西做出反应，而总是对我们推断的东西做出反应。"① 他的认知与生物学的研究结论吻合。经济行为中所有关于选择的问题都与未来发生的事情相关。这些事情既可能马上就会发生，也可能过段时间才会发生。因此，经济行为中的选择问题，必定在一定程度上与未知的事情相关。在某些情况下，行为主体拥有充分的信息，或者能获取可能会发生的事情的准确概率分布，但是在很多情况下，即在绝大多数情况下，他们并不拥有这些信息，甚至根本不知道这些信息，也无法估计概率分布。

因此，经济行为主体普通形式的意识行为，就是根据现在的情况推断出未来情况变化的行为。我们必须推断出，如果没有我们的介入，未来的情况

① 弗兰克·奈特，风险、不确定性与利润，商务印书馆，2006。

会怎么样，以及由于我们的行为，未来的情况会发生什么变化。这些过程没有一个是绝对不出错的，或者说，是准确而完美的。我们并不能感知现在的本来面目及其完整面目，也不能极可靠地根据现在推断出未来，我们甚至不能准确地知道自己行为的结果。行为是以看法为依据的，这种看法多少是有根据并有确切含义的，这就是说，我们既不会对事物一无所知，也不具有完整和完全的知识，我们只有不完全的知识，由此造成了经济世界充满了不确定性。

如同沙克尔所说："每个人都会发挥自己的想象力，努力想象未来的样子，这种想象过程是其决策过程中一个至关重要的组成部分。"① 也就是说，当人们在探索时，人们以想象为依据不断对自己的行动或策略进行调整、舍弃或替换。总之，人们是利用归纳不断前行。这种探索行为的不断实现，导致经济中永恒存在的随机运动。由于行为主体的探索、学习并适应，经济永远都处于破坏性运动之中。

在股票市场上，这一点更显而易见，每个投资者的预测创造了他们试图预测的世界。股票价格是由交易者的预期产生的，同时这些预期又是基于对他人的预期的预期而形成的。这也是索罗斯所说的"反身性"。所以，索罗斯认为，市场永远是错的，历史的进程由参与者的错觉塑造②。那些看起来没有理由的波动实际上最平常不过了，因为这个群体的心念在不断变动，前一秒钟投资者还认为自己买的股票是对的，下一秒钟就可能后悔了。有外部信息冲击时，股市会有波动；没有外部冲击，股市也会波动，有时甚至会产生巨幅波动。泡沫与崩盘也是这个市场的正常现象。

二、当下避险、未来少忧

奈特区分了风险与不确定性，认为风险是可度量的不确定性，而不确定性是指不可度量的不确定性。由此，奈特也找到企业利润的真正来源是承担了不确定性，而不是承担了风险。因为风险可以通过保险或衍生产品规避掉，它已构成了企业的生产成本③。正如他引用冯·曼戈尔特的例子，瓶子的爆裂并没有把一种不确定性或危险引入生产香槟酒的行业，因为在任何生产者的生产活动中，瓶子爆裂的比例实际上是固定的，并且是已知的，因此这一比例是大是小不是什么特别重要的事情。这种损失已经成为这个行业的一种固定成本，这种成本像任何为了劳动或材料或任何其他东西所给出的支出一样，被转移到了消费者身上。

---

① 布莱恩·阿瑟．复杂经济学：经济思想的新框架［M］．杭州：浙江人民出版社，2018.

② 乔治·索罗斯．金融炼金术［M］．海口：海南出版社，1987.

③ 弗兰克·奈特．风险、不确定性与利润［M］．北京：商务印书馆，2006.

企业主如果认识到风险与不确定性的区别，并能在生产经营过程中采用适当的方法或工具规避风险，防止风险成为影响企业利润波动的因素，进而成为影响企业下一期决策的原因，避免陷入风险所造成的循环陷阱，那么他们就成为企业经营的“觉者”。企业主想要一个好的经营结果，就需要当下避险。当然，当下避险并不是企业不顾成本情况，价格是否合适等盲目避险，而是树立当下避险的理念与意识，并事前建立制度与操作流程，一旦市场出现好于预算成本的价格时，无论是原材料、成品或是汇率、利率，企业应执行避险操作，这样，企业主对未来的忧虑就会少一些，就能更加从容地规划未来的发展，从而在市场竞争中抢占先机，立于不败之地。当下避险，未来少忧！

三、不确定性世界中的企业避险戒律

任何人要想修成正法，都必须从持戒开始。戒能生定，定能生慧。在拙作《避险的智慧》一书中①，笔者提出避险智慧的七大支柱，企业家要获得避险的智慧，修炼成为避险的“觉者”，也需要坚守五项戒律。

（一）一戒忘了初心，避险变投机

在充满不确定性的经济世界里，企业的初心是把可以度量的不确定性，即风险，进行适当的规避。不避险，企业暴露在自己不擅长、不熟悉领域的风险下，那是投机。如一些制造业、外贸企业暴露在汇率的风险下，没有采取适当的避险措施，那么他们就是在汇率上投机。然而，有些企业采取了避险措施，但在避险过程中，忘了初心，慢慢变成了投机交易。出现这种情形，对企业来说比不避险更加危险。因为他们已被对冲的工具，即衍生产品的魔性所吸引，深陷其中不能自拔，有很大的可能以悲剧收场。2004 年，中航油新加坡公司在场外原油期权市场上避险变投机，最后投机失败就是一个血淋淋的教训。

（二）二戒忘了目标，盲目而冲动

避险是企业规避未来出现损失的可能性，但却需要企业当下做决策。因此，预算目标就是企业当下决策的重要依据。然而，有些企业却被金融市场价格波动所吸引，渐渐把预算目标忘在了一边，喜欢上预测未来价格的走势。有些企业家甚至盲目自信，在自己根本不擅长的领域做预测，而且冲动决策，进而错过了比较好的避险时点，在企业不想要的价格上进行了锁定，达不到

① 刘文财，李路．避险的智慧：从国家、企业到个人的财富管理［M］．北京：首都经济贸易大学出版社，2019.

好的避险效果。2008 年，几家国有航空公司在原油避险上就吃了这个亏。

（三）三戒贪小便宜，因小而失大

由于避险不是免费的午餐，需要企业支付必要的成本，如用远期、期货则需要缴纳一定比例的保证金；如用期权，则需要缴纳期权费。而企业不喜欢一开始就付出费用，一些金融机构也摸准了企业的心理，设计出零成本、复杂结构的避险产品。企业往往把注意力聚焦在零成本上，却忽视了复杂产品结构所隐藏的风险，极有可能导致因小失大的结果。2008 年，中信泰富在澳元上避险失败，巨亏 147 亿港币就是一个典型的因小失大的例子。

（四）四戒有章不循，内控如虚设

一些企业认识到避险的重要性，也建立了一套完整的避险交易管理制度，但在实际操作过程中没有严格按照制度进行，导致内部控制制度形同虚设，最后给企业造成巨大损失。如深南电于 2008 年 10 月 21 日发布公告称：2008 年 3 月 12 日，公司有关人员在未获公司授权下与杰润公司签订了两份合约的确认书。公司人员在没有取得授权的情况下与境外投行进行场外原油衍生品交易，导致公司蒙受巨大损失。

（五）五戒盲目考核，节外而生枝

绩效考核是企业管理的基本制度，但企业避险却不适合进行绩效考核。正如屡获全球最佳避险实践的空中客车公司所说："财务委员会决定避险策略，并确定'速度网格'相关避险参数，这个路线图为避险执行小组提供了保护。在已经给定指引的情况下避险，再进行考核，对交易员是不公平的。公司已经告诉交易员哪些是允许做的，因此，没有必要就他们是否达到目标进行处罚或激励。公司的目标是规避风险，公司并不需要交易员在美元上有多少的创造性。实践表明，没有人能打败市场。"① 如果企业在避险交易上进行考核，极有可能适得其反，节外生枝，导致交易员铤而走险，反而会导致避险交易失败，并产生额外的损失。

四、中国企业避险指数

放眼世界，在市场经济发达的国家，许多企业已经有了避险的技巧。据国际衍生品协会（ISDA）统计，在全球 500 强公司中，超过 90%以上的公司

---

① 刘文财，李路．避险的智慧：从国家、企业到个人的财富管理［M］．北京：首都经济贸易大学出版社，2019.

运用衍生品进行避险，覆盖外汇、利率、商品、股票与信用等资产类别的衍生品。在美国 S&P500 指数中，有超过 80%的公司利用衍生品进行避险。在中国，自 2008 年金融危机后，由于汇率、大宗商品价格等波动加大，企业避险意识也在逐年增强，上市公司发布套期保值公告的数量在逐年增加。但企业避险的总体比例还与发达市场经济国家相去甚远。众多中小企业还没有树立起避险的意识，不懂避险的技巧，也缺乏相应的避险专业人才。

鉴于此，2020 年 1 月 2 日避险网（www. d-union. net）编制发布了衍联中国企业避险指数（YanLian-China Hedged Corporation Index，YL-CHCI），用来表征中国企业避险现状，为企业及投资者提供一个参考。避险网首席商品资产专家、同济大学副教授马卫锋博士还在《期货日报》上撰文介绍了这个指数的情况①。

衍联中国企业避险指数以发布套期保值业务相关公告的中国 A 股上市公司数量为基础进行统计，扣除曾经发布套期保值公告的公司（发布过套期保值公告的企业只计入 1 次，不重复计算），指数按季度编制、发布，基期为 2001 年第一季度。该指数是一个包含总体指数、大企业避险指数、小企业避险指数以及 26 个行业（申万一级行业，扣除金融行业）避险指数的指数体系。2020 年第四季度，衍联中国企业避险指数为 846，较上季度上涨 4. 19 个百分点。其中，大型企业的避险指数为 705，中小型企业的避险指数为 141，较上季度分别上涨了 3. 2 个百分点和 9. 3 个百分点（图 10-1）。从行业分布看，电子、化工、电气设备、机械设备、有色金属这五个行业公司数量较多（图 10-2）。

行业避险情况呈现的特点与我们和浙江嘉兴市工商联的一次联合调查结果相对应（图 10-3）。企业当前面临的风险主要是：汇率风险（85. 54%）与商品价格风险（71. 69%），接下去是利率风险（16. 9%）及股权价格风险（1. 43%）。因此，在行业避险指数上，我们看到电子、化工、电器设备、有色金属等行业发布避险相关公告的上市公司数量居前，一是因为这些行业原材料及产品的进出口面临汇率风险；二是面临原材料及产品的价格波动风险；三是各期货交易所上市了能源化工、有色、黑色、贵金属、农产品的期货、期权等风险对冲工具。

大企业避险指数数值明显高于小企业避险指数数值也与一项中国企业使用外汇衍生品的调查数据相对应。营业收入规模大的企业使用外汇衍生品的比例高。调研数据显示，年营业收入 5 000 万元以上的企业使用外汇衍生品的比例明显高于年营业收入 5 000 万元以下的企业（见图 10-4）。营业收入高的

① 马卫锋．我国上市公司避险情况分析［N］．期货日报，2020-05-14.

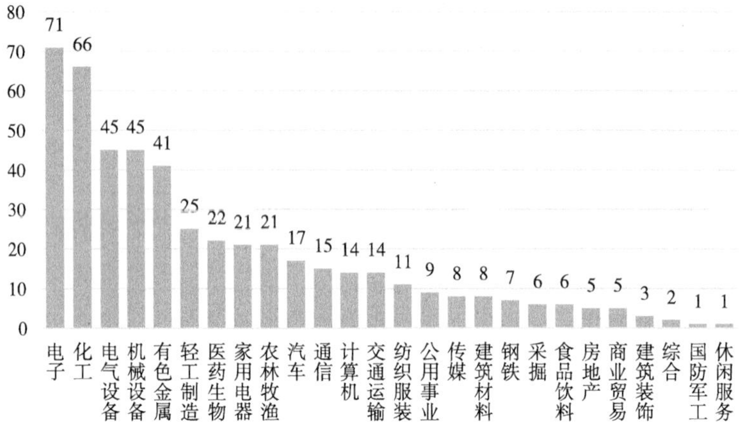

图 10-1　衍联中国企业避险指数（2001 年第一季度—2020 年第四季度）

数据来源：避险网。

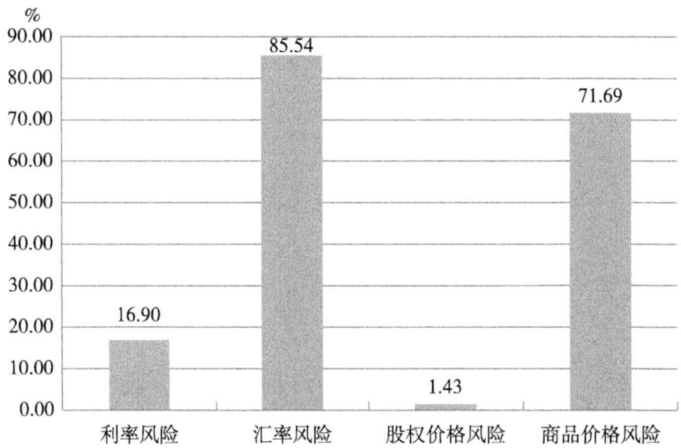

图 10-2　2020 年发布避险相关公告的上市公司数量

数据来源：避险网。

大型企业通过使用外汇衍生品套期保值，降低外汇风险敞口的比例更高。这与大企业、小企业避险指数展现的结果相类似，大型企业在风险管理意愿和能力上都更强。

而影响小企业使用外汇衍生品进行对冲避险的一个重要因素是缺乏专业人员。43%的受访企业认为，缺乏专业人员是小企业不使用外汇衍生品的重要原因。另外，有 21%的受访企业表示，不了解外汇衍生品。

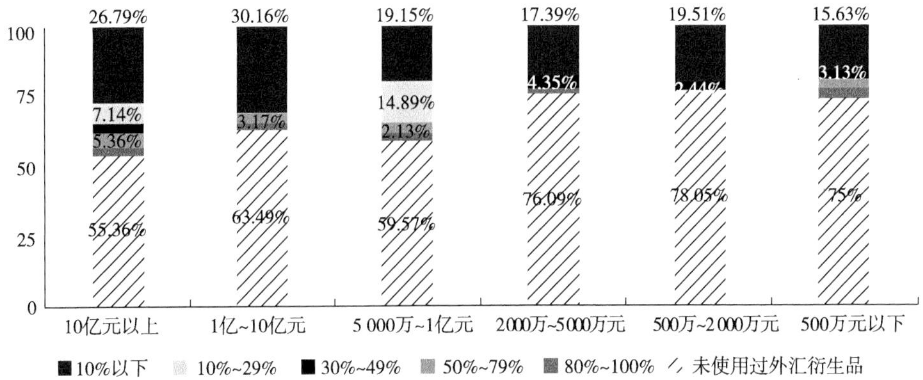

图 10-3　浙江嘉兴企业面临风险情况

数据来源：嘉兴市工商联与避险网联合调查报告。

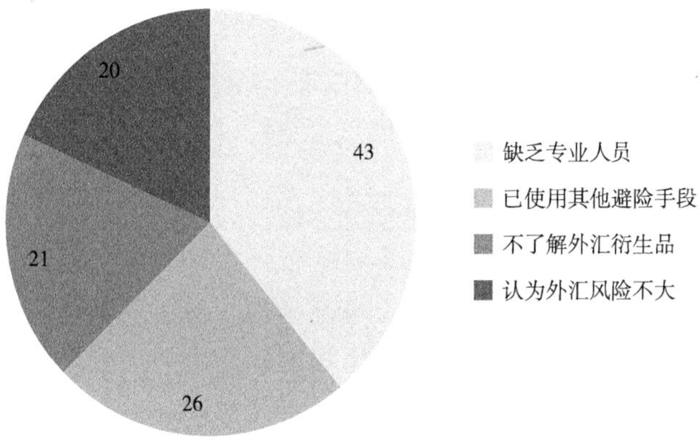

图 10-4　不同营业收入的企业使用外汇衍生品比例（%）

数据来源：中国金融期货交易所调查报告，www. cffex. com. cn。

从衍联中国企业避险指数历史走势看，2007 年以来，中国企业避险参与度开始明显上升（图 10-5）。这与 2008 年金融危机前后，国际大宗商品价格，尤其是原油价格的波动密切相关。国际原油价格①从 2007 年年初的 60 美元/桶左右，一路大涨到 2008 年 7 月的 147 美元/桶。当时，一些国际投行，如高盛，预测油价将涨到 200 美元/桶。这引起国内航空公司、能源企业等与原油价格波动相关行业极度不安。它们纷纷采取避险策略，如中国国航、东

① 是指 NYMEX 原油价格。

方航空、深南电等采取套期保值的策略。而后，在全球金融危机爆发的影响下，油价跌至40美元/桶。原油价格这种乘过山车式的波动深刻教育了能源化工类企业，提升了它们的避险意识。

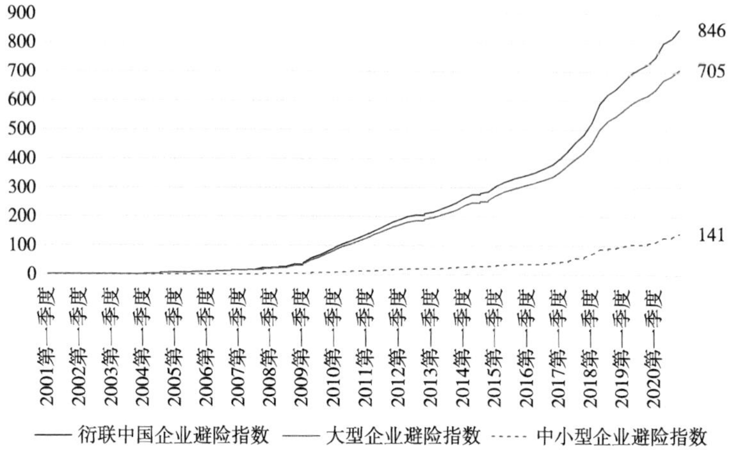

图10-5　影响小企业使用外汇衍生品的因素占比（%）

数据来源：避险网。

2018年以来，衍联中国避险指数开始出现加速迹象。这可能与2015年“811”汇改后，人民币汇率双向波动幅度加大有关。2015年8月11日，人民银行宣布做市商在每日银行间外汇市场开盘前，参考上日银行间外汇市场收盘汇率，综合考虑外汇供求情况以及国际主要货币汇率变化向中国外汇交易中心提供中间价报价，史称“8.11”汇改。此次改革，使得人民币兑美元汇率中间价更能反映外汇市场供求力量变化，参照一篮子货币进行调节，提高了中间价报价的合理性，也推动了人民币汇率真正开始双向波动。人民币兑美元汇率从改革开始时的6.2097一路贬值到2017年年初的6.9557，贬值幅度达12%。2017年人民币兑美元汇率开始转向升值，当年回升6.3%。由于出口在中国企业占据非常重要的位置，因此，2017年人民币汇率由贬转升对大多数以出口为主的中国企业是一次风险教育，也由此推动了企业采取汇率避险措施。如工业富联于2018年8月14日发布《关于开展衍生性商品交易业务的公告》，对总余额不超过100亿元资产进行汇率与利率避险交易。

自2020年1月2日该指数发布后，中国企业避险的外部环境发生了很大的变化。

第一，国际原油市场危机导致美国众多页岩油厂商纷纷破产，重要原因是它们对油价极端下跌的风险应对不足。以怀廷石油为例，根据雷斯塔能源（Rystad Energy）的数据，2015 年，页岩油的盈亏平衡价高居世界第二，达到每桶 68 美元。虽然自那时以来，成本大幅下降，盈亏平衡现在约为每桶 46 美元，然而，新冠疫情及石油战导致国际油价远低于这一水平。身处不利的市场环境，原油企业是否提前对油价的下行风险，尤其是极端下行风险做了保护变得至关重要。也就是说，原油企业的对冲策略变得至关重要。但根据怀廷石油的 10-K 数据，该公司 2020 年只有 1 019 万桶价值的原油被对冲。这相当于其预计产量的 39.7%，仅占全年总产量的 24.2%。2021 年，这一数字降至 110 万桶，占全年石油产量的 4.3%，总产量的 2.6%。

对于像怀廷石油这样高负债率的企业，其激进的对冲策略与投资者的期望相去甚远。由于石油市场的不确定性，油价的飙升将推高现金流预期，所以怀廷石油有动力保留较大的敞口。没错，当价格上涨时，不对冲能助你飙升；但是，很多人没有看到这个逻辑的另一面，当价格下跌时，不对冲也能给你重击，从而让企业陷入至暗时刻。从 2019 年年底 7.34 美元的股价到跌破 33 美分，怀廷石油只花了几个月时间。

第二，中国商品期货，尤其是商品期权市场快速发展。自 2017 年大连商品交易所豆粕期权与郑州商品交易所白糖期权试点以来，三家商品交易所商品期权品种越来越丰富。2020 年已上市 8 个新品种期权，分别是郑商所上市的菜籽粕期权、动力煤期权，大商所上市的液化石油气（LPG）期权、线型低密度聚乙烯（LLDPE）期权、聚氯乙烯（PVC）期权、聚丙烯（PP）期权，以及上期所上市的铝期权和锌期权，使得目前场内商品期权总数达到 18 个（见表 10-1）。

表 10-1 国内商品期权上市交易的品种（截至 2020 年年底）

名称	交易代码	上市时间	上市交易所
白糖期权	SR	2017.04.19	郑州商品交易所
棉花期权	CF	2019.01.28	
PTA 期权	TA	2019.12.16	
甲醇期权	MA	2019.12.16	
菜籽粕期权	RM	2020.01.16	
动力煤期权	ZC	2020.06.30	

续表

名称	交易代码	上市时间	上市交易所
豆粕期权	M	2017.03.31	大连商品交易所
玉米期权	C	2019.01.28	
铁矿石期权	I	2019.12.09	
液化石油气（LPG）期权	PG	2020.03.30	
线型低密度聚乙烯（LLDPE）期权	L	2020.07.06	
聚氯乙烯（PVC）期权	V	2020.07.06	
聚丙烯（PP）期权	PP	2020.07.06	
铜期权	CU	2018.09.21	上海期货交易所
天然橡胶期权	RU	2019.01.28	
黄金期权	AU	2019.12.20	
铝期权	AL	2020.08.10	
锌期权	ZN	2020.08.10	

一边是国际页岩油厂商因风险管理不善而破产的血淋淋教训；一边是各交易所提供的丰富的避险工具，在一推一拉两种力量共同作用下，A股上市公司参与避险的数量有了较大幅度的增加。截至2020年第四季度末，衍联中国企业避险指数值为846，较上年增长了17个百分点，表明中国实体企业避险实践正在快速前行。2020年中国企业避险热情高涨，共有489家A股上市的非金融类企业发布了避险相关公告，较上年大幅增长了近30%（如图10-6所示）。

2020年第四季度共有105家非金融类A股上市公司发布了避险相关公告，数量上较上一季度增长了54.4个百分点。图10-7是这105家公司的行业分布情况。电子、化工、电气设备位列前三甲，其中电子行业取代化工行业成为龙头行业。

截至2020年第四季度，26个实体行业的避险指数如图10-8所示。其中，化工、电子、有色金属、电气设备、机械设备行业的企业避险指数继续保持领先优势；相对于上一季度，排名前五的行业除有色金属行业外，其他行业避险指数均有所增长。

按地域看，2020年第四季度105家发布避险相关公告的非金融类A股上市公司中，广东省的公司最多，紧随其后的是浙江、江苏、福建、北京四省

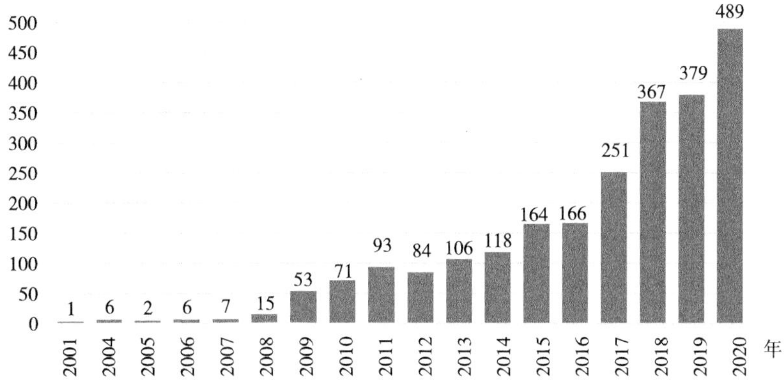

图 10-6　发布避险相关公告的上市公司数量（2001—2020 年）

数据来源：避险网。

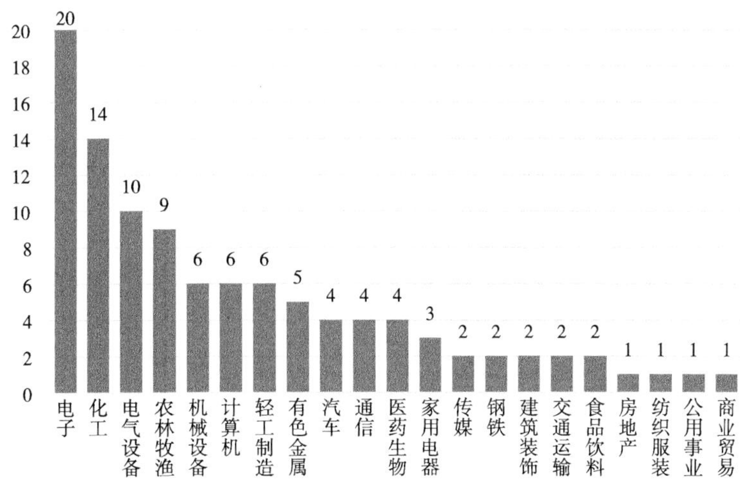

图 10-7　2020 年第四季度发布避险相关公告的上市公司的行业分布

数据来源：避险网。

市（如图 10-9 所示）。相对于上一季度，上述四省市中广东省数量增加最多，增加了 10 家；福建省增长幅度最大，由上季度的 3 家增长到 8 家。

图 10-10 是按地域统计的企业避险指数，广东、浙江、江苏、山东、福建五省仍然保持前五名，其中广东和浙江两省指数相对上一季度增加较为显著。

我们使用上市公司季度毛利的变异系数（毛利标准差除以毛利）对企业

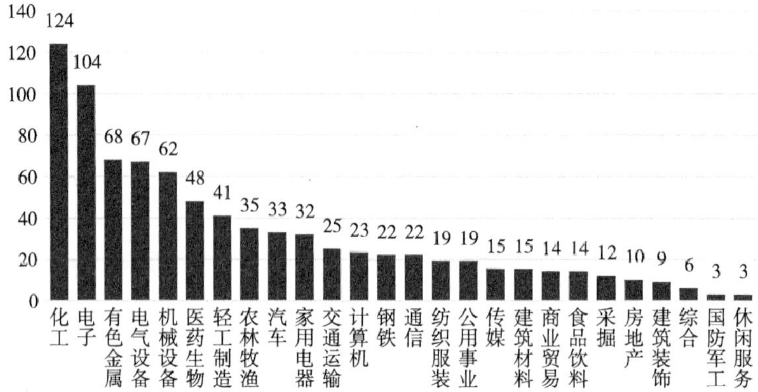

图 10-8　2020 年第四季度衍联中国企业避险行业指数

数据来源：避险网。

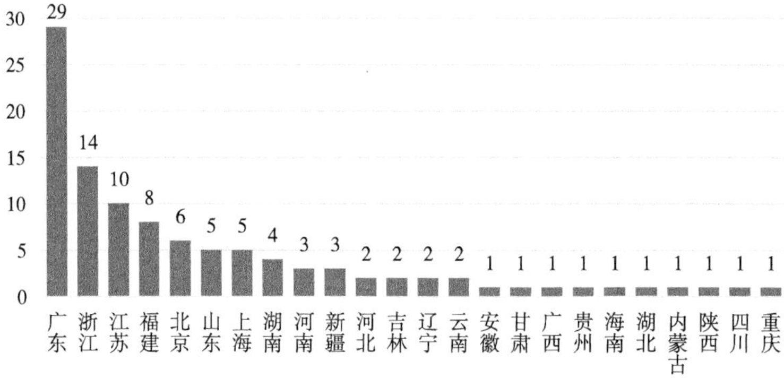

图 10-9　2020 年第四季度发布避险相关公告的企业的地域分布

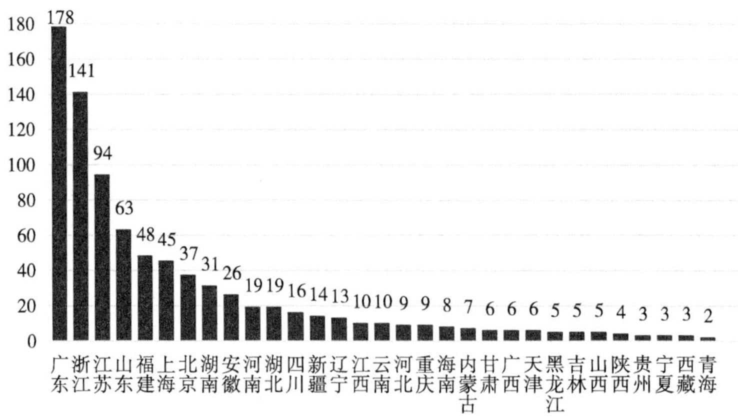

图 10-10　2020 年第四季度衍联中国企业避险地域指数

避险的效果进行了初步分析，主要结果汇总于表 10-2 中。如果毛利变异系数较高，则说明毛利波动性较强，财务稳定性较差；相反，如果毛利变异系数较低，则说明毛利波动性较弱，财务稳定性较强。

表 10-2　中国 A 股上市公司的毛利变异系数（2001—2019 年）

分组方式		非避险组	避险组
分组方式一	避险组（组 1）：发布过套保公告的公司 非避险组（组 2）：未发布过套保公告的公司	0.728	0.784
分组方式二	避险组（组 3）：组 1 中的公司套保公告首次发布之后 非避险组（组 4）：组 1 中的公司套保公告首次发布之前	0.602	0.536
分组方式三	避险组（组 5）：组 3 非避险组（组 6）：组 2 +组 4	0.714	0.537

按照分组方式进行分组，并没有看出避险的效果，反而是未曾发布过套期保值公告的公司毛利变异系数稍微低一些。

后两种分组方式的数据展示了避险在增强财务稳定性上的效果。对于曾经发布过套期保值公告的公司而言，其毛利变异系数在套期保值公告首次发布后出现了明显的下降，意味着避险增强了其财务稳定性；在毛利数据可得的 476 家发布过套期保值公告的公司中，套期保值公告首次发布后毛利变异系数降低的有 275 家，毛利变异系数提高的有 201 家，财务稳定性增强的企业数量相对较多。

如果将曾发布过套期保值公告的公司在其套期保值公告首次发布之前归入非避险组（组 2+组 4），而套期保值公告首次发布之后才归入避险组，这样的分组方式下，避险的效果更明显，非避险组的毛利变异系数为 0.714，而避险组仅为 0.537。

这个统计分析结果与北京大商所期货与期权研究中心进行上市公司使用衍生品效果案例研究的结论相一致①。他们选取了厦门国贸、宁夏英力特、厦门象屿、山西太钢不锈、广东海大集团、酒钢集团宏兴钢铁等进行案例分析，发现上市公司利用衍生品有利于提高公司的经营业绩（ROA）、生产经营，提高经营效率，特别是对有贸易业务的企业，能促进其稳步扩大经营规模。

诺贝尔经济学奖获得者肯尼思·阿罗说："对我而言，我们对社会中和自然界事物运作方式的了解就像一团团模糊不清的云。不论是历史的必然性，

① 谢亚，赵亮．我国上市公司使用衍生品的效果研究［C］//北京大商所期货与期权研究中心有限公司. 期货市场研究成果汇编（2017—2018）［M］. 北京：中国金融出版社，2019：193.

重大的外交计划，还是关于经济政策的激进观点，信仰确定性随之而来的是巨大的祸端。对个人或社会而言，开发具有广泛影响的政策时，谨慎是必需的，因为我们无法预测结果。”① 当前，全球处在波动性、不确定性、复杂性与模糊性（volatility，uncertainty，complexity，ambiguity，VUCA）相交织的时代，我们相信绝大多数企业知道这个道理，并深受风险与不确定性的困扰。

但企业做到知行合一的确并非易事，因为企业经营是在风险与不确定性共同纠缠中前行的。如果把风险与不确定性高低进行组合，可以把不同企业纳入以下四个类别中。第一类是低风险、低不确定性的企业，像高速公路等企业，它有大量的小客户、稳定的收费价格、很小的潜在竞争。第二类是低风险、高不确定性行业，例如，医药公司面临快速的创新、行业变革以及政策调整带来的高度不确定性，2019 年带量采购政策对医药公司的影响巨大，导致医药类公司股票大跌。第三类是高风险、低不确定性的企业，如原油生产商，油井开始产油后，原油生产商面临的主要风险是油价波动。第四类是高风险、高不确定性的企业，如汽车制造商，既面临汇率与利率的频繁波动，又面临行业监管变革、消费者易变的品味以及新车型的开发。

面对风险与不确定性，企业应采取正确的应对措施。对于低风险、低不确定性的企业应采取基准策略。如果风险变量接近于预期值，而不确定性冲击并没有对企业的生存产生威胁，那么基准策略是最优的。使用基准策略的企业应该做敏感性分析，以确保风险与不确定性不影响企业生产与销售的基本决策。对于低风险、高不确定性的企业应采用运作对冲策略，即企业调整运作或管理流程，以使企业利润对风险因子的变化与不确定性冲击不敏感。分散化是运作对冲策略的一个例子。对于高风险、低不确定性的企业应采用金融对冲策略。金融对冲策略的核心是使企业价值对风险因子的变化不敏感。如果风险因子的变化将对企业利润产生影响，那么企业就应该选择金融对冲策略。对于高风险、高不确定性的企业，应采用灵活策略。当风险因子可能产生不同价值时，企业就应采取灵活策略。灵活策略使企业能对市场做出快速反应，并使企业处于最佳适应市场环境的状态。

高风险、高回报这句话是有问题的，因为它混淆了风险与不确定性。准确地说，风险是人们知道的未知部分，是可以测量的，出现的可能结果是可知的。而不确定性是人们不知道的未知部分，是不可测量的，出现的可能结果是不可知的。既然风险是可以测量的，也是可以在金融市场上进行交易的，

① 布莱恩·阿瑟．复杂经济学：经济思想的新框架［M］．贾拥民，译．杭州：浙江人民出版社，2018.

企业当然可以进行对冲避险，所以，风险已经构成企业的生产成本，高回报不来自承担高风险，而来自承担高不确定性。相信随着中国衍生品市场的不断发展，以及避险理念在社会上的不断传播，会有更多的中国企业使用衍生工具对冲日益复杂的商业环境中遇到的商品价格、利率、汇率波动的风险，实现经营利润的稳定，为投资者提供一个相对稳定的投资回报。毕竟，避险能够提升企业的价值！

第十一章　寻找中国真正的避险基金

除了风险对冲过的上市公司能够给投资者带来更稳定的回报之外，采用对冲策略的资产管理机构也能为投资者带来稳定的回报。在国外，人们常用对冲基金称呼这类资产管理机构。在前文，我们提到过，对冲基金（hedge fund），按对冲基金之父琼斯的说法，他当时讲的是 hedged fund，是指风险对冲后的基金，但采访他的记者听成了 hedge fund，所以就一直沿用到现在。翻译成中文时，在中国大陆习惯叫对冲基金，在中国台湾与香港习惯叫避险基金。笔者认为，避险基金的译法更能体现原意。在中国，对冲基金已经与高风险挂上钩，人们也常把国内的私募基金与国外的对冲基金画等号，存在诸多误解。在本书中，想用避险基金全部取代对冲基金。但笔者知道改变一个惯例并非易事，因此，在大部分情况下，本书还会按惯例沿用对冲基金，但也会用避险基金。

2008 年的金融危机，使华尔街量化对冲基金惨淡的业绩延续到 2009 年，即使西蒙斯文艺复兴科技旗下的基金 2008 年也损失了 16%，2009 年损失了 5%。这导致投资人纷纷赎回资金，有些甚至转投到主动管理基金。量化对冲基金行业管理资产规模大幅下滑，从 2007 年的 1.2 万亿美元萎缩到 4 670 亿美元，降幅达 61%。1/4 的量化对冲基金破产关门，许多“火箭科学家”纷纷失业。其中有些“华人火箭科学家”回国了，因为那时中国金融期货交易所开始筹备股指期货，已经上线了股指期货仿真交易。他们把华尔街的量化对冲策略带到了中国，有些人在公募基金公司工作，有些人在私募基金公司工作，开始中国量化对冲基金的破冰之旅。在此次金融危机中，中国出台 4 万亿元拯救了世界。中国金融期货交易所于 2010 年 4 月 16 日上市沪深 300 股指期货也部分解决了华尔街“宽客”的饭碗问题。中国对冲基金在发展过程中由于受到股指期货被监管机构严格限制的影响，一度处境艰难，随着 2019 年股指期货交易恢复正常化，以及股指期权上市，中国对冲基金发展迎来新的春天。正如前面提及，这个行业是鱼龙混杂的，现在，到了把这些中国真正的避险基金找出来的时候了！

一、对冲基金能对冲风险吗

这是一个扎心的问题。因为在2020年3月海外金融市场危机过程中，有75%的对冲基金遭受了损失，最高损失超过40%。达里奥执掌的全球最大的对冲基金公司桥水旗下的纯阿尔法基金损失高达21%①，西蒙斯执掌的文艺复兴科技机构分散阿尔法基金损失了13%。对冲基金看起来未能对冲新冠病毒对金融市场冲击的风险。在2008年金融危机中，对冲基金也未能逃过劫难。2007年11月到2009年2月，对冲基金研究机构（HFR）的FOF指数下跌了22%。虽然同期标普500指数和纳斯达克指数下跌超过一半，但对冲基金并没有带给投资者能对冲风险的形象。

如果说历史上给对冲基金带来持久坏名声，非著名的长期资本管理公司（LTCM）的失败莫属了。在其经营的头四年里，这家规模达数十亿美元的对冲基金产生稳定的收益。然后，在其后的5个月里（1998年5—9月），基金净资产暴跌92%。此外，长期资本管理公司使用了巨大的杠杆，使得为其提供信贷的银行和经纪公司面临巨大的风险。因担心它的崩塌会对整个金融体系产生多米诺骨牌效应，美联储不得不出手救助该公司。

长期资本公司的故事之所以这么引人入胜，不仅仅是因为它的失败和对金融体系产生的威胁，还包括参与其中的豪华团队阵容。如果一只对冲基金合伙人有两位是诺贝尔奖获得者，并配备了一群华尔街最优秀的人才，以及一长串成熟投资者，但最终仍遭受了重大失败，几乎损失全部资产，那么投资者可能会问，还会有人对对冲基金产生兴趣吗？长期资本管理公司在开始阶段只是采取保守的套利交易，这些交易的风险有限而明确，只是试图通过市场的低效率导致的相关市场工具之间的相对定价错误来获利。这是对冲基金本来应坚守的策略。但随着竞争的加剧，在核心交易中的获利机会被削弱，长期资本管理公司开始转做一些更加有风险的交易。在它崩溃的时候，其投资组合中充斥着和它创立之初投资思路背道而驰的金融工具（如价差交易，理论上来说其带来的损失上不封顶）。这些风险因为使用巨大的杠杆而进一步加剧②。

这正如以量化多空对冲策略开始的AQR创始人阿斯尼斯与同事一起于

---

① 此处指的是目标波动率为18%的纯阿尔法基金，目标波动率为12%的纯阿尔法基金同期损失了14%。

② 详见杰克·D施瓦格．市场真相［M］．林静容，等，译．北京：机械工业出版社，2018：221-222.

2001年发表的一篇题为《对冲基金对冲吗?》[①]的研究论文中所说的。他们的研究表明，对冲基金的正收益来源于它们对股票市场的风险暴露，而不是来自阿尔法或基金经理的管理能力。也如同在2020年3月份一战成名的牧羊人——马克·斯皮兹纳格尔于2020年初写的一篇题为《为什么人们坚持投资对冲基金?》所指出的[②]，作为一个整体，对冲基金的表现也让人失望。1990—2019年，标普500指数年化收益率为10%，对冲基金相对标普500指数的超额收益是-5.4%到1%。如果把2000—2002年剔除（那段时间对冲基金取得了4.4%~23.4%的收益率），则标普500指数年化收益率为13.1%，对冲基金相对标普500指数的超额收益是-8.8%到-1%。2008年以来，标普500指数年化收益率为9.1%，而对冲基金相对标普500的超额收益为-7.9%到-5.2%。2010年以来，标普指数年化收益率为13.6%，对冲基金相对标普500的超额收益为-12.8%~-8.6%。作为一个整体，投资者为对冲基金支付这么多的费用去获得它的风险规避功能已经不值得了!

那为什么人们仍然坚持投资对冲基金呢?马克·斯皮兹纳格尔说，这个问题他也想不通。笔者认为，因为部分对冲基金仍然在坚守对冲策略，的确给投资者提供了低风险、中等收益的回报。如桥水公司旗下的纯阿尔法基金，马克·斯皮兹纳格尔执掌的尾部对冲基金等。因为在美国股市，获取1%的回报，需要承担3%的风险，获取9.6%的年回报，需要承担28.8%的风险!

1999年，管理1 600亿美元的加州雇员公共退休基金（CalPERS）宣布，将在对冲基金及其他另类投资工具上投资110亿美元（实际上，2000年约在对冲基金上投资了10亿美元）。具有讽刺意味的是，当时的媒体报道，加州雇员公共退休基金进入高风险投资[③]。于对冲基金行业而言，这是一个大利好。这实际上是美国对冲基金发展史上的分水岭，其他养老金与机构纷纷效仿，涌入另类投资领域，标志着对冲基金开始被美国机构投资者广泛接受。因为在2000—2002年的熊市中，对冲基金有效地保护了机构客户资产的安全。例如，从2000年3月的高点到2002年9月的低点，CSFB的对冲基金指数累计收益为6.08%，标准差为5.34%，而标普500指数为-43.74%，标准差为17.19%。

2014年，加州雇员公共退休基金宣布退出对冲基金投资。加州雇员公共

---

① AQR. Do hedge funds hedge? [OL]. https://www.aqr.com/Insights/Research/Journal-Article/Do-Hedge-Funds-Hedge, 2001-09-01.

② SPITZNAGEL. Why do people still invest in hedge funds? [OL]. http://universa.net/, 2020-02-12.

③ CNNFN. CalPERS enters hedge funds [OL]. https://money.cnn.com/1999/08/31/markets/calpers/, 1999-08-31.

退休基金首席投资官泰德·伊莱奥普洛斯（Ted Eliopoulos）说："对一些投资者来说，对冲基金肯定是一个切实可行的投资策略，但到目前为止，鉴于对冲基金的复杂性、成本，以及管理能力不能满足加州雇员公共退休基金规模的需要，投资对冲基金不值得继续下去。"① 不只是加州雇员公共退休基金，整个养老金行业都在质疑对冲基金，因为它们收取高昂的费用，而业绩却暗淡无光。也就是说，随着时间的推移，虽然仍有少数对冲基金坚守对冲策略，但作为一个整体，对冲基金正在失去吸引力。而在中国，对冲基金行业刚刚兴起，借鉴美国对冲基金行业的经验教训，我们需要把真正的、能够避险的基金选出来，使它们能够名副其实，满足刚兑打破背景下，高净值群体的投资需求。

二、公募对冲基金

迫于对冲基金竞争的压力，海外采用对冲避险策略的公募基金越来越多，公募对冲基金（hedged mutual funds or Alternative mutual funds）作为独立的分类出现了。20 世纪七八十年代，在美国的外汇期货、国债期货与股指期货三大金融期货市场初创时，美国的四大监管机构美联储、财政部、证监会与期监会在 1978 年、1984 年进行了两次联合研究，共同认定了金融期货市场发展对于金融市场风险的重新分配、信息透明化，以及为金融机构规避风险带来的好处，放开各类金融机构进入市场交易。1975 年，芝加哥期货交易所上市 GNMA 期货后不久，监管机构就放开了银行进入 GNMA 期货与国库券期货的交易。1982 年 9 月，股指期货上市不久，美国劳工部发布通知，称养老基金管理人可以使用期货合约作为整个投资策略的一部分。1984 年，美国证监会批准了公募基金参与期货与期权市场的无异议函。2015 年，美国证监会发布了《加强对公募基金使用衍生品监管的规则（征求意见稿）》，2019 年通过了新规定，包括对公募基金、ETF 以及封闭式基金加强使用衍生品的监管。

美国证监会主席杰伊·克莱顿说："委员会认识到我们资本市场及基金行业过去几十年发生了许多变化，包括衍生品在有效组合管理中的重要性。基金经常使用衍生品更加有效地增加了对某类特定资产的暴露以及对冲风险，但在一些特殊的情况下，衍生品会放大投资者与市场的风险，包括与杠杆相关的风险。通过对基金衍生品使用风险管理框架的标准化，新规定将有利于

---

① JOE. Calpers decided to stop investing in hedge funds [OL]. https://marketbusinessnews.com/calpers-decided-stop-investing-hedge-funds/32639/. 2014-09-16.

投资者、基金与市场，包括为基金提供更加有效的风险管理与加强投资者保护。”①

在欧洲，欧盟于2001年12月通过了《可转让证券集合投资计划Ⅲ》（即UCITS Ⅲ），放松了公募基金参与衍生品的限制。可转让证券集合投资计划Ⅲ主要目的有两个：一是解决由于各国市场分割引起的欧洲共同基金平均规模过小的问题，提高对美国公募基金的竞争力。例如，在2001年，美国公募基金平均规模为9.1亿欧元，而意大利、荷兰、英国、德国与法国共同基金的平均规模分别是4.17，3.89，2.48，2.33，2.33亿欧元。为了解决这个问题，《可转让证券集合投资计划 Ⅲ》提出欧盟共同基金统一牌照、各国通用的管理原则。二是解决共同基金保持与对冲基金的竞争优势问题，防止共同基金主要客户——养老基金流失到对冲基金。因为共同基金的传统策略已经不能满足欧洲养老基金的长期偿费能力的需要，养老基金开始转向对冲基金寻找稳定收益的机会。为了使共同基金提高竞争优势，《可转让证券集合投资计划Ⅲ》放宽了共同基金投资范围，特别是放宽了共同基金投资于衍生品的限制。

相比于《可转让证券集合投资计划 Ⅰ》，《可转让证券集合投资计划 Ⅲ》对共同基金投资衍生品由原先的契约限制（commitment restrictions）转向风险导向限制（risk-oriented restrictions）。在契约限制下，共同基金仅出于优化投资组合的目的，在契约中约定衍生品的投资。而在风险导向限制下，只要基金可以通过风险管理控制衍生品投资的潜在总损失，基金便可以将衍生品用于风险对冲、调节资产配置等多重目的。但基金在衍生品的总风险暴露不得超过净资产的100%。虽然法规仍然限制共同基金进行融券卖空，但《可转让证券集合投资计划 Ⅲ》放松了共同基金在衍生品投资的限制，使其能够从事对冲基金75%的业务。这直接推动了欧洲共同基金的变革，以金融期货与期权为代表的衍生产品逐渐在共同基金投资中占据越来越重要的位置。正如萨拉新银行（Sarasin）财富管理首席投资官盖伊·摩恩逊（Guy Monson）所言："欧洲基金业正处于激烈变革的高潮，催化剂则是法规允许基金经理在每天投资管理中使用衍生品。”②

一则来自美国证监会的研究表明③，公募对冲基金数量从2010年到2014年以年均17%的速度增长，而公募基金整体数量的增长是年均8%。公

① SEC. SEC proposes to modernize regulation of the use of derivatives by registered funds and business development companies [OL]. https：//www. sec. gov/news/press-release/2019-242，2019-11-25.

② 刘文财，林伟斌．对冲：股指期货推动股票市场新变革［M］．北京：中国金融出版社，2010.

③ LEWIS. Liquid alternative mutual funds：An asset class that expands opportunities for diversification [OL]. https：//www. sec. gov/comments/s7-24-15/s72415-96. pdf. 2016-03.

募基金对冲基金的管理规模由 2010 年的 3 204 亿美元增长到 2014 年的 4 693 亿美元，复合年化增长率为 10.01%，而所有基金复合年化增长率为 12.29%。主要是因为这段时间商品类的公募对冲基金管理规模以每年 12%的速度下降。到 2015 年 6 月，美国公募对冲基金数量为 1 209 只，管理的规模为 4 727 亿美元。而所有美国公募基金数量为 11 973 只，管理的规模 179 227 亿美元。占比分别为 10.1%与 2.6%①。公募对冲基金收益符合其策略的目标，从 2001 年到 2015 年，平均年化收益率为 5.17%，标准差为 6.99%。分策略看，市场中性策略平均年化收益率为 3.99%，标准差为 2.69%；多空策略平均年化收益率为 5.61%，标准差为 7.15%；管理期货平均年化收益率为 8.79%，标准差为 12.29%；多策略平均年化收益率为 2.36%，标准差为 8.02%；非传统债券平均年化收益率为 5.12%，标准差为 4.80%。而这段时间，标普 500 指数平均年化收益率为 6.03%，标准差为 15.01%。公募对冲基金总体收益率与标普 500 指数收益率的相关性为 0.58。

中国公募对冲基金是在中国金融期货交易所股指期货上市后才出现的。2010 年 4 月 21 日，证监会发布的《证券投资基金参与股指期货交易指引》规定："基金参与股指期货交易，应当根据风险管理的原则，以套期保值为目的。"也就是说公募基金可以使用股指期货对其股票组合进行风险规避，但不能进行投机。2013 年修改后的《基金法》颁布，公募基金正式开始发行对冲避险类的产品。2013 年 11 月，嘉实基金发行了首只公募对冲基金——嘉实绝对收益策略基金，到 2013 年年底规模达 22 亿元。2014 年年底，共有 6 只公募对冲基金；2015 年年底，共有 13 只，规模达到 159 亿元。随着 2015 年 9 月 2 日监管机构对股指期货进行严厉限制，2016 年之后，虽然数量仍有新增，但管理规模快速下滑，到 2017 年年底，总数为 18 只，管理规模只有 39 亿元。随着 2018 年监管机构开始对股指期货市场进行实质性的松绑，公募对冲基金又开始受到投资者的关注，到 2019 年年底，管理规模增长到 167 亿元。2019 年 9 月，监管机构重新受理公募量化对冲基金的申请。2019 年 12 月底，包括中融、景顺长城、德邦、华夏、申万菱信、富国、海富通等基金公司申请的 7 只公募量化对冲新基金获准发行。

研究发现，到 2019 年年底存续的公募对冲基金在市场振荡与下跌期间表现出色②，起到了避险的作用（表 11-1、图 11-1）。2013 年 12 月 5 日—

① DELI, HANOUNA, al et. Use of derivatives by registered investment companies [OL]. https://www.sec.gov/dera/staff-papers/white-papers/derivatives12-2015.pdf, 2015-12.

② 徐寅，于明明. 主题基金研究系列之二：国内公募对冲产品大有可为 [R]. 兴业证券研究报告，2020-02-29.

2014 年 7 月 25 日，市场处于震荡过程中，万得全 A 指数涨 1.1%，沪深 300 跌 8.4%，而公募对冲基金涨 2.6%。2015 年 6 月 12 日—2015 年 9 月 15 日，市场处于大幅下跌过程中，万得全 A 跌 50.8%，沪深 300 跌 40.9%，公募对冲基金涨 0.6%。2015 年 12 月 25 日—2016 年 2 月 29 日，市场处于大幅下跌过程中，万得全 A 跌 31.1%，沪深 300 跌 25%，公募对冲基金微跌 0.2%。2018 年 2 月 5 日—2019 年 1 月 2 日，市场处于大幅下跌过程中，万得全 A 跌 28.7%，沪深 300 跌 30.5%，公募对冲基金微跌 1.4%。2019 年 4 月 10 日—2020 年 2 月 21 日，市场处在振荡过程中，万得全 A 涨 1.7%，沪深 300 涨 1.6%，公募对冲基金涨 9.9%。

表 11-1　不同市场状态下公募对冲基金的表现　　%

状态	开始时间	结束时间	万得全 A 涨跌	沪深 300 涨跌	公募对冲基金涨跌
震荡	2013-12-05	2014-07-25	1.1	-8.4	2.6
上涨	2014-07-25	2015-06-12	194.8	136.0	12.6
下跌	2015-06-12	2015-09-15	-50.8	-40.9	0.6
上涨	2015-09-15	2015-12-25	42.5	21.8	0.4
下跌	2015-12-25	2016-02-29	-31.1	-25.0	-0.2
上涨	2016-02-29	2018-02-05	29.2	48.5	3.3
下跌	2018-02-05	2019-01-02	-28.7	-30.5	-1.4
上涨	2019-01-02	2019-04-10	39.3	37.6	1.4
震荡	2019-04-10	2020-02-21	1.7	1.6	9.9

数据来源：wind，兴业证券研究报告，避险网。

三、衍联中国公募避险基金指数

我们观察到，随着股指期货市场交易逐渐正常化，股指期权等更多股指衍生品的上市，采用量化对冲策略的公募基金数量又重新恢复增长。根据海外市场的发展规律，未来这类公募基金将逐渐成为一个独立的类别。因此，有必要去编制一个指数来反映这类公募基金的总体情况，并方便投资者进行投资跟踪。同时为了便于投资者理解，我们用避险替代对冲，编制了衍联中国公募避险基金指数，并于 2020 年 7 月 8 日正式发布。

衍联中国避险指数的编制分为样本筛选、指数计算、指数调整等步骤。

首先确定样本空间，公募避险基金指数样本空间由同时满足以下条件的

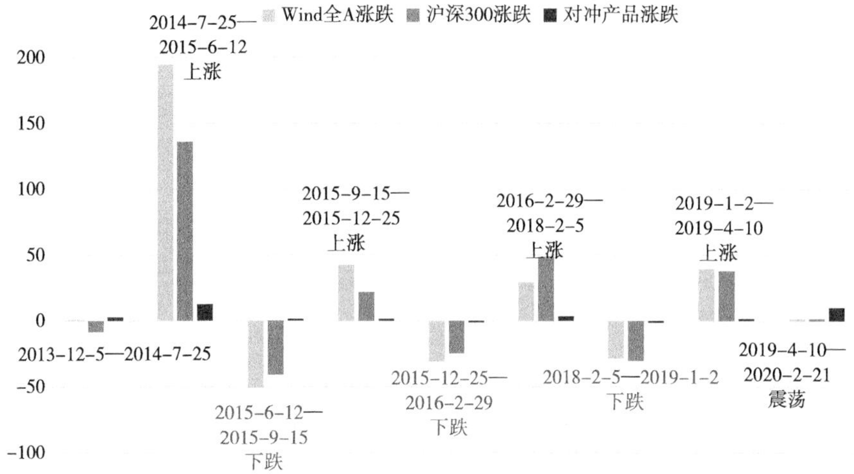

图 11-1　不同市场状态下公募对冲基金的表现

数据来源：Wind，兴业证券研究报告，避险网。

公募基金组成：①基金成立年限大于或等于一年；②过去一年基金最大回撤小于或等于 15%；③基金规模大于或等于 1 亿元；④基金的全称、投资类型、投资目标、投资范围、投资理念字段数据中体现“避险”特性。

随后在样本空间内进行筛选：首先对具有“避险”性质的基金进行筛选。具体方法为，对给定字段数据中具有“避险”特征关键词的基金进行提取，关键词包括：对冲、避险、多空、阿尔法、Alpha、中性。筛选的字段数据包括：基金全称、投资类型二级分类、投资目标、投资理念。数据文本中包含以上关键词的任何一个即可入选。其次剔除基金成立年限小于一年，过去一年最大回撤率大于 15%，以及基金规模小于 1 亿元的基金。

剩余基金中，选取前一年度累计净值增长率大于零的基金作为当年的样本基金，若具有相同基金经理，保留基金规模较大的基金。

公募基金避险指数实时计算，样本基金实时累计净值来自同花顺 iFind 金融数据库。具体做法是，在每个月开始后用基金的累计净值计算开盘指数，此后每月重新发布一次指数。

当指数样本名单、基金份额出现变化，或基金市值、基金净资产出现非交易因素的变动时，选择采用“除数修正法”修正原除数，以保证指数的连续性。

将衍联中国公募避险指数与其他主流指数进行收益对比，选取的市场指数为沪深 300 指数、上证 50 指数、中证 500 指数。

（一）衍联中国公募避险指数与各主流指数的比较

公募避险指数历史收益比较可观，从开始的 1 000 点（始于 2010 年 6 月 1 日）增长至 2020 年年末的 2 245. 65 点，年化收益率为 7. 76%，波动率为 6. 23%。与其他主流指数的显著不同在于，公募避险指数的增长十分稳定，不像其他指数那样波动较大，公募避险指数的波动幅度远小于其他指数，且与其他指数的走势相关性较低。在保证较小的波动率情况下依然以较高的收益率保持稳定增长，尤其是在 2014 年之后，指数一直稳步上升，更加反映了该指数的“避险”属性（见图 11-2）。

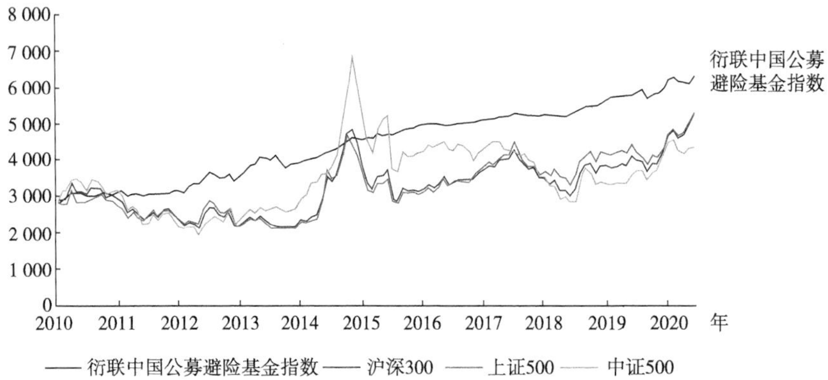

图 11-2　衍联中国公募避险指数与主流指数的比较

数据来源：IFind，避险网整理。

（二）市场分阶段分析

2020 年，中国资本市场经历牛市，各大指数均出现显著增长，上一次出现类似情况是 2014—2015 年，持续时间一年多。彼时，各大指数在大涨后转跌，我们比较了涨、跌两个时间段沪深 300 指数与避险基金的表现（见表 11-2）。上涨期，沪深 300 指数增长 149. 99%，而同期避险基金收益为 17. 89%；下跌期，沪深 300 指数下跌 42. 59%，而同期避险基金则上涨 6. 13%。能抗住市场压力稳定上涨，穿越牛熊，是避险的核心要素。

表 11-2　市场分阶段分析　　%

状态	开始时间	结束时间	沪深 300 涨跌	避险基金涨跌
上涨	2014-06-23	2015-06-12	149. 99	17. 89

续表

状态	开始时间	结束时间	沪深 300 涨跌	避险基金涨跌
下跌	2015-06-12	2016-05-19	-42.59	6.13

数据来源：IFind，避险网整理。

再选取部分市场波动较大的区间比较公募避险指数和沪深 300 指数的收益率和波动率，可以看到公募避险指数的收益率更加稳定（见表 11-3）。2015 年，沪深 300 收益率为 5.58%，波动率为 9.82%，而公募避险指数收益率为 11.2%，近前者的 2 倍，且波动率为 1.23%，明显低于前者；2017 年 6 月至 2018 年 6 月，公募避险指数收益率为 3.54%，优于沪深 300 的收益率（0.52%），且波动率为 0.54%，远低于沪深 300 的波动率（4.00%）；2019 年下半年，公募避险指数收益率为 3.83%，虽低于沪深 300 的收益率（7.08%），但公募避险指数的波动率为 0.60%，明显低于沪深 300 的波动率（3.08%）。所以，我们可以看到，无论市场整体表现如何，公募避险指数都可以取得不错的收益，并且波动率较低，充分体现其避险属性。

表 11-3　公募避险指数和沪深 300 收益率和波动率对比　　%

序号	时段	避险指数		沪深 300	
		收益率	波动率	收益率	波动率
1	2015	11.20	1.23	5.58	9.82
2	2017-06—2018-06	3.54	0.54	0.52	4.00
3	2019 年 H2	3.83	0.60	7.08	3.08

数据来源：iFind。

四、私募对冲基金

经过近几年规范整顿之后，中国私基基金行业进入了平稳发展阶段。截至 2019 年 12 月底，中国证券投资基金业协会已登记私募基金管理人 24 471 家，2018 年同期为 24 448 家。存续已备案私募基金 81 739 只，管理基金规模 13.74 万亿元（运作中产品），较 2018 年同期的 12.78 万亿元增加 7.52%。单就私募证券投资基金而言，截至 2019 年 12 月底，基金业协会已备案私募证券投资基金管理人 8 857 家，已备案私募证券投资基金 41 399 只，管理基金规模 24 503 亿元，较上年同期的 22 391 亿元增加 9.43%。平均而言，每家私募证券投资基金管理人管理产品 4.67 只，管理规模 2.77 亿元。其中，量化对冲私募基金数量 5 405 只，管理规模为 2 409.05 亿元，无论是数量还是管理规模都远远大于公募对冲基金。在整个私募证券投资基金占比分别为 13.05% 与 9.83%。与美国相比，中国量化对冲私募基金的发展总体上仍处在初级阶段，未来发展空间巨大。中国量化对冲私募基金的发展经历了四个阶段①。

（一）雏形阶段（2004—2010 年）

在 2010 年中国股指期货上市之前，中国已经有了量化对冲基金，但这些量化对冲基金主要是从事基金与 ETF 套利交易的。如 2004 年华宝信托发行的"基金优选套利"；2007 年，北京方得资产公司在国民信托发行的"稳盈宝 1 号"；深圳倚天阁投资公司在鹏华资产管理公司发行的"信合东方有限合伙人"；2008 年新发 10 只量化对冲产品，均以 ETF 跨市场套利为主；2009 年新发 14 只量化对冲产品，依然以 ETF 交易投资为主。

（二）快速发展阶段（2010 年 4 月—2015 年 9 月）

2010 年 4 月 16 日，中国首个沪深 300 股指期货上市。伴随着新金融工具的诞生，许多私募公司有备而来，其中准备已久的朱雀投资拔得头筹，在 2010 年 4 月 27 日发行了三只量化对冲产品，并且在 2010 年 5 月 26 日再发行三只量化对冲产品，分别是"双核动力 1 期"的 1—6 号，6 只产品规模共计 2.8 亿元。2011 年新产品发行数量环比大幅增加，共有 35 只量化对冲信托产品发行，10 只量化对冲券商资管产品发行。

2012 年发行量化对冲产品数量继续急剧增加，共发行信托产品 78 只，资管产品 17 只，共计 95 只。其中，深圳悟空投资发行的"悟空对冲量化"、天津东源发行的东源定向量化增强 1 期、深圳礼一投资发行的参与股指期货套利的产品——"礼一量化回报 1 期"以及上海淘利资产发行的"淘利套利 1 号"等产品表现出色。此外，2012 年还涌现了如上海金锝投资、浙江宁聚投资等多只优秀的量化对冲投顾。2012 年是量化对冲基金星星闪耀的一年。

2013 年量化对冲产品保持快速增长的态势，这些新增加的基金多以股票阿尔法策略为主。2013 年创业板的牛市让这些阿尔法基金大赚不少，但是投资策略普遍同质化。2013 年唯一的亮点就是量化定增产品。由于 IPO 在 2012 年 11 月 3 日暂停，尤其是 2013 年整年都没有重启，大量有融资需求的公司只能通过增发股份来获得资金，顺应的定增产品开始大显其手。其中盈峰资本发行的"盈峰量化"系列产品表现较好。总体看，2013 年也是股票阿尔法策略快速发展的一年，朱雀投资和重阳投资、尊嘉资产都开始大量发行

① 栾丽萍，等．华宝证券私募基金年度报告 2014—2019［OL］. www. cnhbstock. com.

股票市场中性产品。

2014 年量化对冲产品出现一波高峰，全年信托和券商资管发行的产品近 600 只，尤其是当年基金业协会推行私募基金发行备案制，许多的私募基金不再通过信托或资管等平台发行产品，而是备案之后直接由私募基金本身发行产品。2014 年全年各种方式累计发行的量化对冲产品数量约为 522 只左右。

爆发性增长下，隐忧开始显现。虽然 2013 年、2014 年量化对冲产品数量急剧增加，但是策略方面反而出现同质化，这些产品的绝大部分都是以做股票中性策略为主兼做少量套利。策略同质化的危机在 2014 年下半年市场风格切换中爆发出来。由于策略同质化，对冲工具单一，导致下半年股票阿尔法策略产品大面积回撤，不过套利对冲基金因套利机会增加而表现出色。如果从策略产品创新上看，2014 年量化对冲基金唯一的看点就是分级基金。有些对冲基金并非将权重全部留给股票阿尔法，而是参与分级基金以及股指期货的期现套利，在分级基金近乎疯狂的行情下，这类产品获得了不错的收益。例如，上海艾方资产以及青岛以太投资都积极参与了分级基金套利。

2015 年量化对冲私募合计发行 634 只，较 2014 年的 522 只增长 21.46%。分时段数据显示，股灾时期量化对冲阳光私募发行频率基本与上半年一致，发行量的锐减主要发生在 8 月以后，即伞形信托清理、券商接入限制、股指期货交易限仓等政策集中下达期，由此导致量化对冲私募基金的发展进入一个困难时期。

（三）发展受困阶段（2015 年 9 月至 2017 年 12 月）

2015 年 9 月份开始，对于量化对冲私募基金而言无疑是处境艰难的一年。产品强平、对冲受限、程序化接入暂停、新金融工具延缓推出，对量化对冲私募的发展产生了很大的影响。2015 年 1—8 月，量化对冲私募基金保持每月 65 只的发行速度。但在 9—12 月，发行速度下降到每月 29 只。这种艰难情况一直延续到 2016 年、2017 年，由于股指期货仍处在监管限制之中，市场中性策略的量化对冲私募基金在这段时间发展明显受困。到 2017 年年底，市场中性策略的量化对冲私募数量仍只有 543 只，管理规模约为 471.71 亿元。

（四）恢复发展阶段（2018 年开始）

从 2017 年 2 月 17 日起，监管机构对股指期货开始第一次象征性的松绑。沪深 300、上证 50、中证 500 股指期货各合约平今仓交易手续费标准调整为成交金额的万分之九点二。沪深 300 和上证 50 股指期货合约非套期保值持仓的交易保证金标准，由 40% 调整到 20%；中证 500 的交易保证金，由 40% 调整为 30%。投机开仓由 10 手调整为 20 手。从 2017 年 9 月 18 日起，监管机构对股指期货再次松绑。沪深 300 股指期货与上证 50 股指期货的交易保证金由 20%调整到 15%。沪深 300、上证 50、中证 500 股指期货各合约平今仓交易手续费标准调整为成交金额的万分之六点九。这两次松绑，使市场机构看到股指期货交易逐渐恢复正常化的希望。尤其是从 2018 年 12 月 3 日起，股指期货迎来了实质性的松绑。沪深 300、上证 50 股指期货交易保证金标准统一调整为 10%，中证 500 股指期货交易保证金标准统一调整为 15%；将股指期货日内过度交易行为的监管标准调整为单个合约 50 手，套期保值交易开仓数量不受限制；将股指期货平今仓交易手续费标准调整为成交金额的万分之四点六。因此，量化对冲私募基金发展逐渐恢复，到 2018 年年底，市场中性策略的量化对冲私募数量发展到 746 只，管理规模增长到 693.95 亿元。

同时，在此过程中，上海证券交易所的 50ETF 期权市场交易逐渐活跃，融资融券制度也实质性发展起来，商品期货、期权市场品种越来越多，为股票多空、股票量化、套利、CTA 等其他量化对冲策略的发展提供了条件。2018 年年底，包括这些策略的量化对冲私募基金总数量为 5 009 只，总管理规模为 2 433.19 亿元。

2019 年，股指期货市场继续松绑。2019 年 3 月 25 日，中金所发布股指期货优化套期保值管理制度。非期货公司会员、客户的股指期货所有品种卖出套期保值持仓合约价值之和，不得超过其持有的股指期货所有品种标的指数成分股、股票 ETF 和 LOF 基金市值之和的 1.1 倍。从 2019 年 4 月 19 日起，日内过度交易行为标准调整为单个合约 500 手。IC 保证金调整为 12%。日内平仓手续费调整到万分之三点四五。2019 年 5 月 31 日，股指期货跨品种持仓单边收取保证金。2019 年 12 月 23 日，沪深 300ETF 期权与沪深 300 股指期权同时上市。2019 年年底，商品期权品种已经有 10 个，对冲避险工具的扩容，为量化对冲私募的发展插上了翅膀；市场中性策略的量化对冲私募发展到 933 只，量化对冲私募总数增长到 5 405 只，总管理规模为 2 409.05 亿元。

五、衍联中国私募避险基金指数

与衍联中国公募避险基金指数类似，我们编制了衍联中国私募避险基金指数，以反映私募基金中采用对冲策略基金的情况，便于投资者进行投资跟踪。衍联中国私募避险基金指数由在中国证券投资基金业协会登记备案的全部私募证券投资基金产品中，具有“避险”性质的 30 只基金组成，兼具基金产品“避险”、基金经理“避险”和基金公司“避险”的三重属性，历史回测开始于2010年7月，正式发布于2020年7月8日。

衍联中国私募避险基金指数样本空间由同时满足以下条件的私募证券投资基金组成：一是基金产品成立年限大于或等于一年；二是样本期内公布月频净值超过12次；三是基于中国对冲基金学术研究成果，基金产品的投资策略、基金经理的个人特征和基金公司的治理结构体现出“避险”特性。基金各项数据以及指标从私募云通数据库（CHFDB）和天眼查中获得。

在基金产品的筛选上，衍联中国私募避险基金指数有着严格的筛选条件，共三步：第一步，剔除基金产品成立年限小于一年，样本期内公布月频基金净值小于12次的基金。第二步，对具有“避险”性质的基金进行筛选。具体方法：一是基金产品“避险”属性，即从使用套利、对冲、市场中性等相对价值策略的私募证券投资基金产品出发。二是基金经理个人特征的“避险”属性，即从具有“避险”属性的专业背景、职业背景的私募证券投资基金产品中挑选。三是基金公司的“避险”属性，即从有相对完善的公司治理结构的私募证券投资基金产品中挑选。第三步，将基金产品发行的存续期作为考量因素，选取存续期最长的30只基金产品。

衍联中国私募避险基金指数系列样本基金每半年调整一次，每年的1月和7月对指数样本基金进行审核。样本调整后指数当月生效。特殊情况下将对指数样本进行临时调整。当样本基金发布合同终止公告时，将其从指数样本中剔除。当样本基金发生合并、分拆等情形时，决定是否对样本基金进行临时调整。

衍联中国私募避险基金指数以“点”为单位，精确到小数点后3位，以2010年7月31日为基日，基点为1 000点。对于指数计算，采用净值加权的方法。衍联中国私募避险基金指数实时计算，样本基金实时单位净值来自私募云通数据库（CHFDB）。具体做法是，在每个月开始后用基金的单位净值计算开盘指数，此后每月重新发布一次指数。

研究分析衍联中国私募避险基金指数在2010年7月至2020年10月的情况，发现其在市场振荡与下跌期间表现出色，起到了避险的作用（图11-3）。

衍联中国私募避险基金指数的历史表现非常靓丽，截至2020年10月末，年化收益率17.78%，相对于沪深300指数的超额收益率12.18%，波动率6.24%，最大回撤-31.51%。最大回撤发生在2012年前，当时样本基金数量少，指数表现不够稳定。2012年1月之后随着样本基金数量的增多，至今的最大回撤小于4%，夏普比率为1.1。

在衍联中国公募避险基金指数与私募避险基金指数的基础上，我们编制

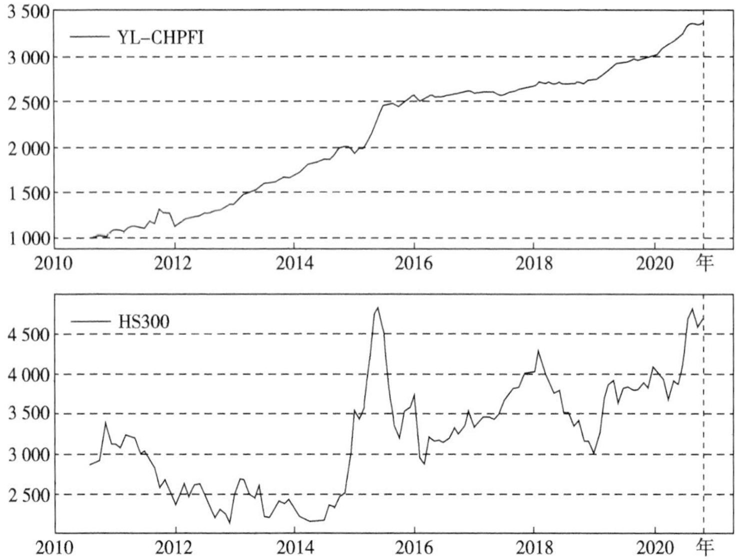

图 11-3　不同市场状态下衍联中国私募避险基金指数和沪深 300 指数情况

了衍联中国公募基金总指数[①]。从 2010 年 7 月到 2020 年 10 月底，该指数年化收益率 15. 99%，相对于沪深 300 指数的超额收益率为 8. 38%，波动率为 6. 67%，夏普比率为 1. 34。它们是避险网为投资者找到的中国真正的避险基金，非常适合刚兑打破背景下各类财富管理机构与高净值个人进行投资跟踪。

① 避险网网站，www. d-union. net.

第四篇　顺着循环去避险

一个有机生命是宇宙的一个部分。

——克劳德·伯纳德（Claude Bernard）

第十二章　循环的力量

循环（cycle），这个源于希腊语的词意思是“圆圈”，意味着转了一圈回到了起点。大部分人是在一般意义上用这个词的。其他两个更加准确表达这个意思的词分别是节律（rhythm）与周期（periodicity）。循环并不一定意味着在时间间隔上的规律性。一个经济景气循环，一般用一个衰退的谷底到另一个衰退的谷底测量，其长度可能是 4 年，下一次也可能是 7 年，再一次甚至是 13 年。一个人类人口增长的循环，用一个时期到另一个时期的基本稳定性测量，长度可能是 100 年或 1 000 年。

节律（rhythm）或节律循环（rhythmic cycle），一般用来表示一个以相当一致的时间间隔重复出现的循环。节律意味着一种节拍。例如，心脏的跳动是节律性的，虽然它有轻微的不规则。周期（periodicity）或周期循环（periodic cycle）表示一个以数学上精确时间间隔重复出现的循环。像一条真正的直线或一个真正的圆一样的真正的周期，在自然界并不存在，但是我们可以近似地描述它。在太阳的影响下，地球上万事万物都是循环反复的，人类、经济与金融系统以及社会发展都不例外。需要说明一点，这个循环反复，不是简单的循环反复，而是沿着一个前进的方向螺旋进行的，如同众行星围着太阳转，而太阳带着众行星螺旋前进的方向一样。

一、中国古人的循环观

中国古人对宇宙的持续观察研究形成了宇宙是循环反复的循环观以及天人合一的系统论。《周易》的“周”就是循环一周的意思，“易”就是变化，所以《周易》就是讲事物循环一周的变化规律。天干地支的纪年方法形成六十甲子的一轮循环，更是进一步揭示了与地球密切相关的几大天体的循环反复的运行规律。现代有研究表明，天象、地象、气象中都有 60 年左右周期现象①。《易经》中的 64 个卦刻画了地月系的运动规律，是近点月四种特征相位

① 高建国，陈玉琼．天象、气象、地象中六十年左右周期现象［J］．陕西天文台台刊，1982（2）：125.

的16个循环，首尾八卦代表着相似位相的重复出现，故常用卦有60个，揭示了近点月与塑望月会合周期的结构。干支纪年的客观依据是对点月及邻点月的四种周期，六十甲子对应着60种月亮特征位相。五运六气学说进一步揭示了近点月、塑望月与回归年后会合周期的结构。它表明以冬至点为参考系的日地月三体运动的最小相似周期为60年，这就是六十甲子年气运周期对应的天文周期①。

《黄帝内经》更是把六十甲子每一年的天度、气数、气候、物候、民病的变化规律记载其中。在《黄帝内经·素问·天元纪大论》中，

> 帝曰：请问其所谓也。鬼臾区曰：臣积考太始天元册，文曰：太虚寥廓，肇基化元，万物资始，五运终天，布气真灵，揔统坤元，九星悬朗，七曜周旋。曰阴曰阳，曰柔曰刚，幽显既位，寒暑弛张，生生化化，品物咸章，臣斯十世，此之谓也。

意思就是“黄帝说：我想听听关于五运分主四时是怎样的？鬼臾区说：五运各能主一年，不是单独只主四时。黄帝说：请你把其中的道理讲给我听听。鬼臾区说：臣久已考查过《太始天元册》，文中说：广阔无边的天空，是物质生化之本元的基础，万物滋生的开始，五运行于天道，终而复始，布施天地真元之气，概括大地生化的本元，九星悬照天空，七曜按周天之度旋转，于是万物有阴阳的不断变化，有柔刚的不同性质，幽暗和显明按一定的位次出现，寒冷和暑热按一定的季节往来，这些生生不息之机，变化无穷之道，宇宙万物的不同形象，都表现出来了。我家研究这些道理已有十世，就是这个意思。”②

在《黄帝内经·素问·六元正纪大论》中，

> 帝曰：愿夫子推而次之，从其类序，分其部主，别其宗司，昭其气数，明其正化，可得闻乎？岐伯曰：先立其年以明其气，金木水火土运行之数，寒暑燥湿风火临御之化，则天道可见，民气可调，阴阳卷舒，近而无惑，数之可数者，请遂言之。

意思是说，“黄帝说：希望先生把这些道理进一步推演。使其更加条理，根据干支的属类和一般的顺序，分析司天在泉等所主的部位，分别每年主岁

---

① 付立勤．干支纪年、五运六气与“太极”［J］．天津中医药大学学报，1984（2）：15.

② 中医经典名著《黄帝内经》原文白话文全解读［OL］． http：//neijing.5000yan.com/.

之气与各步之气，明了司天岁运所属之气与数，及正化邪化的变化情况等，可以听你进一步讲述吗？岐伯说：首先要确立纪年的干支，以明了主岁之气与金木水火土五运值年之数，及寒暑燥湿风火六气司天在泉的气化，则自然界的变化规律，就可以被发现，人们可以根据这种规律调养身体，阴阳之气屈伸的道理，也句浅近易知，不被迷惑。关于它的一般理数可以加以推数的，我尽量讲给你听。"① 这与现代天体生物学家维克拉玛辛赫化生论的观点类似。

北宋大儒邵雍学究天人，穷极天理，揭示了《易经》中先天八卦之理与后天八卦之理，给后人留了一本"天书"——《皇极经世书》②。在书中，他向世人展示了一个循环反复的宇宙模型，并由衷地感叹："易有三百八十四爻，真天文也!"他把太阳的一个大循环称为元，一元为 129 600 年，称之为"一元之数"，在一元内，会诞生一期人类文明。因为月亮一年有十二个月，地球绕太阳公转一年，有十二个月，根据日月交会，一元又分十二会，每会为 10 800 年。并用十二地支来命名，所谓"天开于子，地辟于丑，人生于寅"，是指本期人类文明是从第三会，即寅会，3×10 800 年 = 32 400 年才诞生的。

一会又分为五正运，按五行计算，每正运为 2 160 年。因此，一元就是 60 正运。用 64 卦中除乾、坤、离、坎外的 60 卦进行命名，从复卦开始一直到剥卦，称为运正卦。一正运又分为 6 个一运，每运 360 年，也进行配卦，称为运运卦。一运又分为十二世，每世 30 年。两世为 60 年，即一个甲子，配一卦，称之为世卦。因此，每运是 6 个完整的甲子循环。一个甲子，每 10 年为一旬，有 6 旬，配 6 个旬卦。旬卦之下，则为年卦，即每年配一个卦。在邵雍的模型里，最小的时间单位为年，也就是地球绕太阳公转一周，即是太阳循天一周的时间。按邵雍的模型推算，2020 年是在甲元、午会、姤运（1744—2103 年）鼎世（1984—2043 年）庚子年。旬卦为蛊卦，年卦为明夷卦。

二、2021—2030 年：萧条年代的局部繁荣

对于从事经济与金融专业的人来说，更关心经济的循环。2020 年，全球经济在新冠疫情冲击下一度接近停摆。在 2020 年 6 月份时，国际货币基金组织（IMF）曾预测 2020 年全球经济将负增长 4.9%。新加坡公布的 2020 年第二季度 GDP 环比萎缩 41.2%。2020 年 6 月 8 日，美国国家经济研究局（NBER）正式宣布，自 2009 年 6 月开始扩展的美国经济到 2020 年 2 月达到

---

① 中医经典名著《黄帝内经》原文白话文全解读［OL］. http://neijing.5000yan.com/.

② ［宋］邵雍．皇极经世书［M］. 北京：九州出版社，2012.

顶峰，开始陷入衰退。2020年第二季度美国GDP年化衰退32.9%。2020年，因新冠疫情导致全球92.9%的经济体陷入衰退，是巧合？还是经济景气循环规律下的必然？站在当下，如何对未来十年经济做一个预判？

要做这种大势的预判，我们一定要避开细节，直接探究经济系统本身的运行规律。经济系统活动有规律地上升或下降的现象，叫作经济景气循环。这里要区分的是，循环并不是周期，循环包括周期循环，也包括非周期循环，而经济景气循环不是周期循环，而是非周期循环。

美国国家经济研究局对景气循环有一个严格的定义："景气循环是一种在主要由商业企业组成的一国的经济活动发生的波动。一个循环包括多个经济活动同时扩张，跟随着衰退、收缩，再下去是新的扩张，这种变化的次序会重复出现，但不是周期性的。"①

现在公认的经济景气循环分为：

（1）基钦循环（Kitchin cycle），3~4年时间。

（2）朱格拉循环（Juglar cycle，中期循环，主循环），10~11年时间。

（3）库茨涅兹循环（Kuznets cycle，长期循环），20~22年时间。

（4）康德拉季耶夫循环（Kondratieff cycle，长期循环），50~60年时间。

关于经济景气循环形成的原因，有多种说法，其中一种是从太阳的活动规律找原因，就是"太阳黑子学说"。最早开创经济景气循环理论的是英国经济统计学家克拉克（H. Clarke）。1847年，克拉克从英国以往的经济轨迹中发现了饥饿和危机以10~11年周期和54~55年周期不断重复出现的现象。这远比朱格拉、康德拉季耶夫的成果和冠以他们名字的那些循环早得多。他认为这些周期性极为稳定，所以根本无法用偶然的巧合来解释这一现象。于是克拉克主张应该建立以这种经济活动的周期性特征为研究对象的新学科，并命名这一新领域为"物理经济学"（Physical Economy）。克拉克试图从天文学及气象学理论中寻找循环的终极原因。最终，克拉克虽然没有能证明自己的观点，但他的主张被英国经济学家杰文思（W. S. Jevons）继承下来了。这就是著名的"太阳黑子学说"的发展。

气象变化中，有大小四种循环，这些循环与经济景气循环有很大的关联。厄尔尼诺循环对应于库存循环、基钦循环，循环长度是3.5年左右，是东太平洋秘鲁湾至中太平洋赤道海域海面水温比常年高0.5摄氏度以上的状态持续一年至一年半左右的现象。东太平洋的海面水温平均值的偏差记录数据显示，从高峰到高峰，谷底到谷底平均是3.5~3.6年。与厄尔尼诺相反的则是

① LEE MAURICE. Macroeconomics, fluctuations, growth and stability [M]. Homewood, Ill: Richard Irwin, 1971.

拉妮娅现象。厄尔尼诺现象是太阳“热辐射”现象。

太阳施瓦贝循环（11 年左右）对应于朱格拉循环。德国天文学家施瓦贝发现，太阳黑子有一个 11 年左右的循环。与此相关，人们也相信，地球上的气温和气压等各种数据也不停地以每隔 10~11 年为周期反复变动。W. S. 杰文思在 1878 年的论文《商业危机和太阳黑子》中写道：太阳活动以 10.45 年的周期变动。相应的，我们会发现 1701—1870 年的英国商业危机的波动，是以 10.466 年的周期发生的[①]。此文与朱格拉在 1862 年的书中《论法国、英国和美国的商业危机及其周期性现象》发现的 10 年经济景气循环相一致[②]。据岛中雄二的研究，从 1885 年开始的 100 多年里，日本除战争结束时的混乱期 1945 年之外，战后朱格拉循环多数时候比太阳黑子循环晚一两年。大致可以这样说，战后朱格拉循环多数时候比太阳黑子晚一两年。但即使这种情况，和太阳活动密切相关的气温、地磁力的活动度、心脏疾病导致的死亡率等的变动，和朱格拉循环都是完全一致的[③]。

自从美国国家经济研究局开始制作自 1860 年起的经济周期编年史以来，发现有 82%的经济衰退发生在新 10 年的转折点附近（见表 12-1），呈现朱格拉循环的特征。

表 12-1　新十年与美国经衰退

十年开始	对应的经济衰退开始
1860	1860. 10
1870	1869. 06
1880	NCR
1890	1890. 07
1900	1899. 06
1910	1910. 01
1920	1920. 01
1930	1929. 08
1940	NCR

① STANLEY JEVONS W. Commercial crises and sun-stots［J］. Nature, 1878（19）: 33-37.

② CLEMENT JUGLAR. Des crises commerciales et de leur retour périodiqueen france, en angleterre et aux États-Unis［M］. Paris, Guillaumin, 1862.

③ 岛中雄二．太阳景气经济学［M］．周维宏，译．北京：东方出版社，2012.

续表

十年开始	对应的经济衰退开始
1950	NCR
1960	1960. 04
1970	1969. 12
1980	1980. 01
1990	1990. 07
2000	2001. 03
2010	2007. 12
2020	2020. 02

注：在160年中共有17个10年，其中衰退发生在新10年开始或稍后的高达14次，或者说百分比为82%。NCR为无相应的衰退日期。

资料来源：1990年以前的数据来源于MICHEAL PNIEMIRA & PHILIP AKlEIN. Forecasting financial and economic cycles［M］. Wiley，1994. 2000年后的数据，笔者根据NBER网站上（https：//www. nber. org）数据整理。

从发生新10年的太阳黑子活动来看，虽然美国经济循环高峰与太阳黑子活动高峰完全同步的比例不高，但也在前后附近，非常密切（见表12-2）。

表12-2　发生在新10年的太阳黑子与美国经济循环

太阳黑子活动高峰	经济循环高峰	太阳黑子对经济周期转折点
1860. 07	1860. 10	微弱超前
1870. 05	1869. 06	滞后
1893. 08	1890. 07	明显滞后
NCT	1899. 06	没关系
1907. 12	1910. 01	明显超前
1929. 12	1929. 08	稍微滞后
1957. 10	1960. 04	明显超前
1969. 03	1969. 10	微弱超前
1979. 09	1980. 01	微弱超前
1990. 08	1990. 07	基本同步

续表

太阳黑子活动高峰	经济循环高峰	太阳黑子对经济周期转折点
2001. 11	2001. 03	微弱滞后
2014. 04	2014. 6	基本同步

注：NCT 为无对应的转折点。

资料来源：2001. 11 之前的数据来源于 MICHEAL PNIEMIRA & PHILIP AKlEIN. Forecasting financial and economic cycles［M］. Wiley，1994. 2011 年 11 月之后的太阳黑子活动高峰数据来源于比利时皇家天文台。

最近的太阳黑子活动高峰是 2014 年 4 月，我们看到美国自 2008 年金融危机后，经济恢复增长的高峰在 2014 年第二季度。该季度 GDP 增长为 7. 9%，随后一直回落，直到 2015 年第四季度。2015 年第四季度 GDP 增长只有 0. 1%（见图 12-1）。

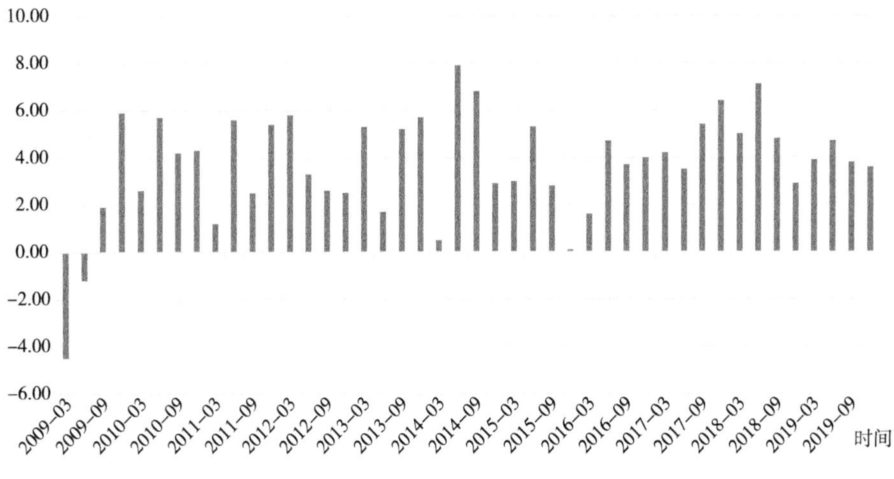

图 12-1　2009 年 3 月—2019 年 12 月美国季度 GDP

数据来源：万得。

太阳黑子的海尔循环对应于库茨涅兹循环。太阳黑子的南北磁极，以施瓦贝循环的两倍周期互换，最初 11 年是北极的磁极，下一个 11 年就是南极的磁极。

与此同时，地球上的气象变化也出现 22 年的循环，尤其是远近闻名的美国中西部干旱的 22 年循环。1977 年，在西雅图举行的国际气象学和大气物理学协会大会上，米切尔（Mitchell）以太阳磁活动与干旱间的真实相关指出了更多的证据。他们根据回溯到 1700 年的树木年轮资料，导出一个美国中西部的干旱指数，干旱指数有着 22 年循环，这个周期与太阳磁活动循环有着明显的相关性。

林学椿等利用中国近500年旱涝分布的数据研究表明：22年的干旱周期在中国普遍存在，太阳磁活动周期对地区干旱周期有明显的影响，其相位因地有所不同①。

岛中雄二发现，太阳黑子的海尔循环对降水量、人口迁入、人均建设指标、GDP等影响显著，对应了库茨涅兹循环。

在经济景气循环中，最令人着迷的是康德拉季耶夫循环，简称康波，一个康波的长度在50~60年之间。1925年，苏联经济学家康德拉季耶夫发表研究成果②。关于长波的形成原因，有技术创新说、战争和革命说、农业生产说或初级产品资源限制说、黄金数量说或货币供应说、基础设施资本投资说、资本主义体制矛盾说、复合因素说。岛中雄二的研究表明，它很有可能与太阳黑子的循环有关。太阳黑子有一个55年左右的长循环，称之为吉村循环（Yoshimura cycle）③。太阳黑子的吉村循环在地象和气象中有相对应的表现，如里海水位的变动周期为50~60年，瑞士阿尔卑斯山脉冰川变动也是相同的周期。也就是说，实际是地球整体变暖、变冷的周期。观察地球气温的变化，可以发现50~60年的周期。岛中雄二通过大量的经济数据进行比较分析，认为太阳黑子的吉村循环与经济景气的康波循环密切相关。

在天文学领域，20世纪70年代末出现了太阳长周期活动的跨时代发现。日本的吉村宏和发现太阳黑子的11年循环的各个循环和振幅之间具有55年左右的循环关系。当处于55年循环上升期时，太阳黑子活动时间较短，数量较多，刺激技术革新与经济繁荣；而当处于下降期时，时间较长，数量较少，技术革新缓慢，经济衰退④。

根据孟德尔斯基和汤普森的研究⑤，从北宋开始，对千年人类经济史进行划分（表12-3），我们不难发现，在太阳黑子吉村循环相近的时间段里（表12-4），分别对应着经济景气的康波循环。1740—1792年是第15个康波；1792—1850年是第16个康波；1850—1914年是第17个康波；1914—1973年第18个康波；1973年开始的是第19个康波。

---

① 林学椿，于淑秋．中国干旱的22周年与太阳磁活动周［J］．气象科学院院刊，1987，2（1）：43-49.

② KONDRATIEFF N D. The long wave cycle［M］.// Tr. by Guy Daniels. New York：Richardson and Snyder，1984.

③ 岛中雄二．太阳景气经济学［M］．周维宏，译．北京：东方出版社，2012.

④ 岛中雄二．太阳景气经济学［M］．周维宏，译．北京：东方出版社，2012.

⑤ GEORGE MODELSKI，WILLIAMRTHOMPSON. Leadingsectors and world powers：The coevolution of global politics and economics［M］. Columbia，SC：University of South Carolina Press，1996.

表 12-3　世界强国与康波①

世界强国	年份	康波	全球领先领域
北宋	930	K 1	印刷术与造纸
	990	K 2	全国性市场
南宋	1060	K 3	财政框架
	1120	K 4	海上贸易扩张
热那亚	1190	K 5	香槟集市
	1250	K 6	黑海贸易
威尼斯	1300	K 7	桨帆船舰队
	1350	K 8	胡椒
葡萄牙	1420	K 9	几内亚黄金
	1492	K 10	香料
尼德兰联省共和国	1540	K 11	波罗的海贸易
	1580	K 12	亚洲贸易
英国 I	1640	K 13	美洲殖民地
	1680	K 14	美亚贸易
英国 Ⅱ	1740	K 15	棉花，铁
	1792	K 16	铁路，蒸汽
美国	1850	K 17	钢铁，电
	1914	K 18	机动车
美国	1973	K 19	信息技术

表 12-4　太阳黑子吉村循环与康波

太阳黑子（1745 年起）	康波（1740 年起）
第 1 个吉村循环： 1745—1810.6	第 15 个康波：1740—1792

① GEORGE MODELSKI，WILLIAMRTHOMPSON. Leadingsectors and world powers：The coevolution of global politics and economics ［M］. Columbia，SC：University of South Carolina Press，1996.

续表

太阳黑子（1745年起）	康波（1740年起）
第2个吉村循环： 1810.6—1867.2	第16个康波：1792—1850
第3个吉村循环 1867.2—1923.6	第17个康波：1850—1914
第4个吉村循环 1923.6—1976.5	第18个康波：1914—1973
第5个吉村循环： 1976.5—2031或2032（预测）	第19个康波：1973—2030
第6个吉村循环（预测）： （2031或2032）—（2086或2087）	第20个康波：2030—20××

资料来源：作者整理。

根据以上分析不难发现，从现在到2030年，是太阳黑子第5个吉村循环的最后11年，也就是第25个施瓦贝循环。根据国际天文学界的推测，这个循环可能是太阳黑子最弱的一个循环，将决定经济处在康波萧条阶段。但第25个施瓦贝循环毕竟开始启动，也意味着新的一轮朱格拉循环即将开始，经济会有局部的繁荣。也就是说未来十年总体上将处于萧条之中，但却有局部繁荣的机会，是萧条年代的繁荣（prosperity in the age of decline），是“冬日的暖阳”。根据国际天文学界推测，在第25个施瓦贝循环中，太阳黑子将在2023—2026年达到高峰，据此可以推测，这一轮经济景气循环的局部高峰也将在这段时间内出现。

可以推算，第19个康波应于2032年之前结束，但不能准确知道是哪一年。按康波自身的运行规律，大体上可以推测现在仍处于长波萧条阶段。因为第19个康波，从1973年开始，1973—1982年是萧条阶段，1982—1991年是回升阶段，1991—2004年是繁荣阶段，2005年开始转入衰退与萧条阶段，当下仍然没有结束，但可能会在2032年之前结束。

太阳黑子的吉村循环与康波的关系是通过技术革新联系在一起的。吉村循环与技术革新存在明显的正相关关系。如果太阳黑子数量增多，技术革新就会受到刺激。太阳黑子数量减少，技术革新就会衰退。技术革新是推动经济周期性变化的主要因素，在相当大程度上经济增长的长周期等同于技术革命的周期。自1973年以来的第19个康波是以信息技术革命驱动的新一轮经济循环。1973年第一台手机——施乐阿尔托、TCP协议、以太网、光纤出现了。这些技术结合在一起，使世界变成今天的样子。1974年，出现了第一个商业条形码扫描；1975 年，牵牛星 8800 微处理器出现；1976 年，苹果计算机公司成立；1977 年，苹果Ⅱ台式电脑上市；1978 年，第一个 BBS 出现；1979 年，索尼的随身听上市。

进入 20 世纪 80 年代，人们发明了从微软 DOS 操作系统到首颗 GPS 导航卫星。1980 年，蒂姆·伯纳斯·李早期网站雏形 ENQUIRE 出现。1981 年，IBM 的台式电脑与微软 DOS 操作系统上市。1982 年，Commodore 64 台式电脑上市。1983 年，LOTUS1-2-3 系统上市。1984 年，苹果的 Macintosh 电脑上市。1985 年，NINTENDO 娱乐系统上市。1986 年，自动化的邮件管理系统 LISTSERV 出现。1987 年，苹果的 HyperCard 上市。1988 年，PhotoShop 上市。1989 年，首颗 GPS 导航卫星发射。

进入 20 世纪 90 年代，人们发明了万维网到谷歌搜索。1990 年，第一个网站浏览器出现。最近 300 年，网站是最为深刻改变人类生活方式的技术。而把网站信息传送给我们的是浏览器。1991 年，Linux 操作系统出现。1992 年，第一个 SMS 文本短信出现。1993 年，MOSAIC 浏览器上市。1994 年，亚马逊公司成立。成立之时，谁也没有想到，亚马逊公司会成为最有创新力的公司之一。当时，它只是一家网上卖书的公司。1995 年，Windows 95 与 IE1.0 版浏览器上市。1996 年，掌上电脑上市。1997 年，史蒂夫·乔布斯重回苹果公司。1998 年，谷歌公司成立。1999 年，苹果发布飞机上互联网接入系统与 IBOOK。

进入 21 世纪，随着 2000 年信息技术泡沫破裂，技术创新速度衰退。背后则是因为太阳黑子的吉村循环进入到下半场。2008 年国际金融危机以及 2020 年的新冠危机，分别发生在这一轮吉村循环的第 23 个与第 24 个施瓦贝循环太阳黑子的极少值附近。由此也对应世界经济进入了第 19 个康波下行期并将延续到 2030 年左右。同时在此过程中，也孕育了新一轮科技革命和产业变革。从世界范围看，当前颠覆性技术不断涌现，新产业、新业态和新模式正在蓬勃发展，新一轮科技和产业革命正由导入期转向拓展期，全球经济增长的新动能正在逐渐形成。当太阳黑子第 6 轮吉村循环开始之时，科技创新的速度将逐渐加快，将带动全球经济进入第 20 个康波繁荣阶段。不过，2030 年之前世界经济仍处于新老长周期交汇期、新旧动能转换期，是萧条阶段的局部繁荣，是“冬日的暖阳”，但总体仍将表现平庸，多有波折。

让我们回顾一下第 4 个吉村循环最后一个施瓦贝循环（即第 20 个施瓦贝循环，1964 年 9 月—1976 年 5 月）全球经济的表现情况。在第 20 个施瓦贝循环里，太阳黑子的活动高峰是在 1969 年 3 月，对应着美国经济在 1969 年 10 月达到高峰之后，转入衰退。那段时间美国经济经历了两次衰退，分别是

1969 年 12 月—1970 年 11 月与 1973 年 11 月—1975 年 3 月（见图 12-2），被统称为 1969—1971 年资本主义世界经济危机，是战后第三次资本主义世界经济危机。从 50 年代末到 60 年代末，发达资本主义国家经济发展迅速，由于各国具体条件的差异，其间一些国家曾分别发生过国别性经济危机。

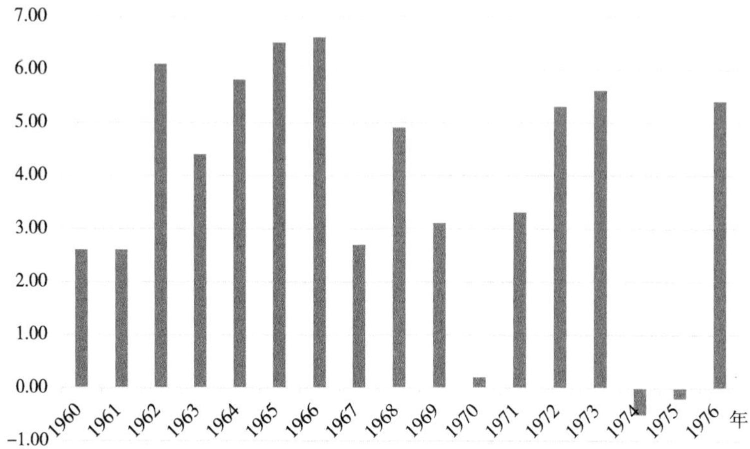

图 12-2　1960—1976 年美国 GDP

数据来源：万得。

但在 20 世纪 60 年代后期，各国经济普遍出现了周期性的高涨，这次高涨不过两、三年，紧接着爆发了新的世界经济危机。其主要特点有四个：第一，各国的危机继续显示出同期性。1969 年 4 月，加拿大首先发生危机，10 月美国陷入危机，其他主要资本主义国家则在 1970 年和 1971 年第一季度先后进入危机。第二，各国危机的持续时间参差不齐，危机深度差别较大。第三，危机期间，各国消费物价指数普遍上升，财政金融状况显著恶化。如美国消费物价上涨 6.6%，国家财政赤字增长，美元地位严重动荡。第四，与上次危机相比，这次世界经济危机的严重程度有所减轻。危机期间，发达资本主义国家工业生产共下降 2.7%，其中，钢和汽车产量各减少 5%，数万家企业破产倒闭，失业人数近 900 万人。这是第 18 个康波萧条阶段的典型表现。

三、易经、太阳黑子与康波

按邵雍的模型推算，2020 年是在甲元、午会、姤运（1744—2103 年）鼎世（1984—2043 年）庚子年。这一运 360 年，从 1744 年开始，由六世组成，每世由一个甲子六十年组成，每十年为一旬。这与人类自 1745 年记录太阳黑子以来太阳黑子每 11 年左右的施瓦贝循环，每 60 年左右的吉村循环有一定的对应关系（表12-5）。

表 12-5　太阳黑子循环与皇极经世书姤运旬卦时间对应关系

	太阳黑子			皇极：（运）运	世	旬		
		循环始终	循环长度（年）				始	终
第1个吉村循环	0	1745—1755.2	10.2	姤（1744—2103）	乾 1744—1803	姤	1744	1753
	1	1755.2—1766.5	11.3			同人	1754	1763
	2	1766.5—1775.5	9			履	1764	1773
	3	1775.5—1784.7	9.2			小畜	1774	1783
	4	1784.7—1798.3	13.6			大有	1784	1793
	5	1798.3—1810.6	12.3			夬	1794	1803
第2个吉村循环	6	1810.6—1823.3	12.7		遁 1804—1863	同人	1804	1813
	7	1823.3—1833.9	10.6			姤	1814	1823
	8	1833.9—1843.5	9.6			否	1824	1833
	9	1843.5—1856	12.5			渐	1834	1843
	10	1856—1867.2	11.2			旅	1844	1853
第3个吉村循环	11	1867.2—1878.9	11.7			咸	1854	1863
	12	1878.9—1889.6	10.7		讼 1864—1923	履	1864	1873
	13	1889.6—1901.7	12.1			否	1874	1883
	14	1901.7—1913.6	11.9			姤	1884	1893
	15	1913.6—1923.6	10			涣	1894	1903
第4个吉村循环	16	1923.6—1933.8	10.2			未济	1904	1913
	17	1933.8—1944.2	10.4			困	1914	1923
	18	1944.2—1954.3	10.1		巽 1924—1983	小畜	1924	1933
	19	1954.3—1964.9	10.6			渐	1934	1943
	20	1964.9—1976.5	11.6			涣	1944	1953
第5个吉村循环	21	1976.5—1986.8	10.3			姤	1954	1963
	22	1986.8—1996.9	10.1			蛊	1964	1973
	23	1996.9—2008.9	12			井	1974	1983
	24	2008.9—2020.9	12		鼎 1984—2043	大有	1984	1993
	25	2020.9-				旅	1994	2003
						未济	2004	2013
						蛊	2014	2023
						姤	2024	2033
						恒	2034	2043

太阳黑子数据来源：NOAA National Centers for Environmental Information（https://www.noaa.gov/），第24个循环结束时间是根据国际天文学界推测数据。

按国际天文学界惯例，太阳黑子的第一个循环是 1755 年 2 月—1766 年 5 月。笔者看到美国国家环境信息中心（NOAA）的数据，有更久的历史记录，为了与姤运循环的起始之年（1744 年）对应，所以把 1745—1755 年 2 月设为第 0 个循环。当前的第 24 个循环已经是接近结束之时，据国际天文学界的估计，这个循环结束日是在 2019 年 7 月到 2020 年 9 月。接下去就开始第 25 个循环。从表 12-3 发现，随着时间的推移，两者的偏差逐渐显示出来。在同样的时间长度内，按《皇极经世书》推演的旬卦已经比太阳黑子的施瓦贝循环大约多了 3 个循环。因为太阳黑子毕竟是非周期循环，施瓦贝循环从 9 年到 13.6 年波动，平均约 11 年。而《皇极经世书》推演的旬卦却是严格按 10 年一旬的。同样的，世卦，即一个甲子的循环也与太阳黑子的吉村循环出现了偏差（表 12-6）。这也许是我们古人所处的时代限制吧，也许他们观察到了这种非周期循环的现象，但由于工具的限制，只能按近似周期处理了。

表 12-6　易经、太阳黑子与康波

皇极经世：姤运六世（1744—2103 年，共 360 年）	太阳黑子（1745 年起）	康波（1740 年起）
乾：1744—1803	第 1 个吉村循环：1745—1810.6	第 15 个康波：1740—1792
遁：1804—1863	第 2 个吉村循环：1810.6—1867.2	第 16 个康波：1792—1850
讼：1864—1923	第 3 个吉村循环 1867.2—1923.6	第 17 个康波：1850—1914
巽：1924—1983	第 4 个吉村循环 1923.6—1976.5	第 18 个康波：1914—1973
鼎：1984—2043	第 5 个吉村循环：1976.5—2031 或 2032（预测）	第 19 个康波：1973—2030
大过：2044—2103	第 6 个吉村循环（预测）：（2031 或 2032）—（2086 或 2087）	第 20 个康波：2030—208?

按《皇极经世书》的推演，只要坚守心地光明、度过庚子年，至少 2021—2025 年，还是会好起来的。这是中国古人观察到的循环的力量，与现代天文学观察到的自然第三种循环力量有一定的对应关系。

太阳黑子周期与经济周期的关系尚属各学界讨论范畴，其对应关系和是否存在强关联关系，尚待进一步研究和验证，笔者本章的探讨是自己多年研究心得的呈现，希望能引起学界关注和同道进一步探究的兴趣。

第十三章　股市的非周期循环

人们观察到的太阳黑子周期，是一种非周期循环，是非线性混沌系统的典型特征。太阳黑子的循环特性，折磨了一位最早提出“太阳黑子学说”的经济学家——威廉·S. 杰文斯。杰文斯在 1875 年发现，英国从 1254 年到 1400 年的粮食收成有 11.1 年的周期，这与当时天文学家宣称的太阳黑子有 11.1 年活动周期很好地对应在一起。他认为，当太阳黑子活动增强时，刺激了植物生长，粮食收成就好于平均水平。他认为，找到了粮食收成周期的根源。然而，天文学家不久就修改了太阳黑子活动周期的长度，为 10.45 年，这让杰文斯的模型陷入了尴尬境地。因此，他再次检查了粮食收成的统计数据，结论令人吃惊，粮食收成的真实周期长度也是 10.45 年！问题并非就此解决了，新的英国农作物收成报告与他的模型预测结果不一致。他只好被迫再次修改模型，并称太阳黑子活动影响了其他国家粮食产量的波动，这种波动对英国的贸易及生产有间接的影响。由于杰文斯多次修改他的理论，以至于很少有人相信他的理论。这不能怪他，是太阳黑子非周期循环的规律捉弄了他，也是他所处的线性时代的知识局限。

从这个角度看，到目前为止在经济系统中发现的各种循环，都属于非周期循环。但是绝大多数的中文书仍把经济景气循环翻译成经济周期。这说明，绝大多数译者还停留在线性时代，具有误导性。在非线性时代，我们应该用非周期循环来称呼它们。这种非周期循环的现象在股票市场也是存在的。橡树资本董事长霍华德·马克斯（Howard Marks）的书 *Mastering Market Cycle* 详细描述了股票市场的这种循环现象，他开宗明义地指出：“本书所讲的循环，主要是指事物围绕中心点或者长期趋势而上下波动。但它不是机械的、科学的、物理的运动。”[①] 但很遗憾的是，中文版却把书名译成了《周期》。周期与非周期循环有天壤之别，尤其是对金融市场的投资者来说，两种不同的思维方式会产生完全不同的结果。

---

① 霍华德·马克斯. 周期（电子书）[M]. 刘建位，译. 北京：中信出版集团，2019：581.

一、股价并非随机漫步

股价随机游走理论很出名，伯顿·马尔基尔出版于1973年的《漫步华尔街》，到如今仍是一本畅销书。股价随机游走理论的灵感来源于物理学中的布朗运动。植物学家布朗观察到，花粉颗粒在水分子的随机冲击下形成了无规则的运动，后人把这种微粒的运动称之为布朗运动。1905年，前无古人的大科学家爱因斯坦第一次用数学刻画了布朗运动。后来，美国数学家维纳系统化地描述了这个过程，所以布朗运动也被称为维纳—爱因斯坦过程。在股票市场中，如果把成千上万的投资者当成水分子，把股价当成花粉颗粒，则成千上万投资者交易的结果，股价也应该是一个无规则的布朗运动，正如一个喝醉了酒的人沿着华尔街跌跌撞撞地走，这就是股价随机游走假说的灵感源泉。在股价随机游走假说的基础上，数理金融学大厦构建起来了，从投资组合理论、有效市场假说、资本资产定价模型到期权定价公式等，这些成果都获得了诺贝尔经济学奖。以前做学术研究的时候，笔者对这些假说、理论、公式及精英崇拜得一塌糊涂。即使马龙·斯克尔斯与罗伯特·默顿被韦里梅瑟拉去一起搞长期资本公司（LTCM）却因模型失效而导致公司破产，也不改对他们的膜拜之心。但进入市场之后，我不得不说股价随机游走是个坏假说。

自然万物都有出生、成长、繁荣、衰老、死亡的循环，一家公司当然也逃不出自然的规律，公司的股价自然也是逃不出循环的规律。所以，股价一定不是简单的随机游走，更应该是持续与反转的，收益是具有长期相关性的，今天发生的事不但对明天有影响，而且可能会影响几年，甚至几十年。分形几何学之父曼德尔布罗特说："我的人生看起来是由一系列偶然事件组成的，然而当我回头看时，我看到了模式。"① 历史会重复不仅是因为市场有记忆，而且是因为由市场中的人们所决定的供给与需求的交互作用，是以相似的方式、相似的标准、相似的情绪进行的。可能细节会有不同，基本面可能改变，但除非发生一个巨大的变化，否则没有理由期望市场参与者会做出与他们习惯的行为完全不同的事，因此 市场会呈现出相同的模式。市场会在不同的时间标度与比例上重复相同的价格行为。正如大投机家利弗莫尔所说："我早就知道在华尔街并没有新鲜事。因为投机如同山一样古老。股票市场今天发生的一切，以前也发生过，并且还会再次发生，我永远不会忘了这一点。"② 马

---

① BENOIT MANDELBROT. A fractal life , by Valerie Jamieson in New Scientist [OL]. http://scihi.org/benoit-mandelbrot-beauty-mathematics. 2004.

② 利费莫尔．股票作手回忆录［M］．真如，译．海南：海南出版社，2008.

克·吐温也说："历史不会重演细节，但过程会重复相似。"①

美国循环研究基金会发现，长期以来，美国股票市场存在一个40.68个月的小循环。布鲁尔逊市场研究中心认为，美国股票存在48个月的总统任期循环，并且领先于美国经济基钦循环。亚历山大发现美国股票同时还存在更长时间的循环，有平均为28年的长期循环（18~37年，见表13-1）②。

表13-1 美国股票循环历史统计

股票循环（年）	循环长度（年）	总的真实收益（%）		
		牛市阶段	熊市阶段	整个循环
1802—1835	33	9.60	2.80	6.90
1815—1843	28	9.60	-1.10	6.40
1835—1853	18	12.50	-1.10	6.00
1843—1861	18	12.50	-2.80	5.20
1853—1881	28	11.50	-2.80	7.20
1861—1896	35	11.50	3.70	8.10
1881—1906	25	11.50	3.70	6.80
1896—1921	25	11.50	-1.90	3.20
1906—1929	23	24.80	-1.90	6.60
1921—1949	28	24.80	1.20	6.50
1929—1966	37	14.10	1.20	7.00
1949—1982	33	14.10	-1.50	6.30
1966—2000	34	14.80	-1.50	6.80
平均	28	13.20	0.30	6.80

二、约瑟效应与诺亚效应

正是股价在一段时间内的持续性与突如其来的反转构成了股市的循环。股价这种持续与反转的行为，分别被称为约瑟效应与诺亚效应。其灵感来自《圣经》中的故事。《圣经》里讲了约瑟为法老解梦的故事。约瑟命运多

① 霍华德·马克斯. 周期（电子书）[M]. 刘建位，译. 北京：中信出版集团，2019.

② MICHAEL A ALEXANDER. Stock cycles [M]. Writers Club Press, 2000: 40.

舛，年轻时由于受父亲偏爱而遭哥哥们妒忌，哥哥们设计把他给卖了。最终他被卖到埃及。他运气还算不错，法老的内臣，护卫长波提乏买了他。由于约瑟精明能干，并且受到神的眷顾，他成为波提乏的管家。精明能干再加上秀雅俊美，他被波提乏的妻子看上了，被屡次调戏，但不为所动，惹怒了的波提乏的妻子反咬一口，因此他进了监狱。在同一监狱中，关着法老的酒政与厨师长，波提乏安排约瑟侍候他们。他们两人分别做了个梦，让约瑟解梦，事后应验了。酒政被释放，依然为法老的酒政，而厨师长则被砍头。

过了两年，法老做梦：梦见自己站在河边，有七只母牛从河里走来，又美又壮，在芦荻中吃草。随后又有七只母牛从河里上来，又丑又瘦。又丑又瘦的七只母牛吃了又美又壮的七只母牛。法老就醒了。随后，他又睡着了。第二回做梦：梦见一棵麦子长了七个穗子，又肥又美，随后又长了七个穗子，又细又焦。这细弱的穗子吞了那七个又肥又美的穗子。到了早晨，法老心里不安，就差人召了所有的术士和博士来。法老把所做的梦告诉他们，却没有人能给法老圆解。

曾被法老下狱的酒政推荐了约瑟，因为在狱中，约瑟为他解过梦，事后应验，官复原职。约瑟对法老说：“神已将所要做的事显明给法老了。埃及遍地必来七个大丰收年，随后又要来七个荒年，甚至在埃及全地都忘了先前的丰收，全地必被饥荒所灭。”他建议法老委派聪明智慧的官员治理埃及，在七个丰年里，征收五分之一的粮食进行储备，以防备将来的七个荒年。约瑟真是厉害啊！这么早就采用了反周期调控的手段。法老心想到哪里找这样聪明智慧的官员啊！眼前的你不就是吗？还有谁比你更聪明智慧呢？这样，你做我的宰相吧。于是，约瑟做了埃及的宰相。后来，埃及发生的事跟约瑟所说的一模一样，真是太神了！

到了近现代，约瑟发现的尼罗河规律被一个水文科学家正式揭示出来。赫斯特（H. E. Hurst）是一个水文工作者，从1907年开始就在尼罗河水坝工作，长达40多年。要建造水坝就要测量尼罗河的水流量，在如何测量尼罗河水流量上赫斯特独创了一套方法。因为赫斯特相信自然系统经常有三个特征：一是它们都有正反馈，初始的随机事件会被自我放大，这解释了向极端事件的飘移；二是存在一个偶然的因素；三是存在突然打断趋势的“熔断机制”。赫斯特把尼罗河水流量历史数据用重标极差法进行分析①，发现尼罗河水流量不是随机游走的，而存在一个循环的规律，即大水流量年份的下一年也是大水流量，而小水流量年份的下一年也是小水流量。他推而广之，发现大多数自然现象，包括河水外流、温度、降雨、太阳黑子等都遵循一种非周期循环

① 重标极差分析法。

的规律。

在赫斯特工作的基础上，曼德尔布罗特（Benoit Mandelbort）进一步发现了金融资产价格序列非周期循环的奥秘。曼德尔布罗特原是 IBM 的工程师，1960 年哈佛大学经济学院霍撒克教授（Hendrik Houthakker）请他做报告，他看到霍撒克教授房间的黑板上画着棉花历史价格的走势图，他开玩笑地说，你怎么把我心中的棉花价格走势画出来了。他利用了赫斯特发明的统计方法，对金融资产价格进行了分析，发现金融资产价格，如棉花、股票等也存在非周期循环的现象，他想起《圣经》中约瑟解梦的故事，把金融资产价格具有持续性的现象命名为“约瑟效应”。

类似的，《圣经》中有诺亚方舟的故事。讲的是，耶和华见人在世间罪恶很大，终日所思想的尽都是恶，耶和华后悔造人在地上，心中忧伤。耶和华说：“我要将所创造的人和走兽、昆虫，以及空中的飞鸟，都从地上除灭，因为我造他们后悔了。”唯有诺亚在耶和华眼前蒙恩。“凡有血气的人，他的尽头已经来到我面前，因为地上满了他们的强暴，我要把他们和地一并毁灭。你要用歌斐木造一只方舟，分一间一间地造，里外抹上松香。”“你和你的全家都要进入方舟……因为再过七天，我要降雨在地上四十昼夜，把我所创造的各种活物都从地上除灭。”

诺亚效应也是曼德尔布罗特提出的，他发现金融资产价格会突然发生不连续的、大幅的波动。曼德尔布罗特以《圣经》中诺亚遇到大洪水的故事命名这种现象。这种现象告诉人们，人们长时间积累的财富可能在一瞬间就蒸发了。诺亚效应的启示是，金融资产价格可不是一般的随机游走过程，人们不知道持续上涨的资产价格什么时候会突然暴跌，如 1987 年 10 月美国股市发生“黑色星期一”。一只 40 美元的股票，快速跌到 5 美元，而不是跌到 30 或 20 美元。正是约瑟效应与诺亚效应形成了股市的非周期循环。

三、是循环不是周期

中国人特别喜欢用“周期”这个词。曾经有各大机构首席经济学家就中国经济是否已进入“新周期”争得不亦乐乎。笔者从一个不懂行的外人看来，他们从源头就搞错了。原因是各种经济学教材直接把英文中“cycle”翻译成周期了，所以就有了基钦周期、朱格拉周期、库兹涅茨周期、康德拉季耶夫周期，等等。但“cycle”是循环，而非周期。循环是指一个上升的趋势后面跟随一个下降的趋势，或者相反。循环包括周期性循环，也包括非周期性循环，而不是仅指固定时间的周期。例如四年的基钦循环，从历史来看，有一个上下 25%的波动范围。也就是说超过 90%的时间，基钦循环在 3~5 年。经济活动，是人类群体参与交易的结果，虽然人类的行为有相同的模式，人性中的恐惧与贪婪也是千年难变的，但不是简单的、周而复始的重复，而是一种非周期循环。每一次高峰与低谷出现的时间并不完全一致，峰度的高度与谷底的深度也不尽相同，但峰与谷的模式仍然是相当清晰的。

股市非周期循环也如同橡树资本董事长霍华德马克斯所指出的[①]，一个股市循环包括以下几个阶段。

复苏阶段（a）：从一个受到过度压制形成的底部极端点，或者“谷底”，开始复苏，移向中心点，或者均值回归。

上涨阶段（b）：继续摆动，经过中心点，冲向顶部的极端点，或者“顶峰”。

筑顶阶段（c）：形成一个顶峰。

反转阶段（d）：从顶峰开始反转，向下修正，移向中心点，或者向均值回归。

下跌阶段（e）：继续向下运动，经过中心点，而且继续移向一个新的谷底。

筑底阶段（f）：形成一个底部。

再次复苏阶段（g）：又一次复苏，从谷底开始反转，向中心点回归，即均值回归。

有一点很重要，对于一个循环来说，尽管我们可以将它分成几个明显的阶段，但是我们不能说有一个明确的“起点”或“终点”。把循环过分简单化的人会觉得，要界定一个循环从哪里开始，十分容易。但是那些资深投资人会发现，界定一个循环的起点极其困难。因为，股票市场的循环也是非周期循环，识别这种非周期循环有很大的难处。

正如马克斯指出的[②]，这种循环模式十分可靠。细节会变，比如摆动的时机、时长、力量、速度，以及这些细节背后的重要原因。这些周期的细节部分，可能都属于马克·吐温所说的“历史不会重演细节”。但是循环细节背后的基本运动模式，往往非常相似。具体而言，每个循环的运动模式都是从高点或者低点摆回到中心点，但从来不会停留在中心点，不管这个中心点所处的位置多么“正确”或多么“合适”。循环会继续下去，经过中心点，移向另一个相反的极端。这种运动模式非常可靠。例如，股票市场从“过于低估”的水平回归到“公允定价”水平之后，却极少停在这里不动。通常是基本面改善和乐观程度上升的两股力量合在一起，导致市场因受到压制而被过于低

① 霍华德·马克斯．周期（电子书）[M]．刘建位，译．北京：中信出版集团，2019.

② 霍华德·马克斯．周期（电子书）[M]．刘建位，译．北京：中信出版集团，2019.

估的价格水平开始复苏，进而向均值回归。当这股力量拉动股价回归“公允定价”的水平之后，还会继续拉动股价上升，到达过于高估的水平。循环波动并非必定如此，但通常如此。

四、不是单循环是连环套

地球有自转，月亮绕着地球转，地球带着月亮绕着太阳转。太阳系绕着银河系转。按现代天文学研究，地球每时每刻都经历着九种复杂的运动。显然，这些运动超出了古人的观察能力。所以，《周易》主要观察了日月以及金、木、水、火、土等五星运行，形成了四时五行为基础的理论体系，确定了周而复始的封闭圈。古人所不知道的是，太阳系绕银河系一周需要 2.5 亿年，其实这个大周期对于地球绕太阳一周所需要的时间也是有影响的。这正如俄罗斯的套娃一样，一个套着一个，而且每一个都是类似的，只不过尺寸不同而已。

经济与股票市场的循环，不是单循环，而是连环套。熊彼特认为，基钦循环叠加成为朱格拉循环，而朱格拉循环又形成了康德拉季耶夫循环。熊彼特说：“没有理由相信经济生活中只有一种波浪状的运动。相反有理由相信：由创新概念所涵盖的某些过程与其他因素相比必定持续较长时间，以产生完全的影响。”他还宣称：“从历史意义上同时从统计意义上看，可以得出：六个朱格拉周期构成一个康德拉季耶夫周期，三个基钦周期构成一个朱格拉周期。”①

而股价的循环，在时间标度上，具有无限的细分性，它们在不同的时间标度上，具有相似性。以年为标度的循环，在月、天、时、分、秒等不同标度下都能看到类似的循环。这是艾略特波浪理论的精髓，也是曼德尔布罗特分形理论在股票市场应用的案例。艾略特认为，股价在所有时间框架下表现出相似的图形，五浪上升、三浪下行。而在上升的五浪中，每一浪又可以细分为五浪与三浪。你可以在 1 分钟、15 分钟、30 分钟、1 小时、1 天、1 周、1 月、1 年等不同时间标度上找出相似的图形。这就是分形。所以当曼德尔布罗特把它的分形理论应用于股价研究时，有人说他抄袭了艾略特的波浪理论。其实是殊途同归，一个用图形展示，一个用严格的数学分析。股市技术分析流派背后有深厚的科学理论在支撑他们。当他们谈论黄金分割、斐波纳契序列时，不要再轻视他们，因为这些数也存在于混沌与分形之中，这是大自然的分形几何学！连人的耳朵、肺等器官都是按照这个规律生长的，我们应相信投资者交易出来的股价也服从分形规律。

---

① 约瑟夫·熊彼特．经济发展理论［M］．郭武军，吕阳，译．北京：华夏出版社，2015.

五、股市循环与经济循环的关系

经济循环不是股票市场循环的唯一解释变量。经济循环有时可以对“为什么股票价格会这样运动?”的问题提供某种解释，但在许多情况下，股票价格会按照它们的方式和步伐运动，集合了经济景气循环、政府逆周期调节、企业盈利循环、市场情绪循环、风险态度循环等于一身。在美国，股票市场循环甚至是经济循环的领先指标。波尔·斯普林克尔认为:“股票价格趋势特别难于预测，因为它看上去与一般的经济周期和利润模式之间没有密切的和简单的关系。经济活动与股票价格之间大约有三分之二的时间走势方向是一致的，这是事实，但另外三分之一的时间恰恰是最有趣和最可能获利的。”①也正如荣格·巴布森的一句名言所说:“通过研究股市来预测经济比通过研究经济来预测股市容易。”②

亚历山大研究了美国股市循环与经济循环的关系③。他发现除了大萧条与第二次世界大战期间外，美国股市循环与库茨涅兹循环有大体的对应关系(见表 13-2)。他根据戈德斯坦（Goldstein）对经济景气循环的研究，把一个康波划分为上升波与下行波，对应着两个库茨涅兹循环，再细分为春、夏、秋、冬四个阶段。春夏表示上升波的扩张与收缩两个阶段，秋冬表示下行波的扩张与收缩两个阶段。把股票循环分为因货币因素驱动的牛市、熊市与经济基本面因素驱动的牛市、熊市。

表 13-2 康德拉季耶夫循环、库茨涅兹循环与股票循环

康德拉季耶夫循环		库茨涅兹循环		股票循环	
Ⅰ-上升波	1787—1814 年	春	1789—1803 年		
		夏	1803—1816 年	货币熊市	1802—1815 年
Ⅰ-下行波	1814—1843 年	秋	1816—1836 年	货币牛市	1815—1835 年
		冬	1836—1843 年	真实熊市	1835—1843 年
Ⅱ-上升波	1843—1864 年	春	1843—1853 年	真实牛市	1843—1853 年
		夏	1853—1865 年	货币熊市	1853—1861 年

① BERYL SPRINKEL. Money and stock prices [M]. Richard D. Irwin, 1964.

② JULIE MARKS, What caused the stock market crash of 1929? [OL]. https://www.history.com/news/what-caused-the-stock-market-crash-of-1929. 2018-04-13.

③ MICHAEL A. Alexander stock cycles [M]. Writers Club Press, 2000: 100.

续表

<table>
<tr><th colspan="2">康德拉季耶夫循环</th><th colspan="2">库茨涅兹循环</th><th colspan="2">股票循环</th></tr>
<tr><td rowspan="2">Ⅱ-下行波</td><td rowspan="2">1864—1897 年</td><td>秋</td><td>1865—1883 年</td><td>货币牛市</td><td>1861—1881 年</td></tr>
<tr><td>冬</td><td>1883—1896 年</td><td>真实熊市</td><td>1881—1896 年</td></tr>
<tr><td rowspan="2">Ⅲ-上升波</td><td rowspan="2">1897—1919 年</td><td>春</td><td>1896—1909 年</td><td>真实牛市</td><td>1896—1906 年</td></tr>
<tr><td>夏</td><td>1909—1922 年</td><td>货币熊市</td><td>1906—1921 年</td></tr>
<tr><td rowspan="4">Ⅲ-下行波</td><td rowspan="4">1919—1949 年</td><td>秋</td><td>1922—1926 年</td><td>货币牛市</td><td>1921—1929 年</td></tr>
<tr><td>冬</td><td>1926—1935 年</td><td rowspan="3">真实熊市</td><td rowspan="3">1929—1949 年</td></tr>
<tr><td>“假春”</td><td>1935—1945 年</td></tr>
<tr><td>更长的冬天</td><td>1945—1949 年</td></tr>
<tr><td rowspan="2">Ⅳ-上行波</td><td rowspan="2">1949—1980 年</td><td>春</td><td>1949—1970 年</td><td>真实牛市</td><td>1949—1966 年</td></tr>
<tr><td>夏</td><td>1970—1983 年</td><td>货币熊市</td><td>1966—1982 年</td></tr>
<tr><td>Ⅳ-下行波</td><td>1980—</td><td>秋</td><td>1983—</td><td>货币牛市</td><td>1982—</td></tr>
</table>

基本上，因货币因素驱动的循环，熊市阶段对应着“夏”，而牛市阶段对应着“秋”；而因经济基本面驱动的循环，熊市阶段对应着“冬”，而牛市阶段对应着“春”。在前两个康波中的三个循环关系都对应得很好。第三个康波的上升波，即库茨涅兹循环与股票循环也较好对应。但在大萧条与第二次世界大战期间，出现了一个超长的循环。1935—1945 年的库茨涅兹循环出现了一个上行波，但实际上是一个“假春天”。1945 年后，经济的冬天延续到 1949 年。

六、A 股的非周期循环

2018 年 10 月 14 日，在 A 股陷入熊市，投资者情绪极度悲观之际，证监会领导召开了投资者座谈会，会上表示“春天已经不远了”[①]。但这一提法马上被段子手娱乐化了。有些人提出，2019 年没有立春；还有些人提出，打开日历一看，距离立春还有霜降、立冬、小雪、大雪、冬至、小寒、大寒。第二天，有监管机构的朋友问我如何看待领导的讲话以及舆论的反应。由于我长期跟踪研究 A 股市场的非周期循环，发现 A 股存在一个大约 4 年左右的

① 新浪财经综合，https：//finance. sina. com. cn/stock/y/2018 - 10 - 14/doc - ifxeuwws4202612. shtml. 2018-10-14.

小循环与8年左右的大循环。所以，我回答他："从股市循环的角度看，'春天已经不远了'的观点是有道理的。"并于2018年10月19日写了一篇文章论述这个问题，当时给出的结论是2015年六、七月份股市从5 178.19点大幅下跌之后，2016年继续下跌，2017年反弹，2018年再次下跌，2019年是该反弹的时候了。

股票市场集各种循环于一身，中国A股也不例外。首先看经济的景气循环对股市的影响。很多人认为，中国A股不是经济晴雨表，因为金融危机后的10年，中国的经济牛冠全球，但中国股市却是熊冠全球。股市表现似乎与经济表现没有什么关系。这是因为中国股市发展时间不长，历史上散户投资者给它的估值实在太高了。如果单从股价的角度看，A股股价主要受市盈率（PE）驱动。有研究表明①，2002年至今，A股走势主要受市盈率主导，A股的主导因素未发生过变化。尤其是2005年以来，上证综指与市盈率走势非常一致，与每股盈利（EPS）关系不大，两者相关系数分别是0.65和0.01。

A股历史上仅有2016年9月—2017年12月期间每股盈利主导A股走势。这个阶段上证综指上涨10%，其中每股盈利贡献12%的涨幅，市盈率贡献-2%的跌幅，A股走势受每股盈利主导。2018年，国内股市在贸易摩擦和去杠杆的影响下开始下行，尽管每股盈利仍在上行，但反映预期和情绪的市盈率带动股市下行，市盈率重新占据A股定价的主导位置。

A股历史上仅有2005年6月—2009年9月每股盈利和市盈率共同主导走势，但市盈率贡献大于每股盈利。2005年6月—2007年9月，A股上涨414%，每股盈利上涨105%，市盈率上涨147%。2007年9月—2008年12月，A股下跌67%，每股盈利下跌16%，市盈率下跌61%。2008年12月—2009年9月，A股上涨53%，每股盈利下跌6%，市盈率上涨62%。各个阶段市盈率对股市走势的影响均大于每股盈利。正是由于定价体系中每股盈利占比较低，导致A股经常出现远超基本面之外的波动。

但A股上市公司总体盈利状况与中国宏观经济高度相关，只是因为历史估值太高，所以这些年是在消化高估值的过程中。体现在股价上，使得股价看起来好像与宏观经济没有关系。

再看政府逆周期调节对股市的影响。我们看到，美联储的货币政策与经济运行的循环是反方向的，在经济低迷时，会实行宽松的货币政策，经济繁荣时，会实行紧缩的货币政策。2008年金融危机后，美联储的量化宽松直到2014年年底才宣布结束，随后开启加息进程。这次新冠疫情后，又开始实行无底线的宽松政策。美联储的这种逆周期调节政策对股票市场的影响很大。

① 张启尧．全球股市定价变迁史：从PE到EPS［R］．国盛证券研究报告，2019.

从2009年开始美国股市开启了长达10年的牛市。2020年3月受新冠疫情影响以来，股市暴跌，但在美联储毫无底线的货币宽松政策作用下，到2020年7月底，美国股市已经基本恢复到大跌前的水平。监管机构的货币逆周期调节政策对A股的影响也很大。例如，2008年全球金融危机后，中国于2009年出台了4万亿元的经济刺激政策，大量宽裕资金流入股市，使得2009年股市反弹105.47%（万得全A指数）。再如，2014—2015年，金融监管机构鼓励创新，场外资金供应充沛，大量流入股市，推动了2015年上半年的大牛市。随着监管机构进行金融去杠杆，股市开始了暴跌。

再看企业盈利循环。股票说到底是投资者对上市公司盈利的分红权，因此企业盈利循环对股票市场循环影响很大。企业盈利循环取决于经济循环，但又不同于经济循环，因为企业有经营杠杆与财务杠杆，所以，比经济循环的波动要大得多。回顾对比2007年与2015年的A股两次牛市，2007年的牛市有企业盈利大幅上涨支撑，当年企业（剔除金融、石油石化）净利润增长113.23%。但2015年却没有企业盈利的支撑，当年企业净增长为-0.54%，是典型的水牛。

再看市场情绪循环。投资者的情绪总是如钟摆一样不断左右摆动。从乐观—激动—兴奋—极度愉悦—焦虑—否认—害怕—绝望—恐慌—投降—丧气—沮丧—抱有希望—如释重负—乐观，从一个极端走向另一个极端。所以，如果一个人能控制住自己的情绪，在投资上是有绝对优势的，可以做到反人性操作，别人恐慌的时候，我贪婪；别人贪婪的时候，我恐惧。正如巴菲特所说："当别人处理自己的事情越不谨慎小心，我们处理自己的事情越要谨慎小心。"在A股市场这种情绪波动更加极端，因为A股市场，50万元以下的投资者（中小投资者）占比80.0%，10万元以下的投资者占比40.9%。他们缺乏分析与定价能力，更易受到市场情绪的影响，而成为追涨杀跌的趋势交易者。

最后看风险态度循环。投资者是朝三暮四的，有时候很慷慨，有时候很吝啬。如果我们回顾茅台公司的历史市盈率变化图，同一家公司，有的时候，投资者愿意给它100倍的估值，而有的时候投资者却只愿意给它10倍的估值，这是风险态度的变化。

以上这些循环集中体现在A股市场，形成了A股市场的非周期循环。这种非周期循环的循环长度是可以通过科学的方法测量的。

笔者用两种方法，第一种是非线性分形分析方法[①]；第二种是巴菲特指标分析法（即用市值/季度GDP，剔除增长趋势之后再进行频谱分析，见图

① 这种分析方法由于涉及数学公式，为了便于阅读，不再列出。

13-1)。第一种方法计算结果显示，上证指数有一个大约 4. 1 年的小循环，8. 6 年的大循环；深成指有一个大约 4. 4 年的小循环，8. 4 年的大循环。第二种方法计算显示 A 股有 16 个季度（即约 4 年）的小循环，32 个季度（即约 8 年）的大循环。结合这两种方法，笔者认为，A 股存在一个大约 4 年左右的小循环，8 年左右的大循环。这是 A 股市场的平均循环长度。

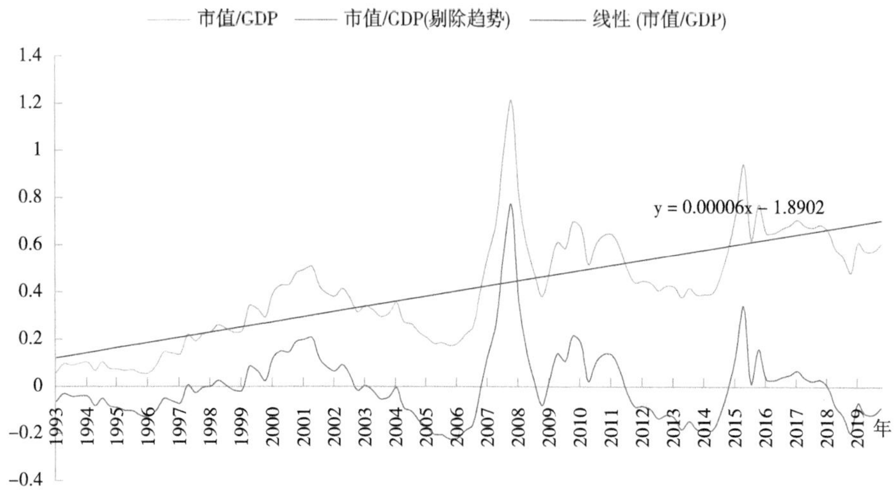

图 13-1　中国股市总市值/季度 GDP，截至 2020 年第二季度

数据来源：万得，避险网。

2019 年年初 A 股的反弹是新一轮循环的开始，2020 年的 A 股正由复苏阶段切换到上涨阶段。驱动从复苏阶段到上涨阶段转换的主要力量来自境内外宽松的货币政策。如果把牛市分为因宽松的货币政策而驱动的牛市（俗称为水牛市）以及经济基本面驱动的真牛市，那么，这一轮更类似于水牛市。至少有四支“水”正流向股票。

第一支“水”来自影子银行体系。银行理财产品余额从 2007 年年底的 0. 53 万亿元增长到 2018 年年底的 32. 10 万亿元，是居民财富管理版图中金融产品模块最大的部分。排第二的是信托，信托业资产管理规模从 2008 年的 1. 22 万亿元增长到 2017 年的 26. 12 万亿元。此时达到峰值，随后由于受监管政策转向影响，2018 年下降到 22. 7 万亿元。在银行理财产品收益率出现负值、信托产品频频爆雷的情况下，投资者慢慢认识到资管新规的威力，意识到刚兑已经成为过去。刘鹤副总理那四句大白话，即“做生意是要有本钱的，借钱是要还的，投资是要承担风险的，做坏事是要付出代价的”。这些民间乡野道理，正在成为高楼大厦里精英人士的常识。血的教训使投资者认识到，与其承受本金损失的风险，还不如承受股票市场的波动风险。当前，结构性存款受到压制，银行2%收益率的理财产品都被秒抢，信托正在出台新规，逼得这个蓄水池中的水正往股市里流。

第二支“水”来自房市。居民可投资不动产净值是在居民约200万亿元可投资资产规模中除了现金与存款之外的第二大部分。2008—2018年的平均增速是20%，但2018—2019年的增速只有7%。“房住不炒”不是一句口号。至少目前看，地方一有炒房的苗头，当局就开始压制。双方仍在较劲，但炒房者的预期已经不像以前那样铁板一块的看多，分化已经在进行中，这个蓄水池的水自动流向股市。

第三支“水”来自国家。为了应对疫情对经济的冲击，国家明确提出要“放水养鱼”，要“六保”。当然，政策目标是把水放给实体企业，但所有人都知道，这个专用的管道，难免会“跑冒滴漏”到股市里来。2020年7月股市强势上涨，反映了投资者对央行降息的热烈欢迎。

第四支“水”来自外资。国外，尤其是美国，为了应对疫情对经济的冲击，货币与财政政策已经毫无底线，美联储资产负债表短短几个月从3万亿美元扩张到7.64万亿美元。在这么大力度的刺激下，美股已经完成了V形反弹。相比之下，A股的投资价值就凸显出来。再加上国家加大对外开放的力度，尤其是金融领域对外开放的力度加大，取消了对境外投资者的额度限制，放开金融机构持股比例的限制，境外的水已经大量流入A股市场。陆股通累计买入净额已经从2018年年底的6 417亿元增长到当前的11 419亿元。

除了这几支“水”之外，还有居民储蓄资金、场内外各种加杠杆的资金等正在赶来的路上。当前，全球金融理论界正在研究负利率下金融资产如何定价的问题。在负利率下，传统的资产定价模型已经失效了，人们不知道一家公司的未来现金流如何折现。那么，财富如何保值？而中国资本市场扛着服务大国重器，撑着创新创意新经济的大旗，注册制、新证券法等重要改革措施的落地使得资本市场的体质已经今非昔比，已经具备承接各种来水的能力。

在以投资为主导的经济增长模式中，资金是卖方市场，不偏爱股票市场高波动的资产。而在以消费为主导的经济增长模式中，资金不再是卖方市场，美国都是直接赠送到户的，偏爱股票市场高波动的资产。监管机构也乐见其成，因为股市上涨了，就有了财富效应，有了财富效应，就有了消费能力，有了消费，经济就可以恢复增长。美国搞经济的那一套在中国开始以消费为主导的经济增长模式中被复制，上海已经喊出口号，要打造全球消费之都。

A股历史上都是牛短熊长，希望这一轮“刚兑不再、房住不炒”下的水牛市，走得慢一点，等等经济复苏的步伐。否则，走得太快了，就可能又会以暴跌收场。因为股市循环经过中心点后会继续移动，偏离中心点。循环偏离中心点的程度越失常，越过度，就越有可能引发大混乱。循环如果向一个极端点摆动得越远，回摆的力度就可能越猛，造成的破坏可能越大，因为促使循环运行到顶部阶段的有效行为，在周期运行到其他阶段时，其效果就会变差，甚至会起反作用。换句话说，随着循环从中心点向极端靠近，循环造成大混乱的潜力变大：经济增长“太快了”，企业盈利增长“太好了”，股价上涨“太高了”，其结果往往会是涨得越高，跌得越惨。股市小幅上涨之后，必有回撤，股市中幅上涨之后，必有回调。牛市之后，必有熊市；大泡沫之后，必有大崩盘。毕竟，天道有常，不为尧存，不为桀亡，反者道之动！

第十四章 顺着循环的规律避险

经济与股市的循环往复是不可避免的。如果投资者不具备识别循环的能力，那么在组合中配置避险资产以备不时之需尤其重要；如果投资者具备识别循环的能力，那么在循环的不同阶段，避险资产的配置比例应将不断调整，以达到更高的组合收益率。而2020年3月新冠疫情导致金融市场的动荡，颠覆了人们对传统避险资产的认识。美债与黄金竟然也曾出现了大跌。美债的大跌使得在债券投资上稳操胜券的全球最大对冲基金桥水，也栽了跟斗。连股神巴菲特都说："我活了89岁，从来没有见过这个场面"。霍华德·马克斯以"无人知晓"为标题写了投资备忘录。

投资者决定最合适的避险资产比例需要全面评估投资目标与最低损失之间的平衡。但一般来说，投资者在市场低迷或波动期间在组合中增加避险资产的配置是基于三个考虑：一是避免破产；二是保持现金流稳定以便满足必需的支出；三是在市场混乱时保留必要的"子弹"，以便捕捉投资机会。当下，在全球，特别是美国毫无底线的宽松政策下，人们需要仔细思考传统的避险资产是否还具备避险功能，如何拓展新型避险资产并在经济与股市非周期循环中进行有效配置。

一、避险交易类型

（一）多头避险

多头避险是指市场主体买入一份期货或看涨期权合约锁定价格的行为。在商品领域，多头避险是指厂商和加工商通过买入所需原材料以消除价格波动。由于这些依赖原材料的公司知道一年需要多次采购，因此，他们使用期货或期权合约以稳定全年的采购价格。在金融领域，多头避险是指那些未来不断有现金流流入的机构或居民，防止资产价格上涨而提前通过股指期货等衍生产品买入相应资产的行为，以防止现金贬值的风险。保险公司就是一类需要多头避险的机构，因为保险公司的保费会源源不断地流入。居民也是一类需要多头避险的主体，尤其是在当下各国采取毫无底线的货币宽松政策之际，有许多知名人士已经喊出：“现金是垃圾！”

对于需要原材料的厂商来说，多头避险可以提前锁定未来所需商品的采购价格，是一个精明的成本控制策略。多头避险的交易过程很简单，就是厂商通过期货市场买入商品期货或看涨的商品期权合约，意味着厂商持有商品期货或期权合约的多头，表示他们预期未来商品的价格将上涨。如果未来商品价格真的上涨了，那么厂商持有期货合约的利润帮助他们对冲了现货商品采购的成本。对于需要资产的金融机构或居民来说，多头避险是一个精明的资产配置策略。一般情况下，他们会通过期货市场提前买入黄金、股指、外汇、债券等期货或期权合约，以优化资产组合的收益率。

利用股指期货顺着股市循环的规律进行多头避险的典型案例，发生在2019年。我在第十三章中指出，A股市场存在一个平均长度为4年的小循环以及8年的大循环，根据A股的非周期循环规律，推算出2019年股市出现反弹的概率很高。这时，对于需要配置股票资产的投资机构或居民都是一个进行多头避险的好时机，并且更重要的是，那时，在中金所交易的中证500股指期货最远月合约IC1909还贴水近2.8%（图14-1），意思是中证500指数还打折了2.8%。真是一个天赐良机。你需要做的，只是买入IC1909合约，等待循环巨大力量的出现。果然，春节之后，股市开始大涨，到2月25日时，IC1909合约还出现了升水1.33%。如果你这时候平仓了结，不仅赚到了指数上涨的钱，还赚到了贴水转升水的钱。

如果你错过了2019年第一季度的机会，不要紧，市场给了你第二次机会。2019年五一节后的第一个交易日，由于特朗普加征关税的推特使中证500指数跌了7.51%，而在4月22日上市交易的中证500指数期货12月合约（即IC1912合约）却于当日跌了9.03%，期货与现货指数的基差扩大到-277.2点。5月17日，受华为被禁事件的影响，市场再次大跌，基差扩大到-343.98点。这意味着IC1912合约比中证500指数便宜了近7%，相当于中证500指数以7%的折扣在挂牌交易。市场给了投资者第二次进行多头避险的机会。2019年5月17日，笔者在“避险网”公众号上写了一篇文章《为什么市场对中证500指数7%的折扣置之不理?》，解释了这两个问题[①]，第一个问题是为什么中证500指数又出现这么大的折扣？第二个问题是为什么市场对中证500指数7%的折扣置之不理？建议大家进行多头避险。

我们先看第一个问题。从股指期货的定价机理看，股指期货出现负基差

① 刘文财．为什么市场对中证500指数7%的折扣置之不理？［OL］. https：//www. d-union. net/InsightDetails. aspx？id=188&parentId=5，2019-05-17.

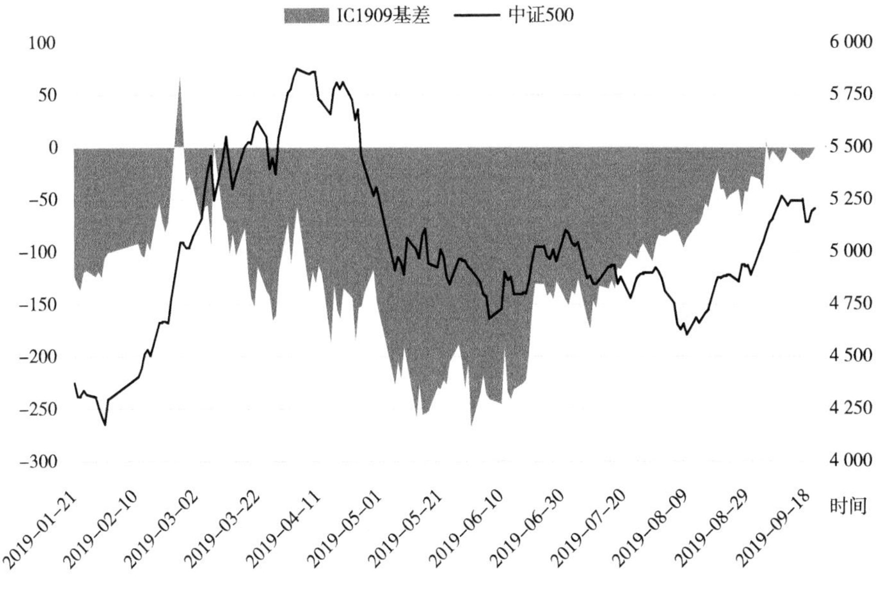

图 14-1　IC1909 合约贴水及中证 500 指数走势

数据来源：万得，避险网（www. d-union. net）。

（即贴水）最主要的原因是指数的股息率高于无风险利率。因为股指期货使用保证金交易，意味着投资者是融资买标的指数的股票，但在持有期得不到分红，如果股息率高于无风险利率，那么股指期货就应该贴水。但中证 500 指数 2018 年的股息率只有 1. 33%，而且是历史上最高的，2019 年预期股息率不可能出现大的跳升，更不可能高于融资成本。也就是说，指数成份股分红因素导致的贴水可以排除。

可能产生贴水的第二个原因是占较大权重的成份股停牌。例如，在 2015 年 6、7 月股灾中，中证 500 指数有一半成份股停牌了。中证 500 指数跌 5%，实际上是所有股票跌停板了，但 500 指数期货的跌停板是 10%。这个-5%的基差就是成份股停牌导致的结果。类似于这种情况在当前是不存在的，没有这么多成份股停牌，这个因素也可以排除。

可能产生贴水的第三个原因是悲观预期。在 2019 年 2 月 25 日，中证 500 股指期货的基差一度由负转正（见图 14-1）。当时最远月合约是 9 月合约（IC1909），2 月 25 日正基差为 67. 25 点，升水 1. 33%。主要是投资者看多情绪高涨，愿意多支付溢价部分。但由于期现正向套利渠道是畅通的，所以，这个正基差马上就被套利者抢走了，只持续了两天。而后，又回到负基差的状态，4 月下旬随着市场调整，负基差扩大，5 月 6 日后，持续扩大。在监管当局对机构投资者卖出股票限制的情况下，期货可能被作为卖出的替代品。从这个角度看，悲观预期在负基差中贡献了一定的比例。

可能产生贴水的第四个原因是流动性不足。如果我们观察历史上的远月合约会惊讶地发现，远月合约处于贴水竟然是常态！中证 500 指数期货是中金所于 2015 年 4 月 16 日上市交易的。当时的远月合约，即 IC1512 合约挂牌交易时就处于贴水状态，5 月市场开始出现疯狂上涨时，该合约才在 5 月底、6 月初开始转为升水。但升水时间不长，又开始转为贴水（见图 14-2）。6—7 月份股灾之中，由于中证 500 指数成份股半数停牌的原因，导致贴水的数据更加异常。股灾之后，由于监管机构对股指期货市场采取了严格的限制措施，市场流动性逐渐消失，到 2015 年 9 月 2 日，竟然出现高达 22.8%的贴水。这正如失去了弹性的弹簧一样，被压下去就弹不起来了。同样的情况，我们在 IC1612（见图 14-3）、IC1712（见图 14-4）、IC1812（见图 14-5）也可以看到。

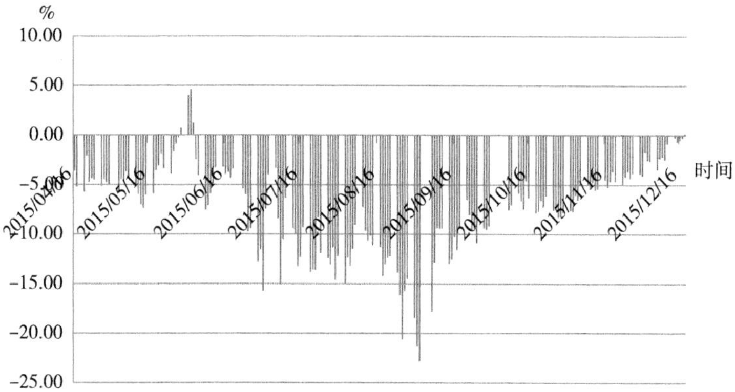

图 14-2 C1512 合约贴水比率

数据来源：万得，避险网（www. d-union. net）。

由此可见，从较长时间看，悲观预期不能完全解释贴水产生的原因，市场并非一直处于悲观预期之中。但在特殊的时点上，悲观预期的确会对贴水有贡献。流动性不足，市场失去弹性，也是贴水形成的原因之一。但贴水形成后之所以能够长期存在，还是由于反向套利机制的缺失，这也是第二个问题最重要的原因。

除了反向套利机制的缺失是市场对中证 500 指数 7%的折扣置之不理的重要原因之外，还有其他几个原因。一是时机未到。因为那时才 5 月份，离

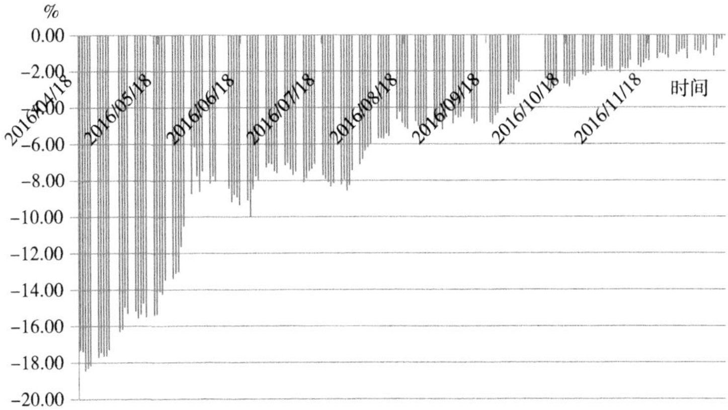

图 14-3　IC1612 合约贴水比率

数据来源：万得，避险网（www. d-union. net）。

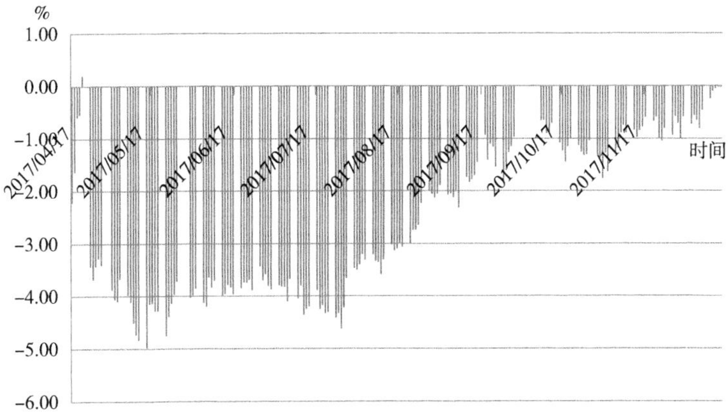

图 14-4　IC1712 合约贴水比率

数据来源：万得，避险网（www. d-union. net）

12 月份到期还有较长的时间，从以往 12 月合约基差收敛的时机看，8—9 月份才开始进行有效的收敛，在这之前，基差处于振荡之中，所以投资者不急于以 7%的折扣去买中证 500 指数，说不定，在贸易摩擦的悲观预期下，折扣还有可能进一步变大呢！二是公募基金股指期货投资比例受限，导致指数基金用期货替代的买方力量不足。根据监管指引，基金在任何交易日日终，持有的买入股指期货合约价值，不得超过基金资产净值的 10%。在境外成熟市场，指数基金大量用股指期货替代股票持仓。但在国内现有限制下，即使面

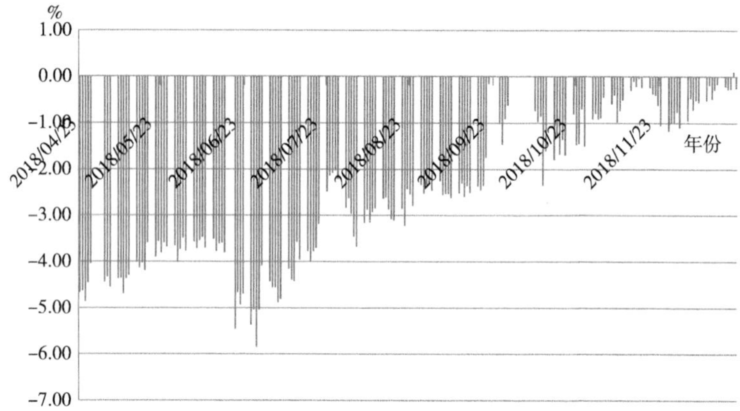

图 14-5　IC1812 合约贴水比率

数据来源：万得，避险网（www. d-union. net）。

临 7%的折扣，基金经理用股指期货进行替代的力量也有限。

但对于指数投资者来说，一个好的投资机会已经出现了。在那时买入 IC1912 合约，只要中证 500 指数到该合约最后交易日（即 12 月 18 日）累计跌幅小于 7%，投资者都是没有损失的，途中的损失只是浮亏而已，随着 IC1912 合约的逐渐收敛，而实现盈利。但如果该指数累计跌幅超过 7%，那么投资者会有损失的，损失的幅度是指数跌幅减去 7%的部分。如指数下跌 10%，那么持有 IC1912 多头最后损失 3%。回顾历史，我们发现当时的悲观预期，事后看也并非完全准确。对于已经到期交割的 IC1512，IC1612，IC1712，IC1812 来说，如从贴水最大的时候开始计算，只有 IC1812 合约到期时，期间指数累计跌幅较大，而其他合约到期时，期间指数累计是涨的（见图 14-6、图 14-7、图 14-8、图 14-9）。

需要说明的是，这不是无风险套利交易，而是风险交易，是赢面大于输面的不对称风险交易。

（二）空头避险

空头避险是指一种规避未来资产价格下跌风险的投资策略。在商品领域，厂商通过这种策略规避他们生产的或销售的商品价格下跌的风险。在金融领域，资产管理机构或居民通过这种策略规避他们持有的资产风险。空头避险交易通常通过直接做空一种资产，或通过期货、期权等衍生产品在指定的价格卖出所持有的资产。

图 14-6　IC1512 合约走势图

数据来源：万得，避险网（www. d-union. net）。

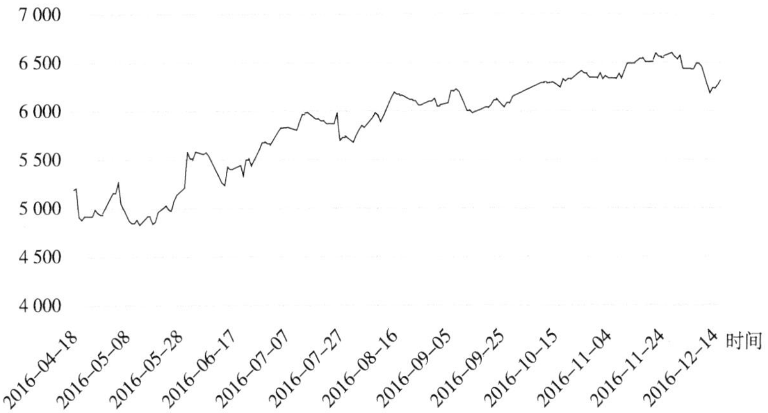

图 14-7　IC1612 合约走势图

数据来源：万得，避险网（www. d-union. net）。

在商品领域，国际市场上最成功的空头避险者当属墨西哥政府。2020 年 3 月份，在沙特、美国、俄罗斯三国博弈以及新冠疫情双重冲击下，国际油价一度跌至负价格。油价的暴跌导致美国众多头部页岩油公司纷纷破产，率先破产的是怀廷石油。而墨西哥总统却神定气闲地说："对冲合约使墨西哥获得了一笔 62 亿美元的意外之财"①。其实墨西哥早就如往年一样对油价的下行风险做了保护，花费了约 14 亿美元作为权利金，买入原油看跌期权，将

① 大公报，安全策略\ 产油国对冲策略生财墨西哥赚 480 亿 [OL]. http：//www. takungpao. com/finance/236133/2020/0425/441384. html，2020-04-25.

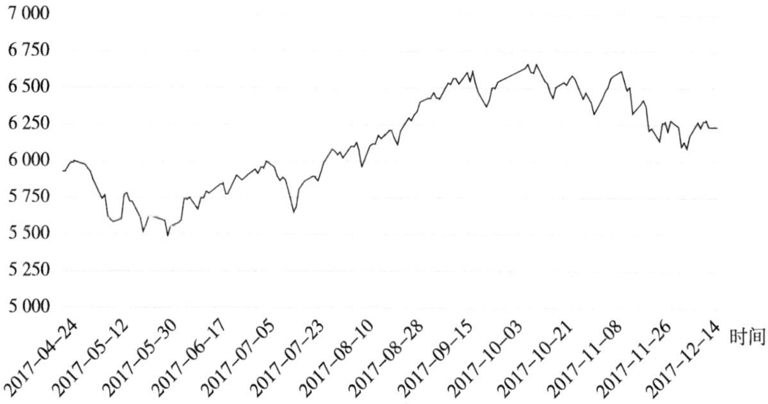

图 14-8　IC1712 合约走势图

数据来源：万得，避险网（www. d-union. net）。

图 14-9　IC1812 合约走势图

数据来源：万得，避险网（www. d-union. net）。

2020 年原油出口价格锁定在 49 美元/桶。墨西哥财长赫雷拉（Herrera）曾发布声明称："油价下跌不会直接对预算造成影响，因为我们已经花费 14 亿美元完全对冲了 2020 年石油收入因油价下跌的影响。"因此，面对暴跌的油价，墨西哥不仅比其他成员国要从容淡定，在一定程度上，油价越跌对其越有利，因为油价越跌，墨西哥从华尔街投资银行手中买入的看跌期权就越值钱。

自从 20 世纪末海湾战争以来，墨西哥的石油对冲操作已经有数次带来了回报。在全球金融危机使石油价格急剧下跌之后，2009 年该项目产生了数十亿美元盈利，在2015年该项目带来了约64亿美元的创纪录回报，2016年也回报丰厚。作为对冲交易的一部分，墨西哥从华尔街投资银行购买石油看跌期权，赋予其以约定价格出售石油的权利。

作为高度依赖石油收入的墨西哥，在第一次海湾战争（1990年末与1991年初）期间，就尝试利用金融工具进行对冲石油价格风险。墨西哥央行和财政部设计了油价对冲项目以保持海湾战争时期政府预算的稳定。当时，与石油相关的收入占了政府收入的35%，相比其他石油出口国来说比例并不高。1990年11月到1991年2月，墨西哥中央银行建立了期货、期权、掉期合约以确保出口石油价格在17美元/桶，这是墨西哥政府设定的1991年预算价格。通过卖出期货、购买看跌期权以及签订短期固定价格的互换，墨西哥政府大约卖出了1.2亿桶在1991年上半年交割的原油，约占每天出口量130万桶的一半。墨西哥政府为了分散交易，减少对衍生品市场价格的冲击，花了数周时间才完成交易。1993年第一季度，墨西哥中央银行再次对冲原油价格以稳定政府预算。这次购买的是纽约商品交易所（NYMEX）的WTI原油执行价为19美元/桶的看跌期权，约等于墨西哥13.5美元/桶的出口石油。此次大约对冲1.5亿桶计划在1993年交割的原油，占当年墨西哥原油出口量的30%。事后表明，这些对冲交易对于墨西哥来说收益十分可观，因为原油价格在1991年上半年以及1993年下半年都大幅下挫。交易赚了钱，以及事后看来决策做对了，这些都不重要，重要的是，对冲交易确保了政府预算的稳定。一位墨西哥的高级官员称："在不确定性与波动面前，油价可能涨到40美元/桶，也可能跌到10美元/桶，但我们要做预算，我们必须去覆盖预算。政府不能去投机，什么也不做就是投机，现在看起来比什么也不做要好，某些时候我们什么也不做，但我们能睡得很好！"①

2000年，墨西哥开始把对冲油价风险制度化。根据2000年通过的预算法案，2001年，墨西哥财政部着手建立石油收入稳定基金（FEIP），以应对油价下跌与汇率波动的风险。根据预算责任法案，该基金主要目标是减少墨西哥混合原油出口变动对于政府收入与公共财政的影响，基金必须补偿联邦收入法案批准的预估收入与实际收入的偏差，以支撑费用预算。为了达到石油收入稳定基金的目标，根据法案成立了专门委员会。一旦石油出口收入减少，委员会授权从基金中提取相应金额弥补损失。委员会批准油价对冲策略以及对冲费用，并指示墨西哥中央银行代表墨西哥政府执行对冲策略。墨西哥央行与政府每年就影响对冲的量、执行价的不同因素进行讨论，并报委员会同意。

---

① 刘文财，李路．避险的智慧——从国家、企业到个人的财富管理［M］．北京：首都经济贸易大学出版社，2019：8.

2008—2009 年，墨西哥的对冲计划堪称对冲案例的经典之作，可以收入教科书。2008 年 7 月，国际油价在 140~146 美元/桶，墨西哥确认保证次年财政预算的底价为 70 美元/桶。于是，墨西哥于 7 月份到 10 月份，耗资 15 亿美元的期权费购买了覆盖 3.3 亿桶原油，执行价为 70 美元的看跌期权。这批期权的执行时间为 2008 年 10 月下旬至 2009 年 6 月上旬，3.3 亿桶原油接近这段时间 100%的原油出口量。期权建立时墨西哥原油出口价格在 100 美元/桶附近，但 2008 年 7 月后，国际市场油价持续下跌，至 2009 年 1 月甚至跌破 40 美元/桶。此次对冲计划减少了 100 亿美元的原油地出口利润损失，并最终获得了 50.85 亿美元的保值盈利。

2009 年 12 月，墨西哥政府决定以执行价 57 美元/桶买入看跌期权，对冲 2010 年的原油出口。许多分析师都看不懂墨西哥政府的行为，为什么墨西哥如此看空原油市场？当时国际油价在 70~80 美元/桶。实际上是这些分析师不明白墨西哥政府在对冲背后所秉持的理念，以执行价 57 美元/桶买入看跌期权，并不是墨西哥政府打赌油价会下跌到 57 美元/桶，而是因为在 57 美元/桶予以保护比油价上涨带来更多收益更重要。换句话说，如果油价上涨到 100 美元/桶时，以 57 美元/桶卖出原油，他们照样能过得不错；但如果油价跌破 57 美元/桶，他们以 40 或 30 美元/桶卖油，日子就不好过了。实际上，当油价到达 100 美元/桶时，墨西哥政府也不会以 57 美元/桶卖油，因为他们买的是期权，可以不执行，仍然以 100 美元/桶卖油，损失一些期权费而已。当时，为 2.3 亿桶原油保值的期权费为 11.72 亿美元，大约每桶的期权费是 5 美元。如果油价涨到 100 美元/桶，他们不会执行期权，损失 5 美元/桶，实际上是以 95 美元/桶卖出原油。

此后几年，墨西哥政府一直坚持不懈地对冲原油市场价格风险。2011—2012 年，对冲了 2.10 亿桶原油。2012—2013 年，对冲了 2 亿桶原油，约为 170 天的墨西哥原油出口量。2014 年财政年度，以 85 美元/桶对冲了所有与油相关的收入，为此，墨西哥财政部花费了 5.43 亿美元的期权费。2014 年，墨西哥原油的平均成本为 74 美元/桶，从 9 月份开始以 76.4 美元/桶的价格锁定了 2015 年 2.28 亿桶的出口原油。墨西哥购买了以执行价为 76.4 美元/桶的看跌期权，一旦 2015 年油价低于 74 美元，政府将获得 2.4 美元/桶的收益。为此，墨西哥政府支付了 7.73 亿美元的保值成本。2015 年，墨西哥决定以 49 美元/桶的价格锁定 2016 年 2.12 亿桶的出口原油，支付了 10.9 亿美元的保值成本。2016 年，以 42 美元/桶的价格锁定 2017 年 2.5 亿桶的出口原油，支付了 10.3 亿美元的保值成本。2017 年，以 46 美元/桶的价格锁定 2018 年的部分出口原油，支付了 12.6 亿美元的保值成本。

历史上墨西哥政府使用过多种避险工具，包括原油价格连接票据、期货、掉期、期权等。目前主要是原油亚式看跌期权，当执行价超过过去一年平均油价时执行。这种策略使墨西哥政府能够在整个财政年度锁定最低平均油价。当市场平均油价高于执行价时，墨西哥放弃执行；当市场平均油价低于执行价时，墨西哥执行期权。亚式看跌期权的标的是玛雅原油，一种墨西哥重质原油，占其出口量的80%。基于玛雅原油的期权不是标准化金融工具，这种原油亚式看跌期权主要是几十家外国投资银行通过场外市场提供的，为墨西哥量身定制。

自2001年以来，墨西哥大约每年花费GDP的0.1%购买这种亚式看跌期权。只有在2009年、2015年、2016年执行过期权，执行期权所产生的收入分别约是当年GDP的0.5%，0.6%，0.3%。国际货币基金组织的研究表明，油价对冲增加了墨西哥的福利并减少了主权债务的风险价差。福利增加相当于0.44%的持久性消费增长，其中的90%得益于更低的风险价差。风险价差比没有对冲时减少了19BP。

在金融领域，空头避险做得最好的当属在2020年3月份一炮打响的Universa的黑天鹅基金，前文已经提过，此处不再赘述。

二、循环中的避险交易逻辑

经济与金融资产不断循环反复的规律告诉人们买入并持有并非是一个最佳的策略，而应该随着循环的方向进行多头与空头避险的切换，顺时而为。在这方面，国际上有一个著名的美林时钟投资模型。2004年11月10日，美林证券发表了著名的研究报告——投资时钟（The Investment Clock）[①]，通过对超过30年的数据统计分析得出的资产配置模型，通过将资产轮动及行业策略与经济周期联系起来，指导经济周期不同阶段的资产配置。模型将经济周期分为四个阶段：复苏、过热、滞胀、衰退，并使用产出缺口和CPI识别经济。四个阶段对应的优质资产分别为股票、商品、现金、债券。经典的繁荣至萧条的经济周期在四个阶段依序轮动，不过现实并不会简单按照经典的经济周期进行轮动，有时时钟会向后移动或者向前跳过一个阶段。

（1）经济由“衰退”至“复苏”：宽松货币的政策刺激下，经济由衰退转向复苏，企业经营业绩提升，由于股票对经济复苏的弹性更大，其相对债券和现金具有明显超额收益。

---

① TREVOR GREETHAM et al. The investment clock [R]. https://www.newsmth.net/bbsanc.php?path=%2Fgroups%2Fsocial.faq%2FEconForum%2Fbook%2Ffandu%2FM.1240388095.M0&ap=576, 2004-11-10.

（2）经济由“复苏”至“过热”：高 GDP 推高 CPI，商品类资产与 CPI 正相关，高 CPI 环境下，大宗商品投资价值高，而股票、债券、货币资产收益由于无法抵御通胀，不是好的投资选择。

（3）经济由“过热”至“滞胀”：为控制高通胀，央行采取紧缩货币的政策，但是首先作用于 GDP，使 GDP 降低，经济陷入滞涨。由于 CPI 仍然居高，货币政策将持续紧缩。货币紧缩提高了货币类资产的收益水平，降低了股票、债券、大宗商品的投资价值。

（4）经济由“滞胀”至“衰退”：紧缩货币政策将 CPI 拉回低位，为刺激经济，央行将采取宽松货币政策。由于经济低迷，总需求疲软，股市和商品类资产均没有上行逻辑，此时长端利率由于处于利率曲线高点的成本优势，成为优质投资资产。

美林证券通过对 2004 年以前逾 30 年的资产表现总结出美林时钟逻辑。依据美林时钟，金融危机后美国经济先后经历了衰退和复苏两个时期，2008 年下半年至 2009 年 7 月为衰退时期；2011 年 11 月到 2020 年 2 月为复苏时期。观测两个时期的四类资产表现，发现 2008 年金融危机后美林时钟在指导美国大类资产配置中仍具有一定参考价值。衰退时期，债券相比其他三类资产具有明显的超额收益；经济复苏阶段，美股也走出了持续向上行情。四类资产的计算基准分别选用美国国债收益率、标普 500 指数、标普大宗商品 GSCI 总回报指数和美国 3 个月国库券。

但据研究，美林时钟在中国有效性差，甚至变成了“美林电风扇”。华泰证券李超认为，美林时钟之所以在中国有效性差在于利率的决定因素不同。美林时钟在美国的有效性强，与美联储货币政策框架以经济和通胀两大因素决定货币政策有很大关系，存在“增长和物价—货币政策及其预期—市场利率—大类资产走势”的传导渠道。但是在中国，利率和货币政策决策因素较其他国家复杂，央行并不是像美联储那样有明确的“利率定价方程”，而是一个多目标制的决策体系。除了经济与通胀以外，金融稳定和国际收支平衡也是央行的重要考量，导致利率一定的外生性质。李超认为，金融稳定和国际收支平衡仍然是央行目前的重要货币政策目标①。

运用美林时钟投资模型的关键，是股票市场与经济存在紧密的关系。因此该模型运用于美国成熟市场，有较高的参考价值。但以往中国 A 股市场与经济的关系并不紧密，因此，不能生搬硬套美林时钟投资模型。在第十三章，我们看到 A 股市场历史上有其独特的非周期循环规律，集各种循环于一身。

---

① 李超．美林时钟在中国靠谱吗？——宏观指导大类置产配置研究之一［R］. http：//www.myzaker.com/article/593a626b9490cb765c000005. 2017-06-09.

针对 A 股非周期循环的历史规律，我们可以比较各种不同交易策略的历史数据回溯结果。

第一种是买入并持有策略。因为沪深 300 指数是 2005 年发布的，假如在 2004 年年底投资者开始直接投资沪深 300 指数 1 000 万元，那么 2019 年年底，这笔投资变为 4 096.58 万元。总收益率为 309.66%，平均年化收益率为 9.86%。该策略简单易操作，对于普通投资者而言，可以轻松享有股票市场长期增长的收益。

第二种是固收+看涨期权策略。固收+看涨期权策略的做法是将资本金的一部分用于购买看涨期权，剩余部分用来投资固定收益产品。即用指数看涨期权替代跟踪指数。我们假设用每年资本金的 6%购买虚值沪深 300 看涨期权，剩余 94% 的资本金用来购买年收益率为 4% 的固定收益产品，若从 2004 年年末开始实施该策略，投入 1 000 万元，那么到 2019 年，这笔投资变为 14 326.02 万元，总收益率为 1 332.60%，年化收益率为 19.42%。结果要好于第一种策略。

第三种是指数+看跌期权策略。指数+看跌期权策略的做法是将资本金大部分跟踪指数，但为了防止指数出现暴跌，用少部分资金购买虚值看跌期权进行保护。我们在 2004—2019 年的每年末将资本金的 3%用来购买深度虚值的看跌期权，97%的资金用来投资沪深 300 指数。这种策略最初的 1 000 万投资，到 2019 年年底变成了 16 024.15 万元。总收益率为 1 502.42%，年化收益率为 20.31%。结果要好于前两种策略。

第四种是依据太阳黑子循环的策略。太阳黑子循环的规律可以对应经济周期规律，太阳黑子不断增加的年份对应经济复苏及繁荣阶段，太阳黑子不断减少的过程对应经济衰退的过程。如果以太阳黑子数量的变化趋势作为依据，顺时而为地选择投资策略，能够得到更好的回报吗？

图 14-10 是 2004 年以来太阳黑子数量图。如果将 2004 年年末—2008 年年末和 2014 年年末—2019 年年末划分为太阳黑子数量衰减阶段，将 2008 年年末—2014 年年末划分为太阳黑子增加阶段，在太阳黑子数量上升阶段实施“固收+看涨期权”策略，在太阳黑子数量减少阶段实施“指数+看跌期权”策略，那么截至 2019 年年末，最初的 1 000 万元投资到 2019 年年底变成了 18 377.08 万元，该组合策略的收益率为 1 737.71%，年化收益率为 21.42%，均高于前面三个策略的收益率。

第五种是依据 A 股的非周期循环策略。如同第十三章所述，根据笔者多年对股票市场的跟踪研究，发现 A 股市场存在非周期循环的规律。如果以 A 股市场的非周期循环模型作为投资策略的选择依据，结果又将如何呢？

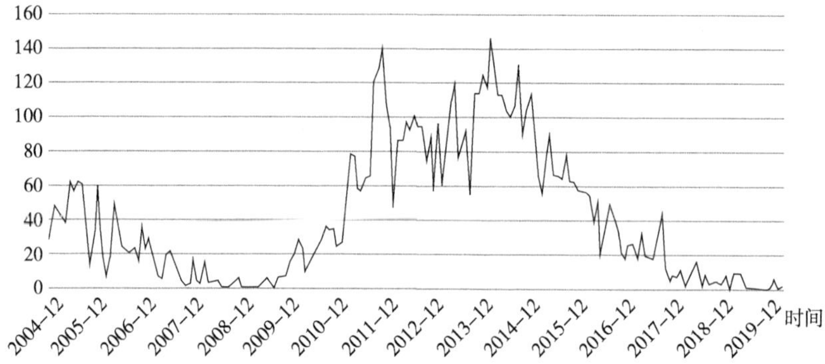

图 14-10　2004 年以来太阳黑子数量

数据来源：普鲁塞尔皇家天文台，避险网（www. d-union. net）整理。

将剔除趋势的非周期循环模型作为参考依据，首先计算出非周期循环模型的判断指标“股市总市值/GDP”的历史波动率 σ，再进一步得出每一时点该指标的值所相对于历史均值的 σ 倍数。根据历史趋势，我们设定了用来判断股市上涨、下跌拐点的两个阈值，从进入上涨阶段的阈值开始，我们实施“固收+看涨期权”策略，直至达到下跌阶段的阈值结束；从进入下跌阶段的阈值开始，我们实施“指数+看跌期权”策略，直至回到上涨阶段的阈值结束。根据非周期循环模型进行的组合策略，2004 年年底的 1 000 万投资到 2019 年年底变成 34 493. 6 万元，总收益率高达 3 349. 36%，年化收益率为 26. 62%，明显高于前面四种策略。可见，遵循股票市场的变化规律进行投资策略的选择，对投资者而言至关重要。各个策略收益率比较如表 14-1、图 14-11 所示。

表 14-1　五个策略收益率对比

策略	被动指数投资	固收+看涨期权	指数+看跌期权	太阳黑子循环	非周期循环
做法	买入沪深 300 指数并持续持有	6%资金购买看涨期权，94%买固收产品	3%资金购买看跌期权，97%买指数	根据太阳黑子周期，在循环复苏阶段实行“固收+看涨期权”策略，在循环衰退阶段实行“指数+看跌期权策略”	根据非周期循环，设定判断上涨、下跌的“拐点”阈值，上升阶段实行“固收+看涨期权”策略，下跌阶段实行“指数+看跌期权策略”

续表

策略	被动指数投资	固收+看涨期权	指数+看跌期权	太阳黑子循环	非周期循环
总收益（%）	309.66	1 332.60	1 502.42	1 737.71	3 349.36
年化收益（%）	9.86	19.42	20.31	21.42	26.62
最大回撤（%）	-65.95	-8.18	-27.74	-12.68	-28.16

注：根据历史数据模拟测算。

数据来源：万得，避险网（www.d-union.net）。

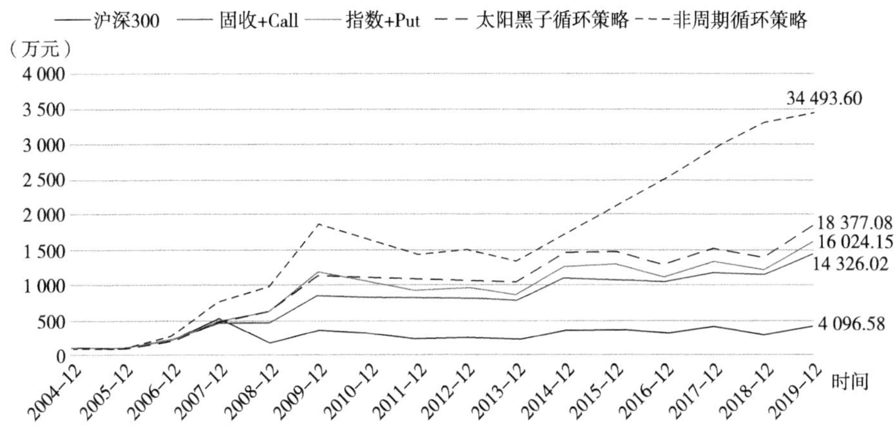

图 14-11　不同策略年末本金

数据来源：避险网（www.d-union.net），万得。

目前中国经济处在基钦循环的被动去库存阶段，以及朱格拉循环设备投资循环的启动即将到来阶段。股票市场已经在反映经济所在的阶段，因此，顺着经济与股市循环，多头避险仍是未来3~6年的主要交易策略。

三、避险资产配置

如果投资者不具备顺着循环进行避险交易的能力，那么可以选择配置避险资产，以确保财富保值增值。避险资产可分为传统避险资产与新型避险资产。

（一）传统避险资产

1. 美元与美债

美元与美债被视为两种传统的避险资产。美元作为全球储备货币，是一种具有高流动性且在市场危机时表现出与风险资产负相关的高质量投资工具。不管从哪个指标看，美元都是最重要的储备货币。美元在各国央行储备中占比高达 60%；是绝大多数国际商品的计价与结算货币；也是国际重要的融资货币。在这些方面，美元的使用量是欧元或日元的两倍多。从美元与其他货币的掉期点也可以看出，当市场处于危机之时，美元相对于欧元等其他货币的掉期点出现更大的负值，意味着市场对美元需求的上升。在 2020 年 3 月新冠疫情中，各国出现了美元慌，美元指数从 3 月 9 日的 94 飚升到 3 月 19 日的 103，以至于美联储紧急与多国央行增强货币互换额度。3 月 20 日，美联储宣布与加拿大央行、英国央行、日本央行、欧洲央行和瑞士央行协同行动，提高货币互换额度，进一步增加流动性。互换安排将从 3 月 23 日启动，至少持续到 4 月底。

然而，美元作为避险资产在历史上的表现并非一直良好。在 1980—1982 年与 2007—2009 年危机中表现良好，但在 1973—1974 年，1990 年以及 2001 年的衰退中表现并不好。展望未来，我怀疑美元是否还能表现避险资产的特性。显然，它的表现取决于经济冲击的形式与程度。美元并不一定能在下一次危机时表现良好，一是全球外汇储备对美元的需求正在下降。过去几年里，随着新兴市场国家经济账户平衡的打破，它们的外汇储备已停止增长。而且，各国的外汇储备由美元为主改为多元化其他国家货币以及黄金。二是美元相对于其他国家货币的息差正在变宽。在以往的衰退中，美元与日元、欧元、英镑息差较窄，他国央行在危机中有更大的空间采取宽松政策。而现在，随着其他央行已经进入零利率附近，美联储有相对更大的降息空间，这会降低美元的吸引力。三是当前美元的价值是高估的。国际货币基金组织称，美元在 2019 年被高估了 11%①。四是干预主义政策正在获得支持，我们将看到美联储通过积极的干预使美元贬值。

美债是高等级的主权债券，尤其是美国国债传统上被认为是一个目标平衡组合的压舱石。然而，股票与债券的收益率并不总是呈现出如期望的负相关。尤其是在 20 世纪 70 年代与 80 年代早期，当受石油供应紧缩推升通胀时，使得债券下跌，债券收益率走高，同时股票下跌。一直到沃克尔担任美联储

---

① IMF. 美国赤字过高美元在 2019 年被高估了 11%［OL］. https：//baijiahao. baidu. com/s? id=1674128288461448782&wfr=spider&for=pc. 2020-08-05.

主席期间采取控制通胀的手段，才使股票与债券相关性开始向下走向一致，并最终直到负相关性。自从1990—1991年衰退以来，负增长冲击使得股票与债券收益率保持高相关性。在2007—2009年全球金融危机期间，债券在稳定市场方面的作用才清楚地体现出来。在2020年3月金融市场动荡期间，美债一度与美股同时暴跌，债券并没有起到分散风险的作用。而且随着美国债务占GDP的比例越来越高，市场对美国国债安全性的担忧正在上升。尤其是当下全球经济已经进入康波萧条阶段，美国是新冠疫情最为严重的国家，美国经济也遭受重创，无论是美元，还是美债，它们未来的避险功能已经被市场深深怀疑。人们应减少美元、美债的配置比例。

2. 黄金

黄金也是一类重要的传统避险资产。在本书写作期间，黄金涨破了2011年的高点，并一度跃过了2 000美元/盎司。回顾第二次世界大战后的历史，黄金价格的变动是大国力量此消彼长的反映。

第二次世界大战后，美国一国独大，占据了全球75%的黄金储备，因此在美国主导下的布雷顿森林体系确定了两条重要的约定：一是美元与黄金挂钩，1盎司黄金等于35美元；二是各国货币与美元挂钩，实行固定汇率制度。美国主导布雷顿森林体系的初衷，是通过迫使其他国家持有美元为美国的海外帝国融资并使其获益，维持美国全球霸权。美国的盟国顺从于一个霸权体系，该体系使美国享有在海外开展单边行动以促进美国利益的特权。但世上只有永恒的利益，没有永恒的朋友。随着欧洲经济的恢复，欧美之间的相对经济实力发生了扭转（见图14-12）。美国庞大的贸易盈余从1964年的68亿美元下降到1968年6亿美元。到1969年，包括贸易、服务、旅游和政府的海外开支在内的总的经常账户赤字达到了10亿美元。欧洲各国，尤其是法国、德国积累了大量的贸易盈余，使美国决策者看到了布雷顿森林体系对自身的威胁：按照体系的规则，欧洲日益增加的美元持有量随时可以兑换成黄金。这是悬在美国头上的一把达摩克利斯之剑。美国政府体会到脆弱感，因而开始不喜欢该体系了。许多美国决策者非常愿意通过牺牲在该体系中所享有的优势以结束这种脆弱性。

艾森豪威尔认为，令人难堪的是拥有最大国际收支盈余的国家，以及从美国国库中获得黄金比重最大的国家，恰恰是美国派出部队予以保护的欧洲国家①。欧洲人“几乎要吸干山姆大叔”。1960年10月7日，艾森豪威尔向联邦德国总理阿登纳写了一封近乎乞求的求助信。该信件请求联邦德国与美

---

① 弗朗西斯·加文．黄金、美元与权力：国际货币关系的政治（1958-1971）［M］．北京：社会科学文献出版社，2011：51-52.

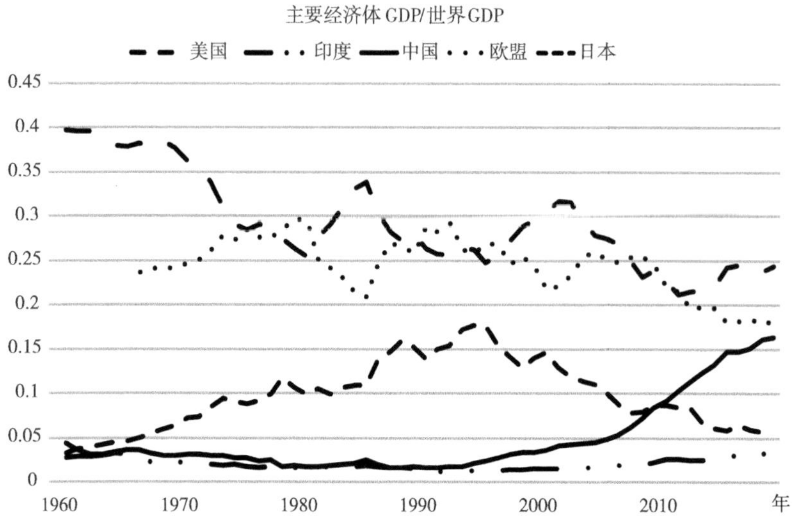

图 14-12　全球 GDP 占比

数据来源：万得、避险网。

国合作以解决美国的国际收支赤字问题。在提到马歇尔计划及其他援助措施对欧洲重建的作用后，总统指出在当前的经济事实已经改变了。尤其是，艾森豪威尔说，现在是时候考虑重新部署美国在欧洲的驻军了。阿登纳基本上忽视了艾森豪威尔的请求，并且假装不理解所涉及的经济问题。阿登纳认为，联邦德国不可能支付美国驻军的成本，尤基是在德国全国大选之前的一年①。

因此，到 1971 年 8 月 15 日，尼克松宣布美元停止与黄金挂钩，以公开赖皮的方式放弃美国以前的承诺。这是各国力量再平衡自然而然的结果。当时任美联储主席阿瑟·伯恩斯提出工业国家将会对关闭黄金窗口的措施做出报复时，时任美国财长康纳利大声怒喝："随他们去，他们能做什么？"尼克松专横地将一个明显的挫折——正式终结布雷顿森林体系——转变成美国经济以及他的政府的一次胜利②。不等康纳利厚颜无耻地宣告："美元是我们的货币，却是你们的问题"③，市场已经从中看到了美元的问题，黄金以飙涨形式

① 弗朗西斯·加文．黄金、美元与权力：国际货币关系的政治（1958-1971）［M］．北京：社会科学文献出版社，2011：51-52.

② 弗朗西斯·加文．黄金、美元与权力：国际货币关系的政治（1958-1971）［M］．北京：社会科学文献出版社，2011：248-249.

③ 巴里·艾肯格林．资本全球化：国际货币体系史［M］．上海：上海人民出版社，2008：137.

反映了美国相对经济实力的削弱（见图 14-13）。此时，人们再次想起华尔街大佬 J. P. 摩根的警告："黄金是货币，而其他都是信用。"

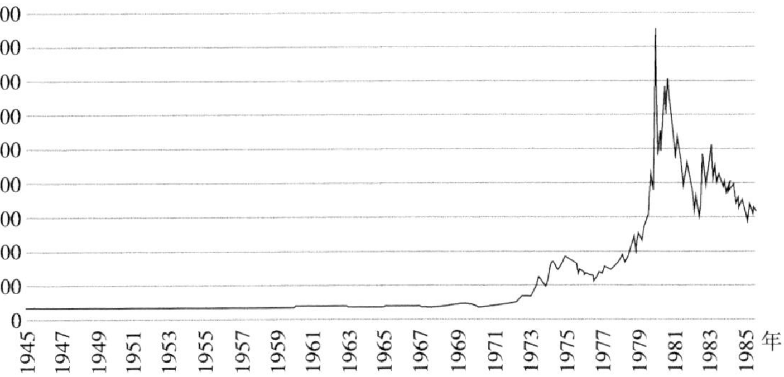

图 14-13　布雷顿森林体系崩溃后金价的变化

数据来源：万得、避险网（www. d-union. net）。

布雷顿森林体系崩溃的前后，是上一轮康波的萧条阶段。60 年一轮回，如今又到了一个康波萧条阶段。随着中国的崛起，美国在全球经济版图的相对力量进一步削弱。新冠疫情后，中国相对于美国的经济实力进一步增强。

美国为了挽救几乎陷入停摆的经济，出台了毫无底线的货币宽松政策，美联储资产负债表从 2020 年 3 月份的 3 万亿美元快速扩充到 7 万亿美元（见图 14-14）。

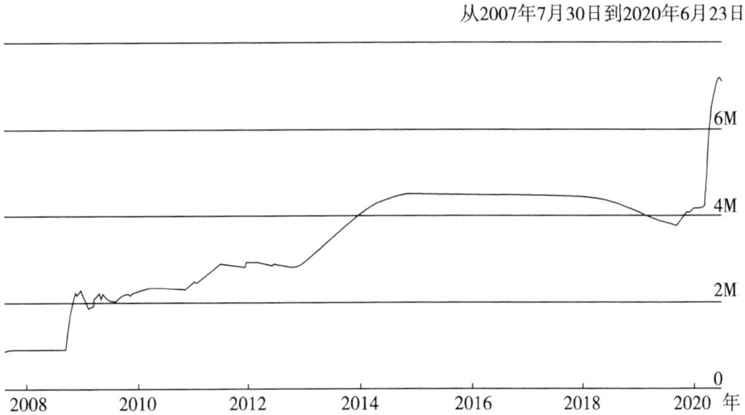

图 14-14　美联储资产负债表

数据来源：Federal Reserve。

黄金是大自然中极其稀缺的资源，截至 2019 年年末，已经开采地面上的黄金总存量有 19.7 万吨，已经探明的地下的黄金储量还剩下 4.7 万吨，总存量是极其有限的。当下全球用来交易的存量黄金也就 3~4 万亿美元（对应 5~6 万吨的黄金，不算用途是首饰和工业的黄金）。而美国用于经济刺激的货币和财政政策基本都是几万亿美元的体量。市场担忧美元终究是“废纸”一张，各国央行也在进一步加快增加黄金的储备，甚至把存放在美国的黄金运回。据媒体报道，目前包括有德国、荷兰、澳大利亚、意大利、法国、瑞士和俄罗斯等 20 个国家开始把存放在英国、美国的黄金运回本国①。

根据李迅雷的研究②，1971 年以来，美元纸币增长了 21 倍，黄金只增长了 1.1 倍；1971 年以来，投资黄金年化收益率接近 35%，而投资股票年化收益率为 25%。因此，在未来 10 年康波萧条阶段，黄金仍然是避险利器，人们应该进一步加大黄金的配置比例，因为根据历史规律，康波萧条阶段，黄金价格上涨是历史的宿命。

（二）新型避险资产

在国外，对冲基金作为一个整体已经不具备作为避险资产的属性，但其中真正使用对冲策略的基金如类似于 Universa 尾部对冲基金还是可以归为一类新型避险资产的。在国内，按我们定义的标准（第十一章），把纳入衍联中国避险基金指数的样本基金，称之为中国避险基金，包括 20 只公募避险基金产品与 30 家私募避险基金产品。这些避险基金是一类不同于黄金的新型避险资产。我们挑选了这些避险基金，编成了一个指数，便于指数跟踪投资。

中国股票市场仍存在大量超额收益的机会，正如查理·芒格所说：“为什么李录如此成功？我觉得部分原因在于，他可以说是中国的沃伦·巴菲特。这点帮助很大。另一部分原因是他在中国市场‘捕鱼’，而不是在竞争激烈的美国市场——这里已经被过度捕捞，渔民太多了。中国市场上还存在一些无知和惰性认知的盲点，因此为他创造了不寻常的机会。捕鱼的第一条规则：‘去有鱼的地方捕鱼。’捕鱼的第二条规则：‘千万别忘了第一条规则。’李录恰好去了鱼很多的地方捕鱼。其他人就像鳕鱼渔民一样，试图去已经被过度

---

① 美联储扩表 2.8 万亿后，20 个国家从英、美运回黄金！这意味什么？［OL］. https://new.qq.com/omn/20200730/20200730A0QQ3K00.html. 2020-07-31.

② 李迅雷．黄金与“印钞机”的百年赛跑［OL］. https://baijiahao.baidu.com/s?id=1664456874138178088&wfr=spider&for=pc. 2020-04-20.

捕捞的地方寻找鳕鱼。当竞争太激烈时，你再努力工作也无济于事。”[①] 如果投资者不能自主把握经济与股市循环的规律，那么配置这些新型避险资产能够帮助投资者穿越股市的牛熊转换，长期获取低风险、中等收益，实现财富的保值与增值。因为这些基金管理人，是中国股票市场上的“捕鱼高手”。

① 新浪财经，http：//finance. sina. com. cn/money/fund/jjzl/2020-04-29/doc-iirczymi9068148. shtml. 2020-04-29.

第十五章　幂律的世界更需要避险

2020年发生的极端事件，在提醒人们，我们生活在一个由幂律分布主导的世界。新冠病毒沿着人们出行的链接网络以链式反应在全球传播；金融市场连续多日暴跌，原油甚至出现负价格；不少百年老店纷纷破产，如“罗德与泰勒”、尼曼、布鲁克斯兄弟、赫兹、哥伦比亚航空等。截至8月17日，美国已经有400多家大型企业宣布破产，这是10年来最糟糕的数据①。人们认为不可能发生的事件竟然发生了！幂律的法则告诉人们，极端事件发生的概率要比人们想象得更高，人们更需要避险意识。

一、幂律

对农村的孩子来说，打牌、搓麻将是课外的重要娱乐活动。我7岁的时候，已经在麻将桌上“代父出征”了。小学与初中时期，记忆最为深刻的事，是在年三十晚上，与小伙伴们通宵达旦地搓麻将，血战到底。玩着玩着，就对一个问题充满好奇。那就是，当我手气正好的时候，打错了一张牌，手气就越来越差；当我手气差的时候，其他牌友出错牌，正好被我逮着和牌了，我的手气就开始越来越好。以前是手工麻将，以为自己一起参与洗牌时，把手气一起洗出去了。但后来玩自动麻将，这种现象仍然存在。高中与大学的时候逐渐学习到概率课程，认为找到了答案，这不过是一种随机现象。但还是没有完全解开心中的疑惑。有一次，看到一篇随笔，发现梁启超先生也关注这个问题，并认为麻将桌里有“小鬼”，启发我对这个问题再次思考与探索。后来，从事金融市场研究与投资工作，发现金融市场中到处充满了这种现象。更让我吃惊的是，我在高尔夫运动中也发现了这个现象。不小心一杆失误，可能导致整场球崩溃。为什么会产生这样的现象，如何克服它，成为我这样的人经常思考的问题。想着想着，我好像突然开悟，因为它们都存在正反馈现象，无论有竞争关系的扑克、麻将等娱乐玩具，金融市场投资还是

---

① 扛不住了？美国迎10年来最大破产潮！400多家大型企业破产［OL］. https：//www. sohu. com/a/413662977_ 120319910. 2020-08-18.

单独的高尔夫，都有正反馈的存在，而正是正反馈效应产生了幂律分布。我们生活的世界是由幂律分布而不是高斯分布主导的。

高斯分布，是正态分布，是我们在高中与大学课程里学到的重要的一种分布。它讲的是大部分观察结果集中在平均值附近，随着对平均值的远离，偏离平均值的可能性下降得越来越快（呈指数下降）。人的寿命、体重、身高等分布都属于高斯分布，比平均年龄或平均体重、平均身高相差 10 倍或 10 倍以上的可能性是极小的。假设你从普通人群中随机挑选 1 000 人，让他们在一个体育馆里并排站着，把你所能想到的体重最重的人加入样本，假设他的体重是平均体重的 3 倍，在总体重中也非常微不足道（大约占 0.5%）。你还可以更极端一点，即使你挑选了从生物学上说可能是地球上最重的人，他不会再重多少，比如，能占到总体重的 0.6%，增加的量微乎其微。假如你挑选了 1 万人，他占的比重几乎可以忽略不计。总之，在高斯分布下，出现极端事件的可能性是极低的。如按高斯分布计算，1987 年 10 月 19 日美国股市黑色星期一发生的概率只有 10^{-148}%。而宇宙中已知最小的测量单位是普朗克长度——10^{-33} 厘米。

可是对于人的财富来说，富人比一般人的收入大 10 倍或更多是很可能的。富人敢于冒风险可能变得更富，其中有正反馈的作用，所谓“马太效应”。如果把体育馆里 1 000 人的观察指标由体重变成净资产，把世界上最富有的人加入他们中间，比如比尔·盖茨。假设他的净资产接近 800 亿美元，而其余人大约几百万美元。他的净资产占总资产的多少？99.9%？实际上，所有其他人的净资产只不过是他资产数字四舍五入的误差，或者他的净资产在过去一秒内的变化。这是一个人们财富多少的幂律分布的例子。幂律分布最早是由意大利经济学家帕累托发现的，尽管当时它还没有被认为是幂律。1895 年，帕累托收集了多个国家国民的收入数据，发现很多人是穷人，中产阶级的范围很广，而只有极少数人是超级富豪。人们的收入每增加 1%，相应的家庭数量就会减少 1.5%——在双对数图上表现出一条直线，即幂律。帕累托将这些数据制作成一个分布曲线图，即“帕累托分布”。帕累托分布并不是一个钟形的正态分布，帕累托分布也是 80/20 原则的出处，意指 80%的财富掌握在 20%的人手中。在过去一个世纪里，经济学家已经证实，人们的收入和财富大致符合帕累托分布，并且这个结果与不同国家不同时期的情况相符程度非常高。

帕累托分布与人们所说的马太效应类似。马太效应的名字来源于圣经《新约·马太福音》中的一则寓言：从前，一个人要到外国去，就叫了仆人来，把他的家业交给他们，按着各人的才干，给他们银子，一个给了 5 000，一个了给了 2 000，一个给了 1 000。那个领 5 000 的人随即拿去做买卖，另外赚了 5 000，那个领 2 000 的后也照样另赚了 2 000，但那个领 1 000 的人掘开地，把主人的银子埋藏了。过了许久，主人回来了，和他们算账。领 5 000 银子的人带着另外的 5 000，说："主啊，你交给我五千银子，请看，我又赚了五千。"主人说："好，你这又善良又忠心的仆人，你在不多的事上有忠心，我要把许多事派你管理，可以进来享受主人的快乐。"那个领 2 000 的人说："主啊，你交给我二千银子，请看，我又赚了二千。"主人说："好，你这又善良又忠心的仆人，你在不多的事上有忠心，我要把许多事派你管理，可以进来享受主人的快乐。"那个领 1 000 的人说："主啊，我知道你是严厉的主人，没有种的地方要收割，没有散的地方要聚敛。我就害怕，把你的一千银子埋藏在地里。请看，你的银子在这里。"主人回答说："你这又恶又懒的仆人，你既知道我没有种的地方要收割，没有散的地方要聚敛，就当把我的银子放给需要银钱的人，到我来的时候，可以连本带利收回。夺过他这一千来，给那有一万的。因为凡有的，还要给他，叫他多多益善；没有的，就连他所有的，也要夺过来。把这无用的仆人丢在外面黑暗里，在那里哀哭切齿吧。"这就是"马太效应"，反映当今社会中存在的一个普遍现象，即赢家通吃。赢家通吃造成人们拥有财富的不是一个正态分布，而是服从幂律分布。

20 世纪 50 年代，来自加州理工学院的两名地球物理学家贝诺·谷登堡（Beno Gutenberg）和查尔斯·克里特（Charles Richter）走进加州理工学院的图书馆，查找描述地震的资料。他们感兴趣每种不同强度的地震发生了多少次。例如，强烈地震是常见的，还是罕见的？2 级地震发生的可能性是 4 级地震的两倍吗？他们将数据分成若干个等级，一个等级为 2.0~2.5，下一个等级为 2.5~3.0，以此类推。然后他们绘制了数据的分布曲线，发现了一些完全不同的东西。为了使结果更容易看清楚，他们在两个坐标轴上用对数比例尺绘制了数据图，而双对数图上的数据结果几乎是一条直线。双对数尺度上的这条直线意味着，对于地震分布来说，它的中间没有类似身高分布的"典型"大小。确切地说，地震的震级多有不同，但是震级越高，就越罕见。具体来说，地震能量每增加 1 倍，相应震级的地震发生的概率就会降低 75%，最终人们得到了一个从小规模地震到大规模地震分布的滑坡曲线。物理学家称这种关系为幂律，因为这种分布是用指数方程或幂来描述的。

后来，人们在各种各样的现象中发现了更多的幂律分布，包括生物灭绝事件的规模、太阳耀斑的强度、城市规模的排序、交通堵塞、金融资产价格、病毒传播、战争死亡人数，甚至社交网络中性伴侣的分布。在 20 世纪 80 年代和 90 年代之前，在经济与金融领域，幂律基本上没有得到人们的重视，直到有关经济是一种复杂适应系统的观点被重视才引发了人们对幂律的兴趣。物理学家在分析自然系统的幂律方面经验丰富，一些“经济物理学家”开始研究股市的数据。其中波士顿大学的吉恩·斯坦利（Gene Stanly）在1994—1995年中，针对美国1 000家大公司每隔5分钟进行一次股票市场交易数据的取样，共获取4 000万个数据点。经过分析发现，股票价格的波动在分布的尾部遵循明显的幂律。为了确认这一点，他们还研究了1961年至1996年6 000只美国股票的3 000万份日交易记录，这些记录再次形成了幂律。在传统的经济学家看来，或许斯坦利研究的5分钟内的数据是非高斯分布的。斯坦利还将他的时间周期改变了三个数量级，从5分钟到6 240分钟（16天）。这些数据看起来确实比短周期的数据更接近高斯分布，但是它仍然遵循幂律。总之，在幂律分布下，出现极端事件的可能性增加。如按幂律分布计算，1987年10月19日美国股市黑色星期一发生的概率更接近10^{-5}，意味着在每100年里都有可能发生一次①。

从系统论的角度看，当系统的组元在某个尺度上表现相互独立时，系统在大尺度上的波动幅度会呈现钟形的高斯分布特征。这是中心极限定理所保证的。此时，系统的大尺度行为会有明确的均值和标准差，偏离均值几个标准差之外的事件极不可能发生。但若组元相互关联，就可能导致另外一种分布，在这种情况下，一些极端事件虽然发生的概率比较小，但比正态分布所预测的大得多，这种分布就是幂律分布（图15-1）。人类社会系统是一个复杂的巨系统，组成它的各个子系统是相互关联的，它的典型特征就是幂律分布。

组元的相互依赖可能会使系统看起来更稳定，因为它可以减少小尺度波动的程度，但也不完全是这个样子。举一个例子，想象一下，我们有100个梯子，每个梯子都有1/10滑倒的可能性。如果梯子彼此独立，则所有梯子滑倒的概率会极其低，这个概率要比从宇宙中所有原子中随机选择一个刚好选出特定原子的概率的1 020分之一倍还小。如果我们把所有梯子绑在一起，从某种意义上讲，我们将使它们更安全，因为任何单个梯子滑倒的可能性都会比单独使用小得多。但我们若真的把它们绑在一起，也将使所有梯子一起倒下的可能性变得不可忽视。其他还有一些例子，如金融系统的相互关联导致全球市场崩溃的可能性，出行路线的连接增加了传染病暴发的可能性（如西班牙流感、新冠肺炎）。一般而言，当某个事件发生的概率具有幂律分布特征时，标准的统计方法往往会失效，幂律分布会导致人们严重低估极端事件发

① 埃里克·拜因霍克．财富的起源（电子书）[M]．俸绪娴，等，译．杭州：浙江人民出版社，2019：3299-3307.

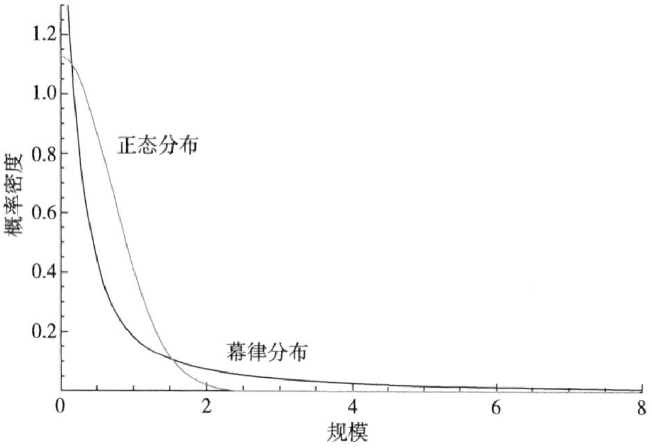

图 15-1　正态分布与幂律分布比较示意图

生的可能性。要知道，一些幂律分布的期望和方差可能都不存在，即使存在，通过有限的数据也难以获得可靠估计。

二、中国银行受困负油价黑天鹅

2020 年 4 月出现负油价黑天鹅，是幂律统治金融市场的典型例子。在 4 月 21 日国际原油期货市场出现负价格后，笔者受邀参加了北大光华管理学院 4 月 26 日举办的 MFin 思想汇活动，并就这个问题作了约 2 个小时的分享。当时就四个问题与学生们分享我的观点：一是为什么原油期货会出现负价格？二是负期权是怎么回事？三是中国银行原油宝是如何运作的？四是如何规避极端油价风险？

第一，为什么原油期货会出现负价格？我们看一张原油期货价格的走势图（图 15-2），4 月 21 日到期的 5 月份西德克萨斯中质原油（WTI）期货合约价格在北京时间 4 月 21 日凌晨 2 点 08 分（即美国时间 4 月 20 日下午 2 点 08 分）左右开始跌至负值区间，最低跌到-40. 32 美元/桶，当天结算价为-37. 63 美元。

油价史无前例的负价格以及由此衍生的中行原油宝产品投资者大幅亏损问题马上在朋友圈刷屏。其实，从原油的基本面说，导致油价出现负值的黑天鹅也是事后可解释的。沙特、俄罗斯、美国三大产油国的三国杀以及新冠疫情导致全球经济几乎停摆的两大因素，使得原油供需严重失衡。根据著名能源咨询公司恩伍鲁斯（Enverus）的估计，2020 年第二季度平均每天有 1 400 万桶的原油过剩。对 WTI 价格影响最大的美国库欣原油储存空间已经告

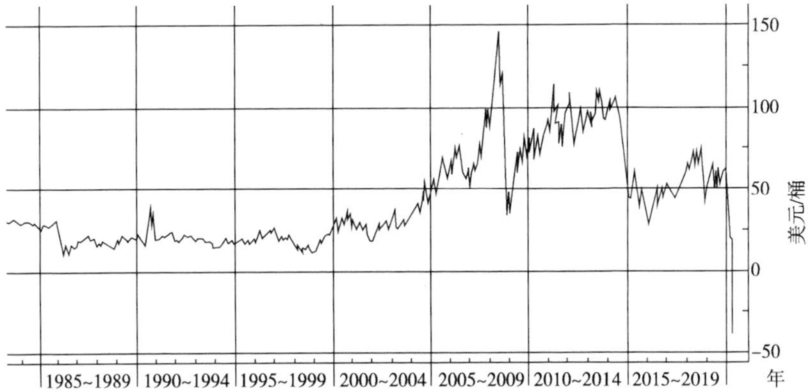

图 15-2　WTI 原油期货价格历史走势

图表来源：Nymex，Bloomberg。

急。库欣有美国最大的储油设施，原油储存能力为 7 600 万桶。当时，储存空间正在被快速占用。4 月初时，只有逾 4 000 万桶被装满，截至 4 月 17 日，已逾 6 000 万桶被装满。在这种供需严重失衡的情况下，北美地区 3 月底部分原油产品已经出现了负油价。如生产沥青的稠密原油已经报价为负，即厂家倒贴钱让贸易商运走。

如果我们从这个时间开始拉一条时间线，会更加清晰地看到原油期货出现负价格的过程。3 月底，原油现货部分产品出现负价格。4 月 3 日起，作为全球最大的期货交易所，芝加哥商品交易所多次发布提醒，包括将修改系统支持负值报价。4 月 21 日，芝加哥商品交易所结算系统支持负行权价的原油期货期权。4 月 8 日，芝加哥商品交易所再次发布提醒，本公告的目的是向芝加哥商品交易所结算公司和最终客户保证，如果未来几个月主要能源价格继续下跌至零，芝加哥商品交易所清算有一个经过测试的计划，以支持期权标的物为负的可能性，并使市场能够继续正常运行。4 月 15 日，芝加哥商品交易所向结算会员发出提醒，最近的市场事件增加了某些纽约商品交易所（NYMEX）能源期货合约可能以负或零交易价格交易结算的可能性，并且这些期货合约的期权可能以负或零的行权价列出。如果发生这种情况，芝加哥商品交易所的所有交易和清算系统将继续正常运行。4 月 20 日果然出现了负油价。虽然出现负油价不好理解，但期货的理论定价公式却能支持期货出现负价格，根据持有成本模型，有两种情况期货会出现负价格，一种是现货价格为负；另一种是储存收益远大于储存成本。在当前市场下，主要是第一种因素起作用。

第二，负期权是怎么回事？4 月 22 日，万得引用新浪的一则报道震惊了国内金融界，芝加哥商品交易所将于 4 月 22 日，允许报价为负的石油期权上市。投资者心想，期货出现负价格也就认了，期权也会出现负值？后来发现，这是国内媒体没有正确翻译的结果。其实，是芝加哥商品交易所结算公司在 4 月 21 日向结算会员发了一则通知，根据 4 月 8 日发布的清算公告，清算所会将原油期权的定价和估值模型转换为巴舍利耶（Bachelier）模型，以适应标的期货的负数价格，允许指定的已上市原油期权产品以负的行权价挂牌。巴舍利耶（Bachelier）期权定价公式，与 BS 模型有什么区别呢？一个用的是原始标的资产价格，一个用的是对数价格。因为对数价格不能支持负值，所以要修改期权定价公式。美国时间 8 月 13 日，芝加哥商品交易所给结算会员发布的公告里，公布了切换期权结算价模型的消息："2020 年 8 月 31 日，将把现有的巴舍利耶（Bachelier）定价模型重新切换到原来的威利（Whaley）和 BS76 定价模型。"①

第三，中行原油宝产品是如何运作的？我们从中行原油宝产品的相关公开资料进行剖析。

图 15-3 是中国银行网站原油宝产品介绍材料，根据产品介绍材料以及中国银行与客户的协议，我们从中可以得出几点信息：

（1）原油宝是中国银行面向个人发行的交易产品。

（2）挂钩境内外原油期货合约，包括美国原油产品和英国原油产品。其中，美国原油对应的基准标的为"WTI 原油期货合约"，英国原油对应的基准标的为"布伦特原油期货合约"。

（3）中国银行作为做市商。

（4）客户 100%保证金。

（5）可以做多、做空。

（6）T+0。

（7）交易时间：国际原油产品（含 WTI 原油和布伦特原油）交易时间为周一至周五 8：00 至次日凌晨 2：00，伦敦冬令时（伦敦 10 月最后一个周日至次年 3 月最后一个周日）结束时间为次日凌晨 3：00。

（8）最后交易日交易时间：若为合约最后交易日，则交易时间为当日 8：00 至 22：00。

（9）合约结算日：协议上规定，通常情况下，合约结算日为该合约到期日前最后一个交易日。由于芝加哥商品交易所 WTI 原油 2005 合约的到期日

① CME. Transition Back to Whaley and Black 76 Options Pricing Methodology [OL]. https://www.cmegroup.com/notices/clearing/2020/08/Chadv20-320.html. 2020-08-31.

原油宝(个人账户原油业务)

分享　打印

产品名称

原油宝，即：个人账户原油业务

产品介绍

原油宝是指中国银行面向个人客户发行的挂钩境内外原油期货合约的交易产品，按照报价参考对象不同，包括美国原油产品和英国原油产品。其中美国原油对应的基准标的为"WTI原油期货合约"，英国原油对应的基准标的为"布伦特原油期货合约"，并均以美元（USD）和人民币（CNY）计价。中国银行作为做市商提供报价并进行风险管理。个人客户在中国银行开立相应综合保证金账户，签订协议，并存入足额保证金后，实现做多与做空双向选择的原油交易工具。

原油宝产品为不具备杠杆效应的交易类产品，按期次发布合约，合约采取"交易品种+交易货币+年份两位数字+月份两位数字"组合方式命名。

产品特点

1．原油宝支持美元和人民币同时交易。WTI与布伦特原油以美元（USD）和人民币（CNY）计价。

2．原油宝是账户交易类产品，账户中的原油份额不能提取实物。

3．原油宝采用保证金交易形式，暂不提供杠杆，可以进行多空操作。

4．交易起点低：交易起点数量为1桶，交易最小递增单位为0.1桶。

5．渠道便捷：客户可通过中国银行网上银行、手机银行等银行渠道办理交易业务。

6．T+0交易：日内可多次进行交易，最大限度提高资金效率。

图 15-3　中国银行网站上原油宝产品介绍

是 4 月 21 日，由此可知，中行原油宝 2005 合约的结算日是 4 月 20 日。

（10）合约到期处理方式：①轧差结算。采用当期合约结算价平仓。②移仓交易。结算日移仓，也就是对应芝加哥商品交易所 WTI 原油期货合约到期日前一交易日移仓。

（11）结算价，由中行公布，参考期货交易所公布的相应期货合约当日结算价。期货交易所按照北京时间凌晨 2 点 28 分至 2 点 30 分的均价计算当日结算价（见图 15-4）。

魔鬼就隐藏在这些细节里面。北京时间 4 月 20 日 22 点是中行原油宝 2005 合约交易最后截止时间。到这个时间点客户还有持仓的，要么选择了到期结算，到么选择了移仓。中国银行网站上披露："约 46%中行客户主动平仓离场，约 54%中行客户移仓或到期轧差处理（既有做多客户，也有做空客

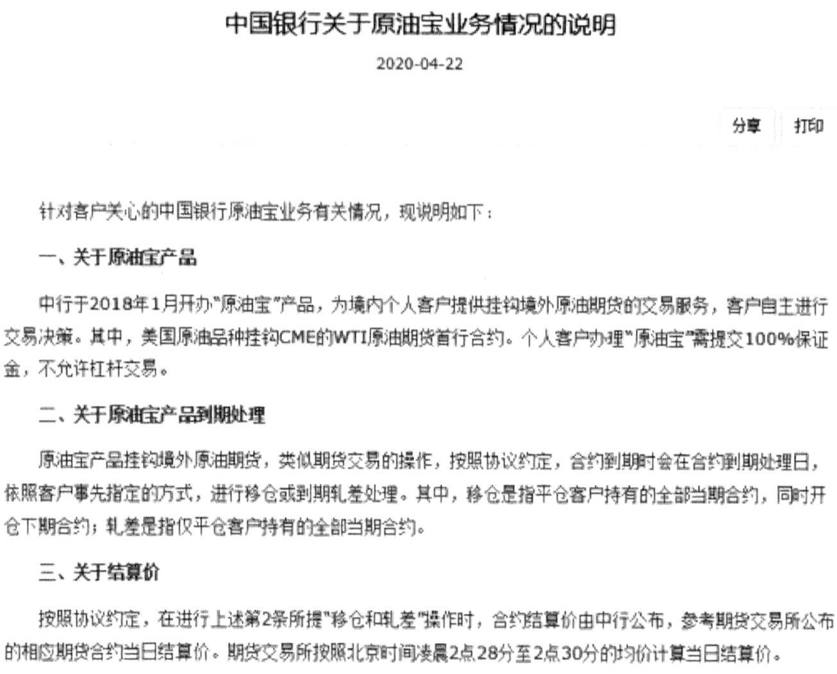

中国银行关于原油宝业务情况的说明

2020-04-22

分享　打印

针对客户关心的中国银行原油宝业务有关情况，现说明如下：

一、关于原油宝产品

中行于2018年1月开办"原油宝"产品，为境内个人客户提供挂钩境外原油期货的交易服务，客户自主进行交易决策。其中，美国原油品种挂钩CME的WTI原油期货首行合约。个人客户办理"原油宝"需提交100%保证金，不允许杠杆交易。

二、关于原油宝产品到期处理

原油宝产品挂钩境外原油期货，类似期货交易的操作，按照协议约定，合约到期时会在合约到期处理日，依照客户事先指定的方式，进行移仓或到期轧差处理。其中，移仓是指平仓客户持有的全部当期合约，同时开仓下期合约；轧差是指仅平仓客户持有的全部当期合约。

三、关于结算价

按照协议约定，在进行上述第2条所提"移仓和轧差"操作时，合约结算价由中行公布，参考期货交易所公布的相应期货合约当日结算价。期货交易所按照北京时间凌晨2点28分至2点30分的均价计算当日结算价。

图 15-4　中国银行关于原油宝业务情况的说明

户）。”选择到期轧差的原油宝客户，就等待凌晨 2：28—2：30 芝加哥商品交易所 WTI2005 期货合约的成交价按成交量加权计算的当日结算价进行平仓结算。

而恰恰在这段时间内，芝加哥商品交易所的 WTI 5 月原油期货合约一路暴跌，滑向深渊（见图 15-5）。北京时间 4 月 21 日凌晨 2 点 08 分（即美国时间 4 月 20 日下午 2 点 08 分）左右油价开始跌至负值区间，最低跌到-40.32 美元/桶，当天结算价为-37.63 美元/桶。

而诡异的是，过了这段时间之后，5 月原油期货合约价格被迅速拉起，到美国时间 4 月 21 日合约到期时，最后交割结算价为 10.01 美元/桶（见图 15-6）。

综上，我们看到中国银行忽视了芝加哥商品交易所原油期货每日结算价与交割结算价计算方式的不同，是中国银行原油宝产品设计最大的缺陷。即中国银行 5 月原油宝合约与客户的最后结算价实际上是芝加哥商品交易所原油期货合约的每日结算价。它是采用合约每天下午 2 点 28 分到 2 点 30 分的成

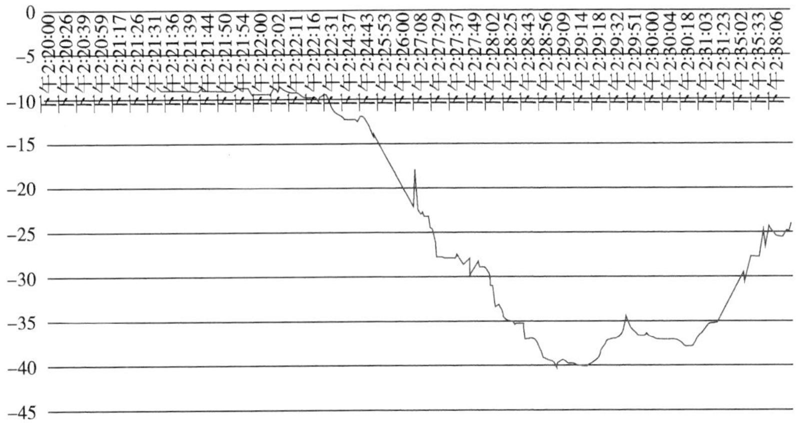

图 15-5　5 月 WTI 原油期货合约 4 月 20 日（美国时间）盘中走势

数据来源：路透，避险网。

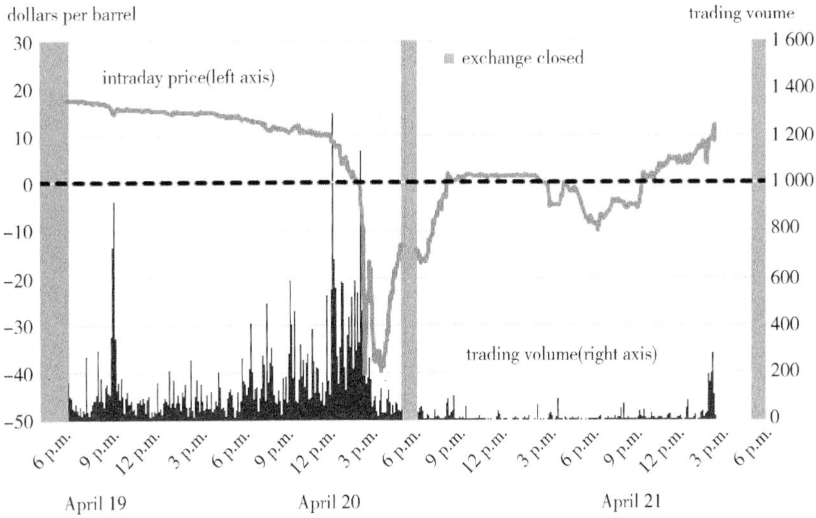

图 15-6　5 月 WTI 原油期货合约 4 月 20 日、21 日（美国时间）价格走势

图表来源：美国能源署（https：//www. eia. gov/）。

交量加权的平均价，这 3 分钟时间的价格是很容易受到操控的，但作为每日结算价无伤大雅，因为每日结算价只是计算持仓的浮动盈亏而已。但中国银行把它作为与客户的最后结算价，就出大问题了，意味着客户的持仓变成了最终浮亏，使得持有多单的客户不但亏掉了全部本金，而且还倒欠中国银行的钱。据媒体报道，客户欠款 3.7 亿元，涉及人数 3 621 人①。对客户来说，这是一个彻底颠覆他们认知的结果，也是他们不能接受的结果，因为协议上明确约定，他们最大的损失是本金。所以，他们就拿起法律的武器捍卫自己的权益，监管机构也介入了中国银行原油宝事件的调查。

三、负面意外的规避

这次史无前例的负油价无论对个人、企业，还是国家都是一个极大的警醒，也暴露了以正态分布为基础的金融资产定价与风险管理体系的脆弱性。在一个幂律分布的世界里，人们不应低估极端事件发生的可能性。美国页岩油生产商显然低估了油价暴跌的可能性，没有提前采用尾部风险对冲的措施，最后只能纷纷申请破产。

美国页岩油生产商喜欢使用三项式领口期权对冲油价风险。笔者整理了美国前几大页岩油生产商在原油上的避险工具情况。包括依欧格资源公司（EOG resource）、先锋自然资源（Pioneer natural resources）、埃克森美孚（ExxonMobil）旗下的 XTO energy、切萨皮克能源公司（Chesapeake Energy）、怀廷石油（Whiting Petroleum）诺伯能源（Noble Energy）等。三项式领口期权是它们常用的策略。

表 15-1 是先锋自然资源在 2018 年第四季度和 2019 年的衍生品头寸，可以看到先锋自然资源利用大量三项式领口期权和少部分领口期权进行套期保值。针对 2018 年第四季度的产量，公司利用三项式领口期权，即买入 NYMEX 执行价在 47.26 美元/桶的原油看跌期权的同时，卖出了执行价在 57.62 美元/桶的原油看涨期权与执行价在 37.23 美元/桶原油看跌期权，数量为 159 000 桶/天。另外，公司还利用领口期权，买入执行价 45 美元/桶的原油看跌期权，卖出执行价为 58.05 美元/桶的原油看涨期权，数量为 3 000 桶/天。总套保比例达到了 86% [（159 000+3 000）/187 756]。对于 2019 年的产量，公司利用三项式领口期权，买入 NYMEX 执行价在 52.57 美元/桶的原油看跌期权的同时，卖出了执行价在 60.13 美元/桶的原油看涨期权与执行价在 42.27 美元/桶原油看跌期权，数量为 55 000 桶/天。同时，利用三项式领口期权基于 Brent 原油作了类似的操作，价格分别为 75 美元/桶、89.9 美元/桶、65 美元/桶，数量为 15 000 桶/天。还做了 10 000 桶基于 Brent 价格的互换，锁定价格为 70 美元/桶。如按 2018 的公司日产量计，公司已经对冲了 42.6% 的 2019 年产的量。

---

① 中国证券报，2020-04-25.

表 15-1　持有的原油衍生品头寸

原油	2018 年第四季度	2019 年
Brent Swap (BPD)	—	10 000
Brent Price ($/BBL)	—	$70. 00
Brent Three Way Collars (BPD)	—	15 000
Brent Call Price ($/BBL)	—	$89. 90
Brent Put Price ($/BBL)	—	$75. 00
Brent Short Put Price ($/BBL)	—	$65. 00
NYMEX Collars (BPD)	3 000	—
NYMEX Call Price ($/BBL)	$58. 05	—
NYMEX Put Price ($/BBL)	$45. 00	—
NYMEX Three Way Collars (BPD)	159 000	55 000
NYMEX Call Price ($/BBL)	$57. 62	$60. 13
NYMEX Put Price ($/BBL)	$47. 26	$52. 27
NYMEX Short Put Price ($/BBL)	$37. 23	$42. 27

数据来源：公司 2018 年三季报。

表 15-2 显示了切萨皮克能源公司 2018 年第四季度以及 2019 年的衍生品头寸。2018 年第四季度持有的衍生品包括：以 54. 09 美元/桶的价格锁定 700 万桶产量的互换合约；以三项式领口期权（买入 NYMEX 执行价为 47 美元/桶的原油看跌期权，同时卖出执行价为 55 美元/桶的原油看涨期权与执行价为 39. 15 美元/桶的原油看跌期权）锁定 100 万桶产量；以及原油价差互换合约 400 万桶，锁定价差为 3. 52 美元（NYMEX 价格）。所有衍生品加在一起大约锁定了 2018 年 40%左右的产量。2019 年持有的衍生品包括以 59. 44 美元/桶锁定 1 400 万桶产量的互换合约；700 万桶的价差互换合约，锁定价差为 NYMEX 价格 6. 01 美元。2020—2022 年的产量公司也以 69. 47 美元/桶锁定了 300 万桶。

表 15-2　切萨皮克能源公司持有原油衍生品头寸

衍生工具	时期	合约头寸（桶）	原油加权平均价
三项领式期权	2018 年 10 月至 12 月	1 000 000	$39. 15 - $47 - $55

续表

衍生工具	时期	合约头寸（桶）	原油加权平均价
互换	2018 年 10 月至 12 月	7 000 000	$54. 09
	2019 年 1 月至 12 月	14 000 000	$59. 44
	2020-2022	3 000 000	$69. 47
基点互换	2018 年 10 月至 12 月	4 000 000	$3. 52
	2018 年 6 月至 12 月	7 000 000	$6. 01

数据来源：公司 2018 年第三季度报。

表 15-3 显示了怀廷石油 2018 年第四季度以及 2019 年的衍生品头寸。可以看到怀廷石油 2018 年第四季度持有原油衍生品包括三项式领口期权（买入 NYMEX 执行价 47. 07 美元/桶的原油看跌期权，同时卖出执行价为 57. 30 美元/桶的看涨期权以及 37. 07 美元/桶的看跌期权）435 万桶和 120 万桶锁定在 61. 74 美元/桶的原油互换合约，对冲比例达到了 70. 2% [（4. 35+1. 2）/ 7. 9]。另外，2019 年持有 990 万桶的领口期权合约（买入 NYMEX 执行价为 51. 21 美元/桶的原油看跌期权，同时卖出执行价为 77. 14 美元/桶的原油看涨期权），几乎是全部对冲了 2019 年的产量。

表 14-3　怀廷石油的衍生品头寸

衍生工具	时期	合约头寸（桶）	原油加权平均价
三项领式期权	2018 年 10 月至 12 月	4 350 000	$37. 07 - $47. 07 - $57. 30
互换	2018 年 10 月至 12 月	1 200 000	$61. 74
领式期权	2019 年 6 月至 12 月	9 900 000	$51. 21 - $77. 14
	合计	15 450 000	

数据来源：公司 2018 年三季报。

表 15-4 显示了诺伯能源 2018 年、2019 年以及部分 2020 年的衍生品头寸。诺伯能源运用衍生品种类较多，除了领口期权、三项式领口期权还用了基差互换和互换期权。其中，标的物包括 NYMEX WTI，ICE Brent 和 Dated Brent 三种。2018 年持有的衍生品有：锁定 NYMEX 价格为 60. 3 美元/桶的互换合约，平均每天 6. 6 万桶；领口期权（买入 NYMEX 平均执行价为 50. 42 美元/桶的看跌期权，同时卖出执行价为 58. 82 美元/桶的看涨期权）；三项式领

口期权（买入 NYMEX 执行价为 52. 5 美元/桶的看跌期权，同时卖出执行价为 69. 09 美元/桶的看涨期权以及 45. 5 美元/桶的看跌期权）等。公司 2018 年的产量基本上是完全对冲了。从公司持有的 2019 年衍生品来看，相当于每天对冲了 9 万桶的产量，对冲比率约为 74%。

表 15-4　诺伯能源持有的衍生品头寸

				互换		领式期权		
结算期（年）	合约类型	指数	桶/天	加权平均差	加权平均固定价	加权平均卖空看跌期权	加权平均最低价	加权平均最高价
2018	互换	NYMEX W TI	66 000	—	60. 3	—	—	—
2018	领式期权	NYMEX W TI	18 000	—	—	—	50. 42	58. 82
2018	三项领式期权	NYMEX W TI	10 000	—	—	45. 5	52. 5	69. 09
2018	三项领式期权	Dated Brent	3 000	—	—	40	50	70. 41
2018	互换	ICE Brent	2 000	—	59	—	—	—
2018	领式期权	ICE Brent	2 000	—	—	—	50	55. 25
2018	三项领式期权	ICE Brent	5 000	—	—	43	50	59. 5
2018	基点互换	—	20 000	-2. 3	—	—	—	—
2019	互换	NYM EX W TI	44 000	—	58. 37	—	—	—
2019	三项领式期权	NYM EX W TI	11 000	—	—	52. 05	62. 05	75. 84
2019	互换	ICE Brent	5 000	—	57	—	—	—
2019	三项领式期权	ICE Brent	3 000	—	—	43	50	64. 07
2019	基点互换	—	27 000	-3. 23	—	—	—	—

续表

				互换		领式期权		
2020	互换	NYM EX W TI	5 000	—	61. 79	—	—	—
2020	基点互换	—	15 000	-5. 01	—	—	—	—

数据来源：公司 2018 年三季报。

三项式领口期权的问题是不能提供极端油价的风险保护，一旦油价低于下方卖出看跌期权的执行价，对页岩油公司来说，油价越跌，损失越大。如图 15-7 诺贝尔能源 2020 年三项式领口期权对冲损益图所示。这可以解释为什么美国页岩油公司虽然做了油价对冲，但还纷纷破产的原因。

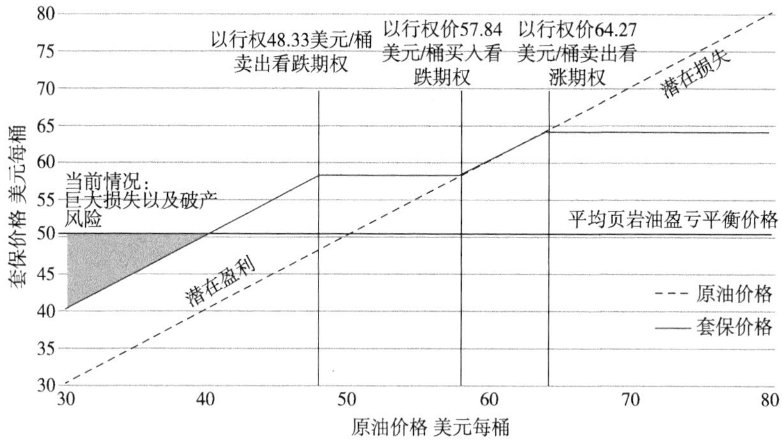

图 15-7　诺贝尔能源 2020 年三项式领口期权对冲损益图

应该如何预防负面意外对我们的伤害呢？在现实的人类社会中，人们大多数是在经历了灾难后才建立起预防体系的。1912 年 4 月 15 日，“泰坦尼克”号邮轮在北大西洋海域撞上冰山沉没，造成 1 517 人丧生。从那以后，国际冰山巡逻活动就开始了。国际冰山巡逻组织 1913 年成立以来，其监控的区域未发生舰船撞上冰山导致生命或者财产损失的事件。2004 年，南亚大地震引起的海啸造成重大伤亡后，印度洋、大西洋及加勒比海地区建立了海啸预警系统。

预防负面意外的伤害，人们其实不缺技巧与策略，关键是缺乏对复杂系统正确的认知，缺乏正确的应对思维。在生物进化过程中，生长冗余就是一种常见的生物预防负面意外的生存对策，自然选择倾向于保存具备最佳生存对策的物种。比如，植物的花永远是很多的；精子的数量永远是无穷的；一窝昆虫也是很大数量的；人体的器官比如两个肾脏也是冗余的；真核生物的基因组中有大量的 DNA 冗余现象，存在大量的重复片段。在大基因组的植物中平均有 72 %~95 %的 DNA 重复 100 次以上，人类的基因组当中也存在着大量的重复序列，这就是生物力图排除在将来的不可预见性情况而产生的一种自我保护性的生物冗余，不管是何种形式的生物冗余，不管是形态上的还是基因组的冗余都是生命有机体减少外界环境意外变化对其生存影响的预防对策。在金融市场上，有大量的衍生工具如期权等可用来规避负面意外的伤害。只要人们思虑所及，不低估幂律分布主导下极端事件发生的可能性，就能找到相应的预防措施。

例如，与美国页岩油企业由于缺乏对冲油价极端下跌风险而纷纷破产不同，中国有一家上市公司，新潮能源在 4 月 22 日发布的一季度报告显示，归属上市公司股东的净利润为 7.49 亿元，比上年同期增长 560.01%。主要原因是公司按照行业惯例执行套期保值策略，有效规避了石油价格下行带来的风险，实现一季度业绩逆势增长。

因此，真正可怕的是，人们对复杂系统缺乏认知，不知道自己不知道，当然也谈不上形成正确的应对思维。认识复杂系统的正确态度是：对于难以理解的事物，要努力克服我们的无知，一旦理解了某个事物，也不会认为它是理所当然的。谦卑之心，加上迭代的生物学思维，是我们洞悉复杂世界并应对负面意外的正确方式。如果各国政府记得比尔·盖茨曾经的警告："如果有什么东西在未来几十年里可以杀掉上千万人，那更可能是个有高度传染性的病毒，而不是战争。不是导弹，而是微生物"① 而认真进行应对，新冠病毒就难以肆虐至今。

① BILLGATES. The next outbreak? We' re not ready [OL]. https://www.ted.com/talks/bill_gates_the_next_outbreak_we_re_not_ready. 2015.

后　记

2019年，我与李路出版了《避险的智慧：从国家、企业到个人的财富管理》一书，把我们多年来在对冲避险领域的研究成果汇集在一起呈现给读者。该书受到了读者的欢迎，入选2019年百道好书榜年榜财经类TOP100。这使我们认识到在波动性、不确定性、复杂性与模糊性交织的不确定性时代，社会的确更需要避险的智慧。

然而，该书在第三篇——个人避险篇中，由于当时研究的局限，我们并没有详细揭示对冲基金中哪些是真正对冲了风险，个人投资者可以放心选择投资的避险基金的交易技巧。2020年，新冠病毒突然肆虐全球，使人类生命、经济与金融系统陷入了一场严重的危机。在此过程中，我们看到在极端的金融市场动荡中，一些避险基金的确成为投资者的“诺亚方舟”。鉴于此，我们觉得需要一本全面揭示避险基金如何进行避险交易的书，为投资者释疑解惑。另外，我们也在疫情期间，更加深入地研究了避险基金，编制与发布了衍联中国避险基金指数，这些研究成果也需要呈现给读者，这是本书的由来。

本书成稿之时，正是太阳黑子第24个施瓦贝循环结束、第25个施瓦贝循环开始之时。在两个循环新旧交替之际太阳黑子几乎为零的状态似乎与庚子年值年卦地火明夷卦所喻义的暗无天日有对应关系。按卦像所喻，庚子年只有坚守心地光明，才能走出黑暗，迎接新的光明到来。当下，疫情仍在全球蔓延，但最黑暗时刻即将过去，各国科学家研发出疫苗的好消息不断传来，全球经济也渡过了第二季度的最差时刻，开始缓慢复苏。全球主要股票市场也收复了3月份的失地，人们对未来的信心开始恢复。反过来看，那些由心地并不光明的人主政的国家，还需要更多的时间才能走出黑暗。

投资者避险交易的目标是控制组合波动，减少波动对于长期复利的影响。股票、商品、债券、外汇等资产价格变动背后是由影响资产价格的因子变动驱动的。而太阳黑子，一个曾被经济学家发现，但却被遗忘，如今被再次重视的事物，其实是影响人类社会各个层面的重要因子。用它来解释2020年的新冠疫情、经济衰退、金融市场动荡、国与国的纷争等更具合理性。这就是天道循环，天人交感。也是中国古人经过长期天文观察而积累下来的世界观与方法论。

现代科学研究表明，我们生存的宇宙是一个多层次的自主有序的系统。如果按现代宇宙演化论，把各种物质形态的空间尺度对其形成的时间尺度作图，我们就得到了一条宏观历史链条和一条微观历史链条，并在两大链条的终点形成了交汇区。有机界，直至其最高代表——人，正是在这种交汇之处出现的；宇宙的精神之花，正是在这个交汇之处盛开的。生命仅在这里出现，表明生命的出现、人的出现与宇宙的演化是相联系的。“大数假说”和“人择原理”的哲学含义就是天人相通，宇宙是人的宇宙，而人是宇宙之中的人，两者统一于宇宙深化的现阶段。为什么宇宙是我们看到的这样，答案只能是：如果不是这样，我们就不会在这里。

《易经》说：“自天佑之，吉无不利”。孔子解释道：“佑者助也。天之所助者顺也；人之所助者信也，履信思乎顺，又以尚贤也。是以自天佑之，吉无不利也!”意思是说：“佑是扶助的意思，上天所扶助的是能顺天道的人。人们所扶助的是笃守诚信的人，履守诚信，而思处处合顺于天道，又能崇尚贤能的人，所以犹如从上天祐助他，如是完全吉利而没有不吉利的了。”① 因此，顺着太阳黑子循环的规律去进行避险交易，就是顺时而动，必将所成。当下开始一直到2023—2026年，是太阳黑子活动逐渐增加的时间段，意味着未来3~6年是人类科技创新、经济活动逐渐活跃的时间。这段时间又是一个财富创造的时间窗口，多头避险应该是投资者的主要策略。过了这个时间窗口，投资者应转为空头避险。

金融避险交易离不开期权等衍生工具市场的发展。2019年12月23日，中国金融期货交易所股指期权的上市，进一步丰富了资本市场的避险工具，必将大大推动中国避险交易市场的发展。笔者对中国金融期货交易董事长胡政先生为本书作序深表感谢!

本书的写作，得到避险网同事及合伙人的支持与鼎力相助，他们是马卫锋、李路、张永杰、吕君。马卫锋、李路、张永杰分别在第十、第十一章帮我整理了部分内容。在此对他们辛勤的付出表示衷心的感谢!

感谢首都经济贸易大学出版社薛捷先生对本书出版的大力支持!

在本书的写作过程中，笔者参阅了大量的研究文献，成稿仓促，疏漏与错误之处在所难免，敬请读者批评指正。

① 秦川．四书五经［M］．北京：北京燕山出版社，2007：658.